文典古籍丛书

中古书论语言研究

吴士田◇著

安徽师范大学出版社
ANHUI NORMAL UNIVERSITY PRESS
·芜湖·

图书在版编目(CIP)数据

中古书论语言研究 / 吴士田著. — 芜湖: 安徽师范大学出版社, 2022.1
ISBN 978-7-5676-5430-3

Ⅰ.①中… Ⅱ.①吴… Ⅲ.①古汉语—研究 Ⅳ.①H109.2

中国版本图书馆CIP数据核字(2021)第251507号

中古书论语言研究 吴士田◎著
ZHONGGU SHULUN YUYAN YANJIU

责任编辑: 潘 安
责任校对: 胡志恒
装帧设计: 丁奕奕
责任印制: 桑国磊
出版发行: 安徽师范大学出版社
芜湖市北京东路1号安徽师范大学赭山校区 邮政编码:241000
网 址: http://www.ahnupress.com/
发 行 部: 0553-3883578 5910327 5910310(传真)
印 刷: 苏州市古得堡数码印刷有限公司
版 次: 2022年1月第1版
印 次: 2022年1月第1次印刷
规 格: 700 mm × 1000 mm 1/16
印 张: 22.5
字 数: 310千字
书 号: ISBN 978-7-5676-5430-3
定 价: 88.00元

前 言

中古书论语言是中古专科语言的重要组成部分。鉴于其语言的特殊性，并需要跨学科的研究视角，因此对它的研究还很不充分。本书以中古较为可靠的经典书论文献为研究材料，在与中国艺术哲学和书法表现特质相联系的基础上，运用当代语言学和传统的训诂方法对以下方面进行了考察：探讨中古书论语言研究的历史与现状，提出存在的问题和努力的方向；总结中古书论语言的文体和语言特征，研究中古书论语言的特殊的语法和语用现象；对中古书论文本进行校释，纠正相关的误校和误释；对中古书论词语进行穷尽的研究，辨析其语义特征，明确用法，以期系统把握其特点，总结其规律。

本书分上、下两编。

上编为“总论”，有两章。

第一章“概论”，介绍书论的发展与研究状况，界定研究的对象及中古书论语料，分析中古书论语言研究概况，论述中古书论的研究价值及本论文的研究方法。

第二章“中古书论的内容与特征”，论述书论的文体分类与特征，总结书论语言的词汇、语法和修辞特征。

上编较为全面地展示了中古书论的语言面貌和研究状况，并对一些特殊的语言现象提出了个人的见解。

下编为“中古书论词语校释”，有三章。

第三章为“词语释读”，辨析几种情况下的词语释读，即不明句意而误释，不明词义而误释，不明文字而误释和当释未释。最后对一些有争议性的疑难词语进行考释，并补充一些论证的方法。

第四章为“文本校笺”，从语法关系、名物、典实、词义等方面对前人的点校提出质疑和校勘意见，同时，进行细致的笺证，指出一些修改之例。

第五章为“词语释读与词典编纂”，检讨词典、字典等释义不当、引例较晚、未收词语、未收义项等。

下编以传统训诂的方法对中古书论文本的释读与校勘进行了较为全面的梳理，从一个个“点”上解决了中古书论词语释读方面一些悬而未决或释而有误的问题，提炼出一些中古书论语言研究富有共性的问题，也践行了一些可行的校释方法。

本著分上、下两编，是基于以下的考虑：中古书论语言研究是一个较新的领域，上编（第一至二章）对中古书论语言状况做一俯瞰，以期对之总体情况有一个全面的认识，下编（第三至五章）运用传统训诂方法，对中古书论语言从“点”的角度进行全面梳理，先总后分，分而论之，视野由远及近，其语言的本来面貌可以清晰呈现。

为了研究的需要，本著使用了部分繁体字、异体字。特此说明，欢迎交流。

凡　例

一、书中所引中古书论条目的文献来源，说明如下：

如出自《法书要录》，则以上海书画出版社1986年洪丕谟点校的《法书要录》为据，其文献出处的标注格式为：（P＋原书页码数字序号）。

如《法书要录》未收的选文，则以上海书画出版社整理并且于1979年出版的《历代书法论文选》为据，标注格式为：（Pa＋原书页码数字序号）。

以上二书均未收录的，则以上海书画出版社2015年出版的崔尔平选编的《历代书法论文选续编》为据，标注格式为：（Pb＋原书页码数字序号）。

二、行文中所引资料的文献来源，说明如下：

如系常见典籍，则不标明出处。

如系当代研究著作，行文时点出作者姓名或书名或出版年份。

如系期刊论文，行文时亦标注作者姓名或发表年份。

上述文献的详细信息，见书后“主要参考文献”部分，行文时为简洁起见而不赘述。

为深化研究或帮助读者理解内容，行文中有时加上脚注，并且给出详细的文献出处。

三、行文时有时涉及图书简称，其详细版本信息如下：

《墨池》——《墨池编》，即宋代朱长文辑、何立民点校《墨池编》，浙江人民美术出版社2012年版。

《书苑》——《书苑菁华》或《书苑菁华校注》，即南宋陈思编的《书苑菁华》，崔尔平校注的《书苑菁华校注》（上海辞书出版社2013年版）。

范校本——范祥雍点校版《法书要录》，即唐代张彦远辑、范祥雍点校《法书要录》，上海古籍出版社2013年版。

洪校本——洪丕谟点校版《法书要录》，即唐代张彦远辑、洪丕谟点校《法书要录》，上海书画出版社1988年版。

武周本——武良成、周旭点校版《法书要录》，即唐代张彦远辑，武良成、周旭点校《法书要录》，浙江人民美术出版社2012年版。

《书论辞典》——《中国书论辞典》，即陶明君编著《中国书论辞典》，湖南美术出版社2001版。

《大词典》——《汉语大词典》，即罗竹风主编《汉语大词典》，上海辞书出版社2008年版。汉语大词典编纂处编《汉语大词典订补》，上海辞书出版社2010年版。

《大字典》——《汉语大字典》，即徐中舒主编《汉语大字典》，四川辞书出版社1990年版。汉语大字典编辑委员会编《汉语大字典（第二版）》，崇文书局、四川辞书出版社2010年版。

目　录

上　编　总　论

下　编　中古书论词语校释

上编总论

第一章 概 论

书法，这一毛笔书写艺术，通过点画组合，构成众多形态，不仅可以叙事传言，还能交流思想、传递情感。它发展的每一个阶段都充分体现了时代的艺术思想与审美风尚。因此，书法成了体现中国传统精神的代表。书论，则随着书法的繁荣而宏富。

“书论”一词，最早见于《淮南子·要略》：“夫作为书论者，所以纪纲道德，经纬人事。”此为“文章、论著”之义。其后，汉王充《论衡·对作》有云：“汉家极笔墨之林，书论之造，汉家尤多。”三国曹丕《典论·论文》亦曰：“奏议宜雅，书论宜理。”但此二处的“书论”皆指“子书和论说之文”，与《淮南子·要略》一样，均与书法无涉。北宋朱长文编的《墨池编》，是一部书法理论总集，其卷二收有王羲之《书论四篇》，是最早以“书论”作为篇名的书法理论著作。《墨池编》收有朱长文自撰的《续书断》上、下两卷，《续书断上》有序曰“集古今字法、书论之类，为《墨池编》”。“字法”当指卷一的《字学》，即《说文序》《干禄字书序》之类，而“书论”则指除字学以外的全部书法理论著作了。其后，“书论”一词多在这个意义上被书法理论界相沿习用，但有时其使用范围会略有不同。南宋陈思所编的《书苑菁华》，将全书分为法、势、状、体、论等二十卷，把《非草书》《文字论》《法书论》等篇目编入《书论》部分的上、下卷，并将《法书要录》中只存目未录的张怀瓘《六体书》改为《六体书论》加以录入。显然，作为一部书法理论总集，陈思所用的“书论”一词只指“对书法或书体的评论”，比朱长文所用的“书论”，外延要小得多。

当今书法理论界对“书论”一词的界定大致为两种：一是以日本学者中田勇次郎为代表，认为是指论述书法的全部著作；二是以崔尔平为代表，认为应该是指研究汉字书法艺术的理论。鉴于我们研究的对象是书法理论文本的语言现象，我们把“书论”这一概念的内涵界定为“研究书法理论的著作”。

第一节　书论及其语言的发展与研究状况

一、书论的发展

文字产生之初，古人见鸟兽之迹而知分理有别。将自然之美融入字理，对书法之美的体悟处在一种无意识的状态。我国书法理论可上溯到西周时期，而从完全意义上涉及书法创作与美学鉴赏的著作始自东汉。东汉时完全摆脱了对书法（文字）空间结构的阐释而转向审美自觉。书法本体的自律发展又推动了书法理论的觉醒。随着东汉崔瑗《草书势》的问世，书法理论渐趋繁荣，魏晋以来日益转多，洎乎盛唐，蔚为大观。其主要著述囊括在以下四本文集中。

唐张彦远（815—907）的《法书要录》十卷，是第一本书学论文集，内容起于东汉，迄于唐元和年，具录原文，既繁且精。有未见其书者，如蔡恽《书无定体论》、张怀瓘《六体书》等，也存目备考。末载《右军书记》，录王羲之书帖凡四百六十五篇、王献之书帖共十七篇。自汉以来书学之佚文遗篇，多赖之以存。诚如作者在书前自序中所言："采掇自古论书凡百篇，勒为十卷，名曰法书要录。又别撰历代名画记十卷。有好事者得余二书，书画之事毕矣！"

继《法书要录》之后，又有《墨薮》二卷，为唐代书法家韦续所撰，辑汇多为前人书论，收有《五十六种书并序》。书中所记之事止于唐文宗时事，故其书当为开成（836年）之后集成。书中选辑杂乱，删节疏失较多。

至北宋时期，朱长文（1039—1098）编著《墨池编》二十卷。《墨池编》注意到书法与文字学不可分割的关系。除收录了大部分《法书要录》中的篇目外，还将汉许慎的《说文解字序》、唐颜元孙《干禄字书序》等文字学论著加以收录，其他重要的书论著作如卫恒《四体书势》、孙过庭《书谱》等名篇并皆录入。作者本人还以“潜溪隐夫”的名字自撰《续书断》两卷，列于张怀瓘《书断》之后。除《续书断》之外，书中所收的宋代论著还有释梦英《十八体书》、句中正《三字孝经序》、徐铉《校定说文表》、欧阳修《论字法》《与石守道推官书二首》两篇和苏轼《墨妙亭诗》等篇。颇值称道的是，本书在体例上分为字学、笔法、杂议、品藻、赞述、宝藏、碑刻、器用八类，每类又各分次第。首开书法理论著作分门别类之先河，篇末常以“朱子曰”陈述己见，时有独到之处。虽然朱氏对能反映苏轼书学思想的大量题跋视而不见，又谓右军不应有论书之文，也知道唐以前论书诸篇有许多不甚可信者，仍然不为删芟而辑录。但今日视之，其保留中古书论语料的功劳是值得肯定的。

洎乎南宋理宗年间，陈思（生卒年不详）编著《书苑菁华》二十卷，编辑古人论书诸作，与其所著《书小史》相辅而行。该书共分书法、书势、书状、书体等三十二类，计一百六十篇。取资宏博，虽曰“菁华”，后人有“芜杂”之讥。其中未见于《法书要录》《墨薮》《墨池编》的有东汉蔡邕《九势八字诀》、东汉许冲《上〈说文解字〉书》、晋王珉《行书状》等十篇书论作品。《四库总目提要》称：虽思书规模草创，万不及后来之精密，而大辂肇自椎轮，层冰成于积水，其造始之功固亦未可泯焉。该书广为传播。

我们看到，这几部书法理论史上重要的总集，所收之文基本以汉魏到隋唐的著述为主，囊括了书论中最为重要的著作与理论观点。在其后的一千多年，虽著述不绝，但无论是理论视野还是研究深度，均未能跳出前人的窠臼。书论宝藏中最为绚烂的部分，即汉魏到隋唐时期的著作，从语言学的分期上考虑，我们归之为中古。

二、中古书论语言的分期

自厥初生民，汉语就相伴而生，一部中国的历史，就是一部汉语的历史。汉语史是关于汉语发展的内部规律的科学。由于汉语是不断发展变化的，为了研究之便，学术界对汉语史进行了分期，但观点有分歧。就中古汉语而言，大致有以下几种观点：

日本学者志村良治认为，中古或者“中世”汉语的时期是从魏晋到唐末五代；王力认为，中古汉语的上下限就是四世纪到十二世纪左右（南宋前半叶），十二三世纪为过渡阶段；吕叔湘认为，应是汉代和宋元之间；太田辰夫认为，中古就是魏晋南北朝；向熹认为，中古期是从四世纪到十二世纪，即六朝到唐宋时期；董志翘、蔡镜浩则将这一时期拉得更长，其所著《中古虚词语法例释》的取词范围从魏晋直至南宋；王云路、方一新所著《中古汉语语词例释》的序言中，将中古汉语定为东汉魏晋南北朝和隋代，并把初唐和中唐看作是中古汉语到近代汉语的过渡时期，方一新《中古近代汉语词汇学》和王云路《中古汉语词汇史》都坚持这一观点，王云路《中古汉语词汇史》一书的研究语料包括许多东汉至隋唐的文献。

我们认为，从书论语言的角度来看，将中古定为从东汉末到晚唐最为合适。巧合的是，书论从“兴”到“盛”的过程处在中古汉语断代期。秦汉之交，汉字的“隶变”，使汉字摆脱了“随体诘诎”的象形特点，并渐次形成隶书、章草、行书、楷书等书体，一些专精一体或淹通数体的书法家相继出现。到了东汉，随着社会的变动、民族的融合和佛教的引入，汉语走入一个巨大的变动期，而就在此时，书法本体的自律发展推动了书法理论的觉醒，《草书势》《非草书》等成为中国书法理论的源头。后代运用的理论，基本在这一时期成型。因此，书论产生的上限与学界“中古汉语”的说法基本相同。到了隋唐之际，书法名家辈出，丰富的书法实践推动了理论著述的繁荣，《法书要录》《墨薮》等重要的书论专集相继出现，可谓总其大成。正如日本学者中田勇次郎在其《中国书法理论史》一书中所言：唐代，在中国历史上是书法最繁荣昌盛的时期。可以说，一般有关书法的书体书品书写技法等等各方面的基本问题，在这一时期都已出现。因此本时期为学习书法而产生的书法理论也非常多，同其他时代比较起来，占有压倒的优势。有关书法的传统理论，在本时期已大体上完成。这一时期的多种多样的理论，到下一个时代又增加了新的内容而被阐发开去，但是其基础仍在唐代。而书论的语言偏于典雅，其语言的发展要比口语滞后许多。因此，把下限定在晚唐是较能反映书论语言事实的。

三、中古汉语专科语言的研究

书论语言属于专类体裁的范畴，专类体裁语言又叫专题语言或专科语言，是指某一特殊类别体裁的语言，在词汇语义上表现为某一行业用语或社会方言。近年来，佛教、道藏语言及敦煌文献的研究日趋系统化。但其他类别体裁的语言研究相较而言，开拓得还不够。江蓝生《魏晋南北朝小说词语汇释》一书，可以说是除佛、道、敦煌文献之外，中古汉语专科语言研究领域的第一本专著。

其他还有朱庆之《佛典与中古汉语词汇研究》、王云路《汉魏六朝诗歌语言论稿》《六朝诗歌语词研究》、刘百顺《魏晋南北朝史书词语考释》、方一新《东汉魏晋南北朝史书词语笺释》、罗维明《中古墓志词语研究》、李维琦《佛经词语汇释》、周俊勋《魏晋南北朝志怪小说词汇研究》、张小艳《敦煌书仪语言研究》、曾良《隋唐出土墓志文字研究及整理》、真大成《中古史书校证》、罗小如《魏晋南北朝石刻词语的特点及在中古汉语词汇史研究上的价值》、刘祖国《魏晋南北朝道教文献词汇研究》等，都对专科类体裁的语词研究做了有益的探索。

也有一些中古汉语专类语言的硕博学位论文，涉及政治、宗教、军事、医学等诸多方面。博士生学位论文有孙景涛《〈三国志〉军事词研究》、王启涛《中古法制文献词汇研究》、冯利华《中古道书语言研究》、季忠平《中古汉语雅言词研究》、柏亚东《唐代墓志词语通释》、真大成

《魏晋南北朝史书词语论考》、王前《中古医书语词研究》等。

硕士生学位论文有吴会娟《中古汉语谦敬称谓研究》、施扬《中古汉语饮食词语研究》、王盛婷《汉魏六朝碑刻礼俗词语研究》等。

也有一些从具体语义的小类进行研究的论文，如宋闻兵的《中古汉语"美丑"类词语探析》。一些研究者使用现代的认知语言学理论对中古汉语的词语专类进行探讨。如曾石飞的硕士生学位论文《中古汉语感官感知类动词语义场研究》等。

我们看到，专科语言研究相较中古语言研究的其他领域，成果还太单薄。研究者把目光更多地集中在俗语词上，对专业用语的关注还远远不够。有鉴于此，王云路在《本世纪以来（2000—2011）中古汉语词汇研究综论》一文中说：中古汉语研究的语料范围尚需拓宽，又说：跨学科综合意识不强，对各类专业词语的研究力度不够。……专业词语仍有较大的研究空间，亟待各学科之间的密切合作。具体到书论语言，这方面的系统化研究极少。

第二节　中古书论语料

一、中古书论语料的保留现状

中古书论的语料基本保留在唐人所编《法书要录》《墨薮》以及宋人所编《墨池编》《书苑菁华》之中。

《法书要录》有明刊本、王氏书苑本、津逮秘书本、学津讨原本、四库全书本和丛书集成初编本等。其中，毛晋刻津逮秘书本是流传最为广泛的；丛书集成初编本是以津逮秘书本在前，附学津讨原本所载提要于后而加以影印的；四库全书本字迹清晰，编纂精审。本书在研究中所取用的主要是丛书集成初编本和四库全书本。具体计有以下篇目：卷一东汉赵壹《非草书》，晋王羲之《论书》、《笔论》（不录），晋卫夫人《笔阵图》，晋王羲之题《卫夫人笔阵图后》，宋羊欣《采古来能书人名》，佚名《传授笔法人名》，齐王僧虔《答齐太祖论书启》《论书》，宋王愔《文字志目》，梁萧子云《论书启》；卷二梁虞和《论书表》，梁武帝《论钟繇书法十二意》，梁武帝与陶隐居来往的《论书启》，梁庾元威《论书》，梁庾肩吾《书品论》，梁袁昂《古今书评》，陈释智永《题右军乐毅论后》，北魏江式《论书表》；卷三唐虞世南《书旨述》，褚遂良《右军书目》，李嗣真《书品后》，武平一《徐氏法书记》，徐浩《论书》《古迹记》，何延之《兰亭记》，褚遂良《拓本〈乐毅论〉记》，崔备《壁书飞白“萧”字记》，李约《壁书飞白“萧”字记》，高平公《萧斋记》，蔡恽《书无定体论》（不录）；卷四唐颜师古注《急就章》（不录），唐张怀瓘《书估》、《二王等书录》、《书议》、《文字论》、《六体书》（不录）、《唐朝叙书录》，唐韦述《叙书录》，唐卢元卿《法书录》；卷五、卷六唐窦臮《述书赋》；卷七、卷八、卷九唐张怀瓘《书断》；卷十《右军书记》。

范祥雍点校、黄苗子与启功参校的《法书要录》（以下简称“范校本”）以毛晋刊津逮秘书本为底本，用王氏书苑本对校，又参以《墨池编》和《书苑菁华》，并把校注夹于文中，对词义多有阐发，可谓精校之本。但是书中只以句读断句，没有新式标点。

洪丕谟点校的《法书要录》采用了新式标点并在文后出校（以下简称“洪校本”），其后书论研究者多征引此书。可惜的是，洪氏以“津逮秘书本”为底本，以“学津讨原本”对校，但这两个本子皆出一个流传系统，对校价值不大。且洪校本只在卷十《右军书记》中参校了严可均《全上古三代秦汉六朝文》。许多文字据意径改，舛误不少。祁小春《略评洪丕谟点校本〈法书要录〉》一文就指出其存在的诸多问题。刘石校点的《法书要录》以简体横排，书后附简略的校勘记，多据范校本而出，参考价值不大。武良成、周旭点校的《法书要录》（以下简称“武周本”），据其卷首的点校说明中所言，借鉴了上述点校者的成果，又参校了《太平御览》《太平广记》《魏书》等，但点校质量不高。且校勘记附于每卷之后，不如范校本夹注的方式方便学人。也可能正是有鉴于范校本虽然未称尽善，但尚无校本能出其右，1984年和2013年，人民美术出版社、上海古籍出版社分别将范校本重新整理出版。

《墨薮》现有明陈荣刊本、唐宋丛书本、格致丛书本、十万卷楼本、丛书集成初编本、四库全书本等。《墨薮》卷一收有《五十六种书》《九品书人》《书品优劣》《续书品》《梁武帝书评》《书论》《论篆》《用笔法并口诀》《用笔阵图法》《笔阵图十二章》凡十篇；卷二《张长史十二意笔法》《王逸少笔势传》《虞世南笔髓论》《王逸少笔势图》《笔意》《晋卫恒等书势》《劝学》《贞观论》《书诀》《徐氏书记》《唐朝书法》计十一篇。其中，《五十六种书》《张长史十二意笔法》《晋卫恒等书势》《劝学》《虞世南笔髓论》等篇均为《法书要录》所未载。本书参考的主要是四库全书本。

《墨池编》宋元刊本皆亡佚不传。现有明隆庆二年四明薛晨刻本和明万历八年李时成刻本，俱为六卷。清刻本有四库全书本、康熙五十三年朱之励本以及宝砚山房刻本等，尤以宝砚山房刻本流传最广。所收篇目除了《法书要录》和《墨薮》已经收录的以外，增加了许慎《说文解字序》、徐铉《校定说文表》、李斯《用笔法》、汉萧何和蔡邕的《笔法》、三国钟繇《笔法》、晋卫恒《四体书势》、王羲之《笔势论》《书论四篇》[①]《天台紫真笔法》《用笔赋》《草书势》、王献之《进书诀表》、索靖《书势》、杨泉《草书赋》、刘邵《飞白书势》、梦英《十八体书》、王僧虔《书赋》、梁武帝《书评》、梁元帝《上东宫古迹启》、庾肩吾《谢东宫古迹启》、梁简文帝《答湘东王书》等等。[②]何立民点校的《墨池编》以宝砚山房刻本为底本，参以万历本和四库本，卷尾附录有传记资料、历代著录、《墨池编》考证和朱长文文选等，内容赅备，只是点校还有一些不谨饬之处。如晋卫恒《四体书势》中有："若杜伯揵毒，看隙缘巇，腾虵赴穴"，四库全书本作"若杜白揵毒，看隙缘巇，螣蛇赴穴"，有三处不同，何校本并未出校。

《书苑菁华》流传版本繁多，有四库全书本、汪汝瑮振绮堂本，又有述古丛钞本、翠琅玕馆丛书本、明善堂藏旧钞本等。流传者多据汪本，但又以明善堂藏旧钞本最为精善。其所收篇目不见于《法书要录》《墨薮》《墨池编》三书者，计有蔡邕《九势八字诀》、许冲《上〈说文解字〉书》、王珉《行书状》、成公绥《隶书体》、王羲之《笔势论十二章并序》、王僧虔《笔意赞》、梁武帝《草书状》、顾野王《上〈玉篇〉启》、陶弘景《论杨许三仙君其迹》、释智果《心成颂》等。

《书苑菁华》除影印出版外，一直没有点校本排印出版，给学习者带来诸多不便，后来崔尔平校注的《书苑菁华校注》一书填补了空白。该书以汪氏刻本为底本，以明善堂藏旧钞本对校，并参以四库全书本，将原文以新式标点排印，每卷后附校勘记。

---

① 第一、二篇与《法书要录》中的卫夫人《笔阵图》内容基本相同。第二篇篇末有朱氏论语曰："自三端之好而两下段，旧传右军所作。后见张彦远《要略》，以为卫夫人之辞，然亦莫可考验也。"第三篇在《书苑菁华》中题作《王羲之〈笔阵图〉》。

② 当中含伪作。

还有一些中古书论著述散见于其他文集或碑刻墨迹之中，如颜之推《颜氏家训·杂艺》中的《论书》、孙过庭的《书谱》等。

二、中古书论语料的取舍标准与甄别

语料在汉语史研究中十分重要，它既为研究的对象，又是研究的前提与基础。在语言的历史研究中，最主要的是资料选择。资料怎样，对研究结果起着决定性作用。中古书论的论著主要收录在《法书要录》《墨薮》《墨池编》《书苑菁华》四本书内，但此四书内容驳杂，且真伪杂糅。正如余绍宋在《书画书录解题》中所言：宋朱长文辑《墨池编》、陈思辑《书苑菁华》矜多务博，所录唐以前论书之文，颇多伪托之作。如不加以甄别，悉以囊括的话，不仅因材料太多而力不能逮，而且势必影响到研究结果的可靠性。对中古汉语语料的鉴别，目前有三种方法：或以所记年代为准；或以作者写作年代为准；或将语料分为记言与记事两部分，并区别对待。

比较而言，第二种虽然比较保守，但操作简便，更为可取。但具体情况要区别对待。如南朝齐王僧虔《答齐太祖论书启》中说："今奉别目二十三卷，追惧乖误，伏深悚息。"其中的"追惧"，指"事后害怕"。《大词典》引例为《宋书·孝义传·龚颖》："臣过叨恩私，宣风万里，志存砥竭，有怀必闻，故率愚憨，举其所知。追惧纰妄，伏增悚栗。"沈约作《宋书》时虽晚于王僧虔的《答齐太祖论书启》，但其所记述的是元嘉二十四年刺史陆徽上奏的表章，则时间早于王僧虔。由于是表章，语言当不会更改，应以《宋书》为"追惧"一词的最早用例。

有鉴于材料辨析的复杂情况，特设标准如下：

《法书要录》和《墨薮》为唐人所编，其篇目为中古语料无疑，予以取用。但要注意的是，《法书要录》卷十有《右军书记》，皆为王羲之与家人日常往来的书信，虽有许多珍贵的口语语料，但与书论并无甚关系，不予收录。

《墨池编》《书苑菁华》卷帙浩繁，精芜兼存，加之是宋人所编，应谨慎取用。我们采用的方法是：上海书画出版社1979年出版的《历代书法论文选》，辑录得宜，一直为学界所称道；1993年出版的《历代书法论文选续编》也出自名家之手，选辑也较为全面、精良。我们在此二书所选的中古书论篇章中，除去《法书要录》和《墨薮》已经收入的篇目，再对之一一甄别，加以取用。

文字是书法的基础。《墨池编》首开“字学”一卷，将《说文解字序》等载入，后来研究者对这种作法赞赏有加。但从书法语言的角度来看，这些内容的专科语言特征并不明显，我们将这方面的篇目删去。

因《书苑菁华》出书较晚，且精粗美恶，一律采录，如仅见于此书而《法书要录》和《墨池编》均未收录的篇目，除非有专门的考证，证实其为不伪，否则一律不予取用。

一些论著，或作者疑伪，或系后代羼入，但无论作者为谁或何时羼入，只要是在中古时期，并皆取用。如王羲之《笔阵图》《笔势论》系唐人伪托，可予取用，但要作为唐代语料使用。今有其时墨迹，皆予取用。书录内容与墨迹有出入者，以墨迹为是。

唐以前疑伪的篇目以《张天弓先唐书学考辨文集》所附《秦汉魏六朝隋主要书学文献一览表》中的考证结果为依据，参以相关论述为标准。唐代的书学著作则参考了余绍宋的《书画书录解题》和丛思飞的博士生学位论文《唐代书法文献研究》中的研究成果，不再另出考证。对篇目谨慎取用，有疑则弃。

现将除《法书要录》和《墨薮》以外，《历代书法论文选》和《历代书法论文选续编》所收中古书论的具体篇目依次说明如下：

西晋成公绥《隶书体》，选自《成公子安集》和唐《初学记》，取用。

西晋索靖《草书势》，选自《墨池编》和《书苑菁华》，真，取用。

东晋王羲之《书论》，选自《墨池编》，伪，唐五代人所作。取用。

王羲之《笔势论十二章（并序）》，选自《墨池编》和《书苑菁华》，唐孙过庭《书谱》言其出于依托。张天弓言其为唐人伪作。但无论真伪与否，当在孙过庭之前已经出现。取用。

王羲之的《用笔赋》，选自《墨池编》，伪，唐五代人所作。取用。

王羲之《记白云先生书诀》，选自《书苑菁华》，《墨池编》作《晋天台紫真笔法》，伪，唐五代人所作。取用。

南朝齐王僧虔《笔意赞》，首见于《墨薮》，篇名《笔意第十五》，但未署作者。后又选入《书苑菁华》第十八卷，内容小异，篇名为《笔意赞》，亦未见署名。至元苏霖撰《书法钩玄》始署名王僧虔。①我们认为此篇基本上可判定是唐人伪托。张天弓认为是宋人所作，显然没有看到《墨薮》的《笔意第十五》。因此，我们把它作为唐人作品并据《墨薮》的录文加以取用。

南朝梁萧衍《草书状》，选自《书苑菁华》，伪，宋人所作。不予取用。

隋释智果《心成颂》，选自《书苑菁华》，基本可信，为谨慎计，不予取用。

唐欧阳询《八诀》选自《佩文斋书画谱》，《书苑菁华》作《唐欧阳询八法》，言笔法之书伪者独多，为谨慎计，不予取用。

欧阳询《三十六法》，《佩文斋书画谱》在其题后有注："诸本都附欧阳询后，今考篇中有高宗书法，东坡先生及学欧书者等语，必非唐人所撰，故附于宋代之末。"不予取用。

欧阳询《传授诀》，选自《墨池编》，朱翼盦《欧斋石墨题跋》卷二有考证，予以取用。

欧阳询《用笔论》，选自《佩文斋书画谱》。《墨池编》和《全唐文》有载。予以取用。

唐李世民《笔法诀》，选自《书苑菁华》，其文前半与虞世南《笔髓论·契妙》多有重复，疑后人羼入。不予取用。

李世民《论书》，选自《墨池编》，唐韦续《墨薮》作《贞观论第十

① 梁燕、张同标《旧题王僧虔〈笔意赞〉的版本源流与辨伪》一文有详考（见《古籍整理研究学刊》2015年第4期）。

八》。予以取用。

李世民《指意》，选自《墨池编》和《全唐文》。予以取用。

李世民《王羲之传论》，实出唐《晋书》卷八十《列传》第五十。唐太宗亲自参与《晋书》修撰，并为《王羲之传》等四篇纪传作赞，附于《晋书》中的“制曰”一语之后。予以取用。

唐孙过庭《书谱》，现有纸本真迹，藏于台北“故宫博物院”。款署唐垂拱三年（687年）。予以取用。

唐张怀瓘《用笔十法》，选自《书苑菁华》，疑伪，不予取用。

张怀瓘《玉堂禁经》，选自《墨池编》和《全唐文》。予以取用。

张怀瓘《用笔法》，选自《墨池编》，《书苑菁华》《全唐文》未录。疑伪，不予取用。

张怀瓘《评书药石论》，选自《书苑菁华》，是文本为进御之作，却至南宋方为陈思收录。疑伪，不予取用。

张怀瓘《六体书论》，本为进御之作，《法书要录》存目不录，《墨池编》亦未载，首录于《书苑菁华》，疑伪，不予取用。

唐蔡希综《法书论》一卷，选自《书苑菁华》《全唐文》。据丛思飞考证，真伪杂糅，伪文阑入年代在中唐贞元末至晚唐之间，可予取用。

唐李华《二字诀》，选自《佩文斋书画谱》，《书苑菁华》名为《论书》，未署作者。疑伪，不予取用。

韩方明《授笔要说》，选自《书苑菁华》《全唐文》。所收内容太过驳杂，以谨慎计，不予取用。

唐林蕴《拨镫序》，选自《书苑菁华》《全唐文》。《书画谱》标题作唐林蕴《拨镫四字法》。疑伪，不予取用。

唐韩愈《送高闲上人序》，选自《昌黎先生文集》，予以取用。

唐卢携《临池诀》，选自《书苑菁华》，《全唐文》未录。疑伪，不予取用。

唐杨泉《草书赋》，辑自《艺文类聚》。予以取用。

唐颜之推《论书》，辑自《颜氏家训·杂艺》。予以取用。

唐刘禹锡《论书》，选自《刘梦得文集》，《文苑英华》《墨池编》《全唐文》有录。予以取用。

唐怀素《自叙帖》，此墨迹今有北京故宫博物院、文物出版社印本。予以取用。

唐陆羽《释怀素与颜真卿论草书》，辑自清孙岳颁《佩文斋书画谱》与清倪涛《六艺之一录》，《墨池编》《书苑菁华》均未录。疑伪，不予取用。[①]

① 需要说明的是，不予取用的篇目一律不进入收词的范围，但因其内容反映了古人的书学思想，故在一些观点的论证过程中，并不排斥引用其中的某些说法。

第三节　中古书论语言研究概况

一、中古书论语言研究的历史

书论的语言，多半为独特的意象语言，并常有自己不同于其他文体的叙述方式。长期以来，人们更加关注的是其美学与哲学的价值及其对书法实践的指导，对其语言现象的研究散见于书论的相关篇章之中。

汉魏六朝时期，书法理论尚处于发展成型期，一些术语尚未定型，书论语言的独特现象还未引起人们的关注。六朝晚期，梁武帝《观钟繇书法十二意》指出了赏鉴钟繇书法的十二个关注点，如："锋谓端也。力谓体也。轻谓屈也。"我们看到，这种"A 谓 B 也"的表述方式并不是严格意义上的术语阐释，而是指出被解释词的使用外延，但无疑这已经开启了书法术语释读的先端。

从隋唐开始，随着书法理论的逐渐成熟，对书法术语的解释屡见于相关著述。隋仁寿年间的书法家释智果有《心成颂》一篇，对汉字书写技法特点诸如"回展""长舒""峻拔"进行了解释，并举例说明。唐代书法家、书论家孙过庭在其《书谱》中对"执""使""转""用"之用笔法界定了内涵。韦续（生卒年不详）则在《五十六种书并序》对五十六种书体一一进行了注解，有的明其意义，有的揭其来源，有的兼及用途。《李阳冰笔法》云："点不变谓之布碁；画不变谓之布算；方不变谓之斗；圆不变谓之环"，对几个品评专用术语进行了细致的区分。

值得一提的是《〈述书赋〉语例字格》一文，这是唐代窦蒙（天宝年间人）为他的四弟窦臮《述书赋》作的注释，窦蒙将传统书论所用的重要审美范畴用语一一进行了简明扼要的说明，堪称言简意赅，如：“不伦：前浓后薄，半败半成。枯槁：欲北还南，气脉断绝。忘情：鹏鹗向风，自成骞翥。”一些书论品评用语也在文中得到了解释，如：“能：千种风流曰能。妙：百般滋味曰妙。精：功业双极曰精。”窦蒙还用非常感性的语言对各种书体进行了诠释：“正：衣冠踏拖，若正若行。行：剑履趋锵，如步如骤。草：电掣雷奔，龙蛇出没。章：草中隶古，蹴踏摆行。”在文中，窦蒙还归纳了《述书赋》的句法特征：“句则两字、三字，五言、四言。而、于、其、以之间，或六或八。”窦蒙《〈述书赋〉语例字格》的范畴用语体系对后世书论用语影响极深，后世术语虽时有变化，但终不离其中。到了清代，卢派（字枫伯）根据自己的书法心得，模仿司空图的《诗品》，著《书品》一卷，总结了“冲淡、肥劲”等二十四个书法美学词语。

历代对书法技法术语的释义最为用心。唐张怀瓘的《玉堂禁经》将历代工书技法条贯陈列，备述轨范。汉蔡邕的《九势》一文（疑为后人伪托）收录于宋代陈思的《书苑菁华》，此文对用笔的诸种方法做了界说，现在常用的“藏头”“护尾”等在文中都得到一一解说。元代陈绎曾《翰林要诀》对“血法”“骨法”等十二种技法进行了论述。明代高松撰《变化永字七十二法》，则将七十二个笔势各立名目，加以例析。从宋到清，更多的是对书论的技法术语的解释，有时也以只言片语或对个别名词的考证见于相关著述之中，如宋人姜夔在《续书谱》中对“折钗股”“屋漏痕”“锥画沙”和“壁坼”的诠释，清人杨宾《大瓢偶笔》、朱履贞《书学捷要》对陆希声“拨镫法”从字音到字义的考证等。

二、中古书论语言研究的现状

二十世纪七八十年代，我国掀起了“书法热”，此间的书法美学大讨论，让研究者对古代书论大为关注，相关著述陆续出版，然仍以美学、哲学研究的成果居多，涉及语言学的研究相对较少，约分为以下几个方面。

（一）辑录整理

学者崔尔平指出：前人论书，专著虽多，精芜兼存，抑且卷帙浩瀚，求备非易。除前文言及的中古语料如《法书要录》《墨池编》《书苑菁华》的校注与整理外，还有两种介绍如下：一是《历代书法论文选》。该书搜集了东汉至晚清的一些重要书论作品，同时进行了标点和校对。该书收录的体裁主要是专门的论文，偶尔涉及一些价值较高的题跋和书启，在书法界影响很大。二是《历代书法论文选续编》。该书掇拾了一些论书“精语”，力求没有“遗珠”之憾。这两部书已成为研究古代书法理论的必备书目。另外，一些书论的类书相继出现，如《中国古代书论类编》，为学人的研究提供了不少便利。

一些学位论文校注了古代书论。如赵华伟《〈述书赋〉校补》、董家鸿《〈书谱〉疏解》、张薇薇《〈论书表〉校注与研究》、钱乃婧《〈法书要录〉研究》（文后根据明嘉靖年间的吴岫藏钞本等，附有对范祥雍校勘本的补校）。

古代书论经后人屡加转录，真伪莫辨。徐清《二十世纪中国书法文献辨伪综论》，对书法辨伪历史进行了梳理。2012年荣宝斋出版社出版了《张天弓先唐书学考辨文集》，这是张天弓先生花费十年时间将先唐书法理论著作逐篇进行考辨分析后的精心之作，书后附《秦汉魏六朝隋主要书学文献一览表》，并将可信程度一一标明，让后来的研究者沾溉不少。但诚如作者张天弓所言，书论著作的考证辨伪只是初步的工作，先唐书学文献的版本校勘、章句释读还有许多工作要做。从上可见，中古书论文本虽然还有一些（如《墨薮》）未见整理，但《法书要录》《墨池编》《书苑菁华》这些重要的文集都有校本出版。

（二）词语释读

由于书论语言大多艰涩难读，有学者就尝试在前人校勘成果的基础上再对文本进行释读。楼鉴明、洪丕谟先生是较早致力于此的学者，二人编译的《历代书论选注》收录了从汉到清三十三篇有“代表意义”的书论，约二十万言，但中古书论只收录十一篇，一些十分重要的篇目，如卫恒的《四体书势》、窦臮的《述书赋》都没有收录。注释则略显简略，且多释人名、年号等专称，许多疑难的词语都避而不注。如王僧虔《论书》一篇，全文四十五个注释，仅人名与年号的注解就达四十个，疑难之语缺而未释。一些释义也值得商榷。如王僧虔《论书》有一句：“右军云：‘弟书遂不减吾。’”其中“遂”字，《历代书论选注》注释为：“遂，成也。”并将此句译为：“你的书法有成就，不比我差。”误。“遂”字当为“完全”的意思，这句话是王羲之对王洽所说的赞誉之辞。唐代李嗣真《书品后》中说：“右逸少谓领军，‘弟书不减吾’。吾观可有十纸，信佳作矣。体裁用笔，全似逸少。”“遂不减吾”对应“全似逸少”，“遂”为“全”义可知。其实“遂”作“完全”解，汉代已出现。汉代袁康《越绝书》说：“今大夫吊孤，孤之福也，敢遂闻其说。”《历代书论选注》虽有许多不足，但实发后世书论注书之端，功不可没。

冯亦吾注译的《书法名论集》一书，选辑历代书法名家论文四十篇，中古选文占十八篇，注释详尽并附有白话译文，释义也比较精审，惜乎选文太少。

潘运告主编的《中国书画论丛书》第一、二辑，涉及中古书论的有《汉魏六朝书画论》《初唐书论》《张怀瓘书论》《中晚唐五代书论》等，编者对每篇文章逐一作注，并给出释文，可谓规模宏大，用力甚勤。但词语释读多有舛误。编注一套《中国历代书论选》，收集了从崔瑗《草书势》到康有为《广艺舟双楫》的八十一篇历代重要书论作品，并一一注释，释读也较之前的丛书精当，如李嗣真《书品后》中有：“元常每点多异，羲之万字不同，后学者恐徒伤筋膂耳。”“筋膂”一词，《初唐书论》认为指“筋力”，不妥。《中国历代书论选》释为“精力”，妥当，“元常每点多异，羲之万字不同”，故后之效法者徒费精力。该书仍然有许多释读上的问题，如将“卫、杜花散，安、康绮鲜”（李嗣真《书品后》）中的“花散”录为“散花”，将“绮鲜”释为“鲜艳动人”，均不确，“绮鲜”与“花散”

同构，实为“像绮罗一样鲜丽”。

曹利华、乔何编著的《书法美学资料》一书，遍辑历代书论作品，分书法论、书体论等六个部分，原文后有提要、有注释，总篇幅达一百二十万字。但书中既以历时的作品排序，并有作者与作品的简介，与选读相近；又以文义分成数个部分，将每部书论作品割截，与类编相似，体例有些混乱。注释也欠精审，多有避重就轻之处。如陈櫄《负暄野录》：“深作窠臼，然厚者乃尔，故薄而清莹乃可贵。”释文竟弃“窠臼”而释无需出释的“尔”字。甚至多有误录、误释者。如赵壹《非草书》中“故为隶草，趣急速耳”，言“因军务相催太急，故而草书”。“趣”读作“促”，“催促”之意。《墨子·非儒》：“入人之国，而与人之贼，非义之类也。知人不忠，趣之为乱。”清孙诒让《墨子闲诂》夹注：“趣读促”。但《书法美学资料》录为“趋”字，将“趋急速”释为“赶时间”。此类错误，书中屡见。

傅如明编著的《中国古代书论选读》一书，有解题、注释、译文和对选文理论价值的阐发，甚便初学者。但译文基本来自潘运告《中国书画论丛书》，学术价值不大。李彤编著的《历代经典书论释读》一书，参校众多版本，运用语言学的相关知识，释词断句较为合理，可称为书论释读之力作。杨成寅主编的《中国历代书法理论评注》系列丛书，中古时期的书论分《先秦两汉魏晋南北朝卷》和《隋唐卷》两部，每卷有概说、注释和评析，印刷精美、插画赡富，但可惜的是其注释部分多采潘氏之说，未能后出转精，选本不谨、释文疏略之处多有之，如唐张怀瓘《书议》有“千年明镜，可以照之不疲”之句，“疲”字杨本据《六艺之一录》录为“陂”，并强解为“不阻隔”之义。只要稍查书论，就会发现，“疲”字《法书要录》《墨池编》《书苑》俱录不误。“明镜不疲”也是古人习语，清张际亮《思伯子堂诗集》卷三还有“胸有明镜照不疲”之语。

单篇论文主要集中在对书论疑难词语的研究上，如尹旭《书论语词辨释》、丛文俊《书论释辞》和甘中流、史兰福《崔瑗〈草书势〉注析》。詹绪左2000年至2002年连续在《书法研究》上发表《六朝书论笺识》，对书论中的“点如掷兔”“触理必镜”“遇其合时”等进行了考辨，在“校”“斋”等常见词语中发现了六朝新词新义。徐清的《六朝书论词语札记》《张怀瓘书论札记》，也对中古书论词语有所阐发；王先雷先后在《传统文化研究》第15辑、第17辑刊载《中古书法史论词语考释》，对“料简”“六义”等提出自己的看法，并与国内学者商榷。可惜的是，此后这种严谨的书论词语训诂对话则极少出现了。还有一些涉及词语训释的文字散见于一些古籍整理的文章之中，如丛文俊《王僧虔〈论书〉考》对“辱告”一段内容中词语的考释等。陈硕《〈法书要录〉校读札记》对《法书要录》校勘中的词语异文进行了考证。

研究生学位论文也有一些涉及词语考证的。如赵华伟《〈述书赋〉校补》、董家鸿《〈书谱〉疏解》、张存良《〈书谱〉研究》、潘晨静《张怀瓘书论词语研究》、张薇薇《〈论书表〉校注与研究》、尹冬民《〈述书赋〉笺证》等。

颇值一提的是安徽师范大学钱园园的硕士生学位论文《汉魏六朝书论词语研究》。该文是书论断代语言研究的第一篇专题学位论文。文中对书论通用语和专用语进行了考证，并尝试勾勒那一时期的书论词语面貌。

唐代张彦远的《法书要录》卷尾收录了《右军书记》和《大令书语》，因此“二王”杂帖多被后人纳入书论语言研究的范围。张俊之的博士生学位论文《二王杂帖词汇研究》对“二王”杂帖中的惯用词和同义词进行了系统的描写与研究。日本学者杉村邦彦的《王羲之尺牍发问》讨论了王羲之书法的一些释文。

（三）书论专用术语研究

书法理论的专用术语比较空灵，在许多时候被称为书法审美范畴，在不同的发展阶段往往被注入不同的涵义，这给书法美学和哲学的研究带来许多障碍。吉林大学古籍研究所的丛文俊，多年来对书论术语进行了不懈的探索。丛文俊《说“俗”》《传统书法批评“经验描述法”例说》分别探讨了“俗”字的审美内涵和审美经验对书法批评用语的影响。其《传统书法审美参照系初论》《传统书法批评词语之审美参照系初探》对专用术语的系统化提出了审美参照系的观点。

邱振中较早注意到书论语言表述的独特性，他在二十世纪九十年代先后发表了一组文章，尝试运用现代语言学理论进行阐释。他在《感觉的陈述：对古代书论中一种语言现象的研究》一文对简单描写句通过主、谓语的转换而扩展书法表现内涵的主要方式进行了讨论；在《书法理论中的语言问题》一文呼吁引入现代语言学的理论对书法文献语言进行解读，并探寻其表现出的文化心理；在《中国书法的涵义》一文探讨了阐述书法表现内涵时特殊的逻辑结构及其意义系统的稳定性。可惜的是，之后，响应者廖廖，类似的理论文章不多见。

詹绪左的《“置物”与“输心”——从“写”之二义看书法艺术的本质特点》和《“形质”考辨》分别运用字源学、词义学的方法，对书论中的几个专用语进行了考释，并据此来揭示中国书法艺术的本质特征。詹绪左的《“书道”阐微》一文，从“正名”的角度阐释“书道”的由来及其底蕴，并认为“书道”比通常所言的“书法”一词，意蕴更丰富、更精深。其《字理·文理·事理·心理——以书史画论中的三则“公案”为例》一文，以书史画论中的三则公案——“叐乙”“朱睿”“梦汞”为切入点，从字理、文理、事理、心理这几个角度去还原其原始语境，从而寻求对相关悬疑问题的破解路径。

日本学者釜谷武志发表的《六朝的书论和文论——以“骨”为中心》，从与“骨”组成的一组书论词语，探讨“骨”在书论中的微妙涵义。其后日本学者河内利治将这一研究方法引向深入，他的《汉字书法审美范畴考释》一书是专用语研究的一部力作，作者将“骨”“遒”“力”“气”作为基本概念，考察与之组合的一系列双音节审美范畴词语，角度独特，多有创见，同时，给我们系统考察书论词语提供了可资借鉴的方法。

靳永在《书法研究的多重证据法——文物、文献与书迹的综合释证》一书中，提出了“多重证据法”的书论语言研究的方法，多重证据互相补充，并将这一方法用到一些书论专业用语的考释和作品的辨伪上。

陆东方发表了《书法典范美的确认——汉晋南朝书法评论语辞的美学分析》《力的发现与赏悦——汉晋南朝书法评论术语的美学分析》《汉晋南朝书论中的“天然”美——汉晋南朝书法评论术语的美学分析》《书法艺术形式美的发现与赏悦——汉晋南朝书法评论语辞的美学分析》等一系列文章，运用语言学和美学的方法对一组书法典范美、力美、天然美、形式美的评论术语进行了分析。大野修作的《〈述书赋〉的性格——中唐时期的书论》对《述书赋》的批评标准和语汇进行了探讨。郑敏惠的《古代书论审美语词“气”之语义分析与溯源》运用现代语言学的方法，比照“气”在普通文献与书论中的功能及意义，推测出南北朝与唐朝书论审美语词“气”的语义来自普通文献中指称人物的“气”。熊沛军的《古代书论中“骨”的范畴》和杜浩的《“媚”与“瘦”——颜真卿书法评价中的两个特殊概念分析》，考察了几个书论专业语的历时发展。甘中流的《中国书法批评史》则讨论了书法批评的概念类型及理论层次。

硕士生学位论文有王元民的《“势”“意”“骨”“神”——汉魏六朝书法美学思想的逻辑发展研究》。博士生学位论文有刘家军的《晋以前汉字草书体势嬗变研究》。

（四）专业辞典的编纂

专业辞典的编纂是书论领域词汇学成就的集中体现。梁披云主编的《中国书法大辞典》由香港书谱出版社和广东人民出版社联合出版。该书分上下两卷，分书体、术语、书家、书迹、论著、器具六个部分。该书的特色在于较全面地收集了历代名家书迹，并按原迹剪贴影印，较好地保留了原作的风格神韵，只是在术语部分收词较为单薄，又多是技法类词条，对书论研究助益不大。

范韧庵、李志贤编著的《书法辞典》在学界影响较大。该辞典分书法论著、书法丛帖、书法名词术语等八个部分，其中书法名词术语包括典故、品评、学用、考证、款识、椎拓、鉴藏、装池、风格流派及其他，所收书家、历代书迹内容较多，但书法美学理论术语所收甚少，甚至“书论”“沉着痛快”等重要的专业词语未见收录。所收典故多取自近人马宗霍的《书林纪事》，有些条目，如“大人为友所弄”“永乐大典序例”等，后人引用不多，也没有产生什么派生义，很难称为典故。至如“笃论”“品流”等，属中古一般词语，列入书法名词术语类，不妥。有些词条的引例未加考证，有误人之嫌。如“如泝急流”条引苏轼《东坡题跋·记与君谟论书》语，让人误以为是苏轼所言。其实此例最早出自《欧阳文忠集》之《试笔》，乃欧阳修之语，清代平步青《霞外攟屑》卷七有专文《“学书如泝急流”乃欧阳文忠语，非东坡、南宫》考辨之，《书法辞典》不察而引以为例。另外，许多词条下只引出处，原始义和派生义均未见解释。

佟玉斌有鉴于书论中的词条，半数以上任何词书从未收入过，编写了《书法成语典故辞典》一书。该书收词语一千九百余条，但多以成语为主，典故并不多。书中收录了许多像“兔起鹘落”“舞女低腰”的比喻类品评语，可谓一大特色。书中杂入许多普通成语，如“口传心授”“开宗立派”等，如果仅因书论中使用了这些成语，就目为书论成语的话，显然不妥当。另外，许多意义相同，仅仅文字上略有出入的成语，如“片言只字”“片文只字”“片纸只字”，各立词条，体例上显然欠妥。

陶明君所编《中国书论辞典》一书，收词目三千余条，可谓宏富，且作为第一本书论专业辞典，其开创之功值得称道。但该辞典的不足之处也很明显。

其一，作者将词条分为范畴论、功能论、笔法论、书著论等十八个部分，将所涉词条分列其下，但归类不十分准确。如“作书五养”当列在“创作论”，却列于“功能论”部分；“专精”指创作时的专心、精心态度，本当列在“创作论”，却列在“灵感论”。在书著论部分竟然将唐代以前的书论作品全部归为汉代。其二，有些词条很难归于一类。如“炼气”是指创作过程中对情思与气势的修炼与抒发，编者归在“气韵论”，但归于“创作论”或“灵感论”部分亦无不可。编者本欲有便于读者，结果却平添检索之繁。其三，有些词条，如“始思”“静思”，本是短语，没有书论专业用语的特殊涵义，书论出现的频率也不高，列为词条，不妥。与之相反，有些词条未见收录，甚至作为“书论辞典”，“书论”一词除收入王羲之同名作品外，未见词目。其四，释义不够严谨。许多词条相似，无比较分析。引例罗列较多，有“纂诂”之感。其五，一些词条释义和引例有问题。如“字间栉比”条：“书法章法用语。栉，理发器。此言字中点画间的密度。”“栉比”当为一词，即“如栉之比”，言“像梳篦齿那样密密地排列”，释文当为：“此处指字中笔画紧密布设的样子。”“理发器”之说殊不可解。再如“破体”条，列了两个义项，一为“俗字”，一为王献之变右军行书。编者却将张怀瓘《书议》所云的“子敬之法”和唐徐浩《论书》中的“小令破体”引例，附在“俗字”义项之下，须知此二处“子敬”“小令”皆指“王献之”！另外，一些文字舛误不时可见，如编者提出《寒山帚谈》为明代赵宧光所著，“宧”却被录为“宦”字。

崔尔平编的《书法篆刻术语辞典》则是一本学术研究型的工具书。诚如编者所言，客观、审慎，突出专业性、文献性，释义体例体现出专业辞典的规范。如“流觞曲水”条，先指出词条义类——“书坛典故”。再说异文——“亦说‘流觞曲水’”，并训读词义，列典故源流，引例也注意了最早用例和后代沿用之例。可惜的是书法术语多技法和典故条，书论中常见的美学品评之词并未收录。有些词条的释文还有待完善。如“书估”条，指出是书论文体之一种形式，却未将此一文体最为著名之作——张怀瓘的《书估》列入。再如“主书令史”一条，只给出例文，没有释义。有些词条引例不太准确，如“陈惊座”一条，引南朝宋羊欣《采古来能书人名》：“杜陵陈遵，后汉人，不知其官。善篆、隶。每书，一座皆惊。时人谓为‘陈惊座’。”此例羊欣所记有误。《汉书·游侠传·陈遵》载：“时列侯有与遵同姓字者，每至人门，曰陈孟公，坐中莫不震动，既至而非，因号其人曰‘陈惊坐’云。”可见，“惊座”原因大不相同，出典与羊欣所说的“陈遵”并非同一人。朱长文《墨池编》卷二录此文为《齐王僧虔答录古来能书人名》，中有夹注：“张彦远云：‘其人并不因书得惊坐之名。此云每书则一坐皆惊，则又非也。僧虔录此一节事而有三端错谬。’”朱长文所据张彦远的说法不知出于何处，但其指出此文中三处的错谬大有道理，崔尔平以错误的引例来释义显然不当。

一些综合类辞典也收录了书论的相关词语，严云受（又名严云绶）主编的《中华艺术文化辞典》一书，在观念范畴篇和书法篇收有大量的书论术语词目，书法篇均由詹绪左编写，语言简要，释义精当，多为其他辞典如《中国书论辞典》所援引。另外，成复旺所编的《中国美学范畴辞典》也收录了一些如“气韵”“瘦硬”等与书论相通的词语。

（五）书论语体和修辞

古代书论的语言多以“有形”说“无形”，设喻广博，富有文采，其修辞色彩浓厚，具有间接性、模糊性、想象性等特点。研究者有对书论语言本质进行探讨的，如马国俊《书法创作语言体系分析》、尹冬民《略论古代书法批评的三大特征》、梅学味《试论汉代书论的叙述特点》；有对书论语体特征进行研究者，如王兴国《中国古代书论中的模糊语言》。成杰《中国古代书画印象式批评研究》尝试研究书论范畴的特征和印象式批评的话语形式。

也有谈语体与词语的交互关系的。如丛文俊《论传统书法批评用语对审美经验的整理与规范》认为：传统书法批评语言并不仅仅是一种被动的工具，它们在具体的应用中往往反过来会给书法审美与批评以重要的影响。

书论独特的比喻方式也吸引了一部分研究者的目光。如韦渊《比喻式书法批评略论》，尝试构建比喻式书法批评的模式；楚默则在《书法解释学》一书中探讨了古典书论中的比喻义和隐喻义；杨疾超的博士生学位论文《古代书法批评模式研究》对中古书论的众多喻体进行了归纳并探讨了具体喻指。

（六）其他

一些研究者从语言学的其他视角审视书论的语言现象。如詹其仙的硕士生学位论文《张怀瓘书论中的文字学理论研究——以〈书断〉为中心》，探讨了书论中的文字学理论；李广宽的硕士生学位论文《汉魏六朝书论用韵研究》，选取了属于韵文的十五篇书论，分析其中的用韵情况，为语音断代史的研究提供了新的材料和证据；余雁舟和潘晨静的《张怀瓘书论“效法”概念场词语类聚》，用现代认知语言学的理论探讨了表达“效法”概念的一组书论词语。

三、中古书论语言研究存在的问题

（一）校勘与整理任重道远

上述可见，古代书论的词语研究尚处初期，对古代书论的校勘与整理仍任重道远。如洪丕谟的《法书要录》校本，明知“明人好刻古书而古书亡”的道理，却仍以明代毛晋刊津逮秘书本为底本，只参以同一体系的学津讨原本，有时率意改文，结果自然错讹不少。梁庾元威《论书》中说：“徒自经营崄急。晚途别法，贪省爱异。”洪丕谟的《法书要录》校本将“崄”径改为“险”，需知这二字并不通用，以此为研究的材料，会误导学人。范祥雍的《法书要录》校本参以《墨池编》和《书苑菁华》，是至今最为精审的校本，但由于没使用新式标点，也没参阅较为清晰的四库全书本，有可以商补之处。同时，由于参校本较多，难免存在疏忽之处。晋卫夫人《笔阵图》说：“夫三端之妙，莫先乎用笔；六艺之奥，莫匪乎银钩。”“匪”字，《历代书法论文选》取自《佩文斋书画谱》而录为“重”，《书苑菁华》《墨池编》录为“若”，但范校本并未出校。另外，《墨池编》《书苑菁华》的校本不多，《墨薮》的精校之本尚未出现。许多研究成果未能总结，新出之书则沿袭错误。

（二）词语释读未成系统

在词语释读方面，一些书论文章的翻译，多以串讲为主，对许多疑难的词语存而不论。书论中类似赵壹《非草书》中“攦扶拄挃，诘屈叐乙”的疑难词句在在有之。有些注家对中古汉语的了解不够，误释的情况多有发生。如卫恒《四体书势》中说：“魏武帝悬著帐中，及以钉壁玩之，以为胜宜官，今宫殿题署多是鹄书。”“及以”一词，范韧庵、李志贤编著的《书法辞典》“窃柎悬帐”条下误为“乃以”，遂使句意碍滞。其实“及以”是六朝时常用的口语词，相当于今语“又”“并且”“或者”之类，表并列关系。如晋陈寿《三国志》卷三载：“自言为天神所下，命为登女，当营卫帝室，蠲邪纳福，饮人以水，及以洗疮或多愈者。”

詹绪左和文丛俊等对一些词语做了严谨考辨，但总的说来，数量较少。一些体系性词语考察的文章还不多见。古代书论词语的面貌还远没有得到揭示。和中古其他词语一样，目前有目的的系统的专门的研究还很不够。这给书学研究的进一步发展带来了很大阻碍，陈振濂在《中国书论辞典》一书的序中，提及日本书学书道史学理事长西林昭一的话：（当前）最紧急的课题，首先是清理学术概念，把“骨”“势”“神”“筋”之类的书论概念逐一做历史考察，查清其来龙去脉。”

（三）专业术语的研究方法单一

书论专用语的研究是目前着力较多的，但研究者多从审美的角度进行考量，缺乏语言学方面的深刻探究。书论的专用语的研究还可以引入认知语言学和类型学等先进方法，但这方面的尝试还比较少。

另外，从音韵学和文字学方面研究书论语言的论文寥寥无几，从语法方面研究书论语言未真正起步。

四、对中古书论语言研究的展望

要保证中古书论语言研究繁荣与发展，首先，要做好书论语料的收集和整理工作。如能在原有成果的基础上，进一步做好点校辨伪工作，给研究者提供最佳的文本，就会将研究中一些不必要的失误减少到最小。

其次，书论的一些词语，阅读时很难理解对这些词语的注解让历代注家视为畏途。词语考释的滞后，给相关书论辞典的编纂带来不小的困难。如范韧庵、李志贤的《书法词典》，书论词语收词较少且释读不专业。陶明君的《中国书论辞典》，因辞典的通俗性和通用性，使许多词语的学术性价值未能体现。崔尔平将《中国书法大辞典》的书法和篆刻术语单独抽出，加以增补，汇成新著《书法篆刻术语辞典》，该辞典的学术性有所提高，但以技法和典故词语居多，对阅读传统书论助益不大。我们认为，如果能集聚一部分学者，将书论中的专业术语和疑难词语以“攻城掠地”的方法，在“点”上各个击破，再以专书研究的形式形成“面”的成果，不用数载，整个书论词语研究的面貌就会焕然一新，而更具学术性的书论术语辞典就呼之欲出了。

最后，书论词语具有独特的叙述特点和话语体系，从东汉到晚清，一脉相承，自成系统。书论语言中充满了大量的隐喻式表述。梁袁昂的《古今书评》甚至通篇都是“陶隐居书如吴兴小儿，形容虽未成长，而骨体甚骏快。殷钧书如高丽使人，抗浪甚有意气，滋韵终乏精味”这样的语句。长期以来，人们主要关注的是在这种表达背后的实际所指，而忽略了系统性的形式表达功能。在认知语言学看来，隐喻不仅仅是语言中的修辞手段，在本质上更是一种思维现象，是人们认识新生事物、建构相应的概念系统乃至形成专业学科的重要认知策略。我们注意到，书论词语的聚合具有很强的系统性，上下层次鲜明，其词义虽然没有严格而科学地界定，但通过组合关系，我们仍然能找到区别特征。借助对词汇语义的聚合与组合的考察，我们就能得到一个较为完整的书论词语面貌来。因此，运用语义场理论和隐喻理论进行开拓，一定会为传统的书论语言研究开辟一条崭新的道路。

第四节　中古书论的研究价值

一、汉语史的价值

语言的发展在各个阶段都呈现不同的特点，从语法层面到语音层面，时移世易，都有相应的变化，而词汇层面的反应更为敏感。从魏晋到隋唐，外来词语渐多，词汇双音化加速，量词系统逐渐成形，新词、新义大量产生。这给中古语言材料的解读带来了巨大挑战。明代杨慎在《升庵集》卷七十一中谈到晋人习用的“阿堵”一词时感慨：“凡观一代书，须晓一代语；观一方书，须通一方之言。不尔不得也！”与时代变化一同涨落的书论语言，虽然较为典雅，没有过多的口语化表达，但也不能“置身事外”。

苏轼的《书唐氏六家书后》曾言：“今法帖中有云‘不具，释智永白’者，误收在逸少部中，然亦非禅师书也。云‘谨此代伸’，此又唐末五代流俗之语耳，而书亦不工。”苏轼已经注意到了法帖常用结语“谨此代伸”[①]的时代特征，并以此作为判断墨迹真伪的重要手段。

（一）中古书论中产生的新词

一些始见于书论的词语反映了中古汉语词汇发展的状况。

---

①“谨此代伸”为法帖常用结语，“伸”通“申”，“谨此代伸”为“谨以此信代为当面申诉”的意思。

推谢

其中实相推谢，故有兹多品。——梁庾肩吾《书品论》（P57）[①]

推谢，推许揄扬。本例当为最早用者。又《隋书·虞世基传》载："秘书监河东柳顾言博学有才，罕所推谢，至是与世基相见，叹曰：'海内当共推此一人，非吾侪所及也。'"

寒乞

徐淮南书如南冈士大夫，徒好尚风范，终不免寒乞。——梁袁昂《古今书评》（P59）

寒乞，小家子气，不大方，寒酸。文艺批评中多指"浅薄"义。本例当为最早用者。宋惠洪《冷斋夜话·东坡得渊明之遗意》载："'深秋帘幕千家雨，落日楼台一笛风。'皆如寒乞相，一览便尽。初如秀整，熟视无神气，以其字露也。"

也有一些反映了当时的社会生活、新出现的事物和习惯沿袭的情况。

柴材

谢奉起庙，悉用柴材，右军取柴书之满床，奉收得一大箦。——梁虞和《论书表》（P32）

梁代虞和提到王羲之书柴木的故事，反映了当时简牍使用的状况。书法作品的表现力与书写材料大为相关，纸张的使用对之产生了深刻的影响。纸张能表现出黑色的浓淡、枯润，也打破了竹简、木牍在书写中横向伸展的制约，使得作品的表现力有了一个质的飞越。虽然蔡侯纸在东汉和帝时已经出现，但直至东晋时仍然有使用简牍者。东晋桓玄废晋安帝，并下诏："古无纸，故用简，非主于敬也。今诸用简者，皆以黄纸代之。"（唐徐坚《初学记》卷二十一《文部》）后桓玄政权被覆没，但用纸之风

① 以(P+数字)的方式标注的页码，皆出自洪丕谟点校的《法书要录》(上海书画出版社1986年版)。

从此行矣。

勘合

今见具姓名正书启两段，合为一纸，五行。其半先在官，半在外，及得之，勘合如一。——唐窦臮《述书赋》(P146)

勘合，反映了唐代的司法现象。唐时凡调遣军队、车驾出入皇城、官吏驰驿等，均需验对符契。其法是在文书上盖印信，分为两半，当事双方各执一半。用时将二符契相并，验对印信，称为勘合。《唐律·擅兴·应给发兵符而不给》载：“不以符合从事，或符不合不速以闻，各徒二年。”唐长孙无忌疏议：“不以符合从事者，谓执兵之司得左符皆用右符勘合，始从发兵之事。”《述书赋》讲述将一纸作品分成两半、后合为一的情形，正与“勘合”相似。

（二）中古书论中产生的新义项

圣迹

今观圣迹，兼绝二王，凤翥鸾回，实古今书圣也。——唐佚名《唐朝叙书录》(P132)

“圣迹”本指往古圣人的遗迹。《汉书·伍被传》载：“往者秦为无道，残贼天下，杀术士，燔诗书，灭圣迹，弃礼义，任刑法。”唐代时出现了以之表示“超脱凡俗的书法作品”的义项，唐张怀瓘《书断》载：“始籀，以为圣迹湮灭，失其真本，今所传者，才仿佛而已。”《大词典》失收此义项。

（三）常见词的不常见义

有一些看似常见的词，词义却与通常之理解大不相同。

真正

于时圣虑未存草体，凡诸教令，必应真正。——南朝梁虞和《论书表》（P28）

真正，指真书、正书，皆谓楷书，明张绅《法书通释》曰："古无真书之称，后人谓之正书、楷书者，盖即隶书也，但自钟繇之后，二王变体，世人谓之真书。""真正"当是合言称之。唐张怀瓘《书估》载："如大王草书字直一百，五字乃敌一行行书，三行行书敌一行真正。"张怀瓘《书断》载："正如真正书写而又涂改，亦谓之草稿，岂必草行之际，谓之草者。"张怀瓘《六体书论》载："字皆真正曰真书。"此词《书论辞典》失收。《大词典》则未收此义项。

（四）专业词语的过渡形式

也有一些词，先秦时就已经产生，最初是一般词语，后因在书论中习用，成了专业词语，呈现出较为复杂的发展形态。

合作

献之尝与简文帝十纸，题最后云："下官此书甚合作，愿聊存之。"——唐张怀瓘《二王等书录》（P117）

《大词典》"合作"条解释："合作谓书画诗文等合于法度。"按，《大词典》所释有误。书法讲法度，自唐人方大为推崇。而"合作"一词六朝时就在书画之论中出现。张怀瓘所举晋王献之之语，乃王献之将自己"得意"之作献与简文帝时的自矜之言。"合作"为形容词时，作"合心""合意""出色的"解，此义当从"和合协调"而来。王羲之《笔势论十二章（并序）》曰："战笔者合。战，阵也；合，叶也。缓不宜长及短也。""叶"同"协"，"适眼合心"的作品自然是得意之作。《梁武帝又答书》言："适眼合心，便为甲科。"正是说"合心"之作就是上等（甲科）之作。

唐时“合作”一词，使用频繁，已经成为书论和画论专业词语，常作形容词与程度副词相连使用。唐徐浩《古迹记》载：“黄色织成，云‘晋右将军王羲之正书卷第四’，兼小王行书三纸，非常合作，亦既进奉。”张彦远《〈法书要录〉序》载：“妙合钟张，尺牍尤为合作。”宋人沈作喆在其《寓简》中言：“近世言翰墨之美者，多言‘合作’。余曾问邵公济‘合作’何义，曰：犹俗语‘当家’也。”沈作喆提到的“当家”是“出色的、好的”之义。如杨万里《垂虹亭观打鱼斫鲙》诗：“鲈鱼小底最为佳，一白双腮是当家。”沈氏问邵公济所言的“合作”正是作形容词解，也可简略为“合”。南朝梁虞和《论书表》曰：“子敬常笺与简文十许纸，题最后云：‘民此书甚合，愿存之。’”唐代张怀瓘《书估》将此义表达得更为明确：“以上率皆估其甚合者。其不会意，数倍相悬。大凡虽则同科，物稀则贵。”“甚合者”和“其不会意”互相对举，其意更加显豁。

“合作”后也可作名词，指“合心得意之作”，引申为“上乘之作”的意思。南北朝谢赫《古画品录·陆杲》曰：“体致不凡，跨迈流俗，时有合作，往往出入。”此为“合意之作”“上乘之作”之义。唐代张彦远《历代名画记》载：“寺壁皆有合作，风格精密，动若神契。彦远按：提伽之迹，未甚精密。山川草树宛然，塞北车马为得意。人物非所长。”“皆有合作”与“塞北车马为得意”呼应。除了将程度副词“甚”加在“合”前，也可将程度副词“极”加在“合”后，如《述书赋》曰：“薛少保时许美润，合极不如。”也可前加形容词，如张彦远《历代名画记》载顾恺之《论画》曰：“《七贤》唯嵇生一像欲佳，其余虽不妙合，以比前诸《竹林》之画，莫能及者。”“妙合”正与前文“佳”字对应。

还有放在定中结构中的。如唐武平一《徐氏法书记》曰：“褾题云特健乐，云是虏语。其书合作者，时有太宗御笔于后题之，叹其雄逸。”再如唐张怀瓘《书估》曰：“小王书所贵合作者，若槁行之间，有兴合者，则逸气盖世，千古独立，家尊才可为其弟子尔。”唐张彦远《历代名画记》曰：“且举俗间谙悉者，推此而言，可见流品。夫中品艺人有合作之时，可齐上品艺。”

自唐以后，“合作”成为书论习用语，形容词、名词的属性并没有改变。宋代黄伯思《东观余论》曰：“正、行、草、章字四种，属疾小佳，殊乏劣。深愧大令之合作也。”又宋代楼钥《跋傅钦甫所藏职贡图》曰：“正字傅钦甫携《职贡图》见示，不惟画笔精好，其上题字亦自合作。”明代谢肇淛《五杂俎》云：“今书名之振世者，南则董太史玄宰，北则邢太仆子愿。其合作之笔，往往前无古人。”“合”字组合的定中词组也更为多样。如黄庭坚《山谷题跋》卷五《跋东坡墨迹》曰：“中岁喜学颜鲁公杨风子书，其合处不减李北海。”“合处”当是合作之处，即合心得意之处。

“合”还可与“所”组成所字结构。张怀瓘《书断》曰：“少学舅氏，临写所合，亦犹张翼换羲之表奏，蔡邕为平子后身。”或单独使用，成为又一个书论术语。张怀瓘《书断》曰：“尝作《运笔论》，亦得书之旨趣也。与王秘监相善，王则过于迟缓，此公伤于急速。使二子宽猛相济，是为合矣。”孙过庭则在其《书谱》中将此术语发挥到极致，并总结出“五乖五合”的创作法则，当五个必要的条件都“合意”时，就会达到“五合交臻，神融笔畅”的境界。唐刘悚《隋唐嘉话》云：“若使手和笔调，遇合作者，亦可贵尚。”说的正是此意。

“合”可与“时”组成“合时”。南朝齐王僧虔《论书》曰：“谢灵运书乃不伦，遇其合时，亦得入流。”潘运告在《汉魏六朝书画论》中释“合时”为“合时机”，不妥。

“合”还可和“书迹”之“迹”组成“合迹”，也是“合作”之义，也可前加一个“甚”字，显示其形容词属性。如陶隐居答梁武帝《论书启》：“按此卷是右军书者惟有十一条，并非甚合迹，兼多漫抹，于摹处难复委曲。”潘运告在《汉魏六朝书画论》中释“合迹”为“合他的书迹”，不妥。“合迹”实即“好迹”。陶隐居答梁武帝《论书启》曰：“逸少自吴兴以前诸书，犹为未称。凡厥好迹，皆是向在会稽时永和十许年中者。”

也有组成“合书”者。明代汪砢玉《珊瑚网》卷六《法书题跋》载米元章行草跋语：“其次《贺八帖》，余非合书。”曹宝麟在《中国书法史》中释为“得意之作”，得其正解。明清时，“合作”进入文学批评用语中，但词义并没有改变。如清代袁枚《随园诗话》卷十四曰："即如悼亡诗，必缠绵婉转，方称合作。"如上"合"字的变化形式繁多，沈作喆在《寓简》中有感："北齐文宣时，魏收作《库狄干碑》，令樊孝谦为铭，陆卬不知，以为收合作也。意与今所用不同。"

从上可见，书论材料为我们了解中古汉语的语言现象提供了丰富的来源，也为进一步廓清中古汉语的语言面貌提供了巨大的帮助，对之进行系统而详细的研究是必要的。

二、古籍整理的价值

中古书论资料的整理对书法理论研究的作用十分巨大，书法理论家朱中原说，书学都离不开对古代书论文献的梳理，对古代书学论著的整理与注疏，是书学理论的重要方面，如果没有这个基础性的工作，根本不可能进入书学研究的本体。这些年来，尤其是进入21世纪以来，许多学人投身其间，相关成果陆续出现，但整理的质量不高，问题不少。其原因，或是校对粗疏，或是整理者对古汉语的语言现象认识不足。兹举一例：

繇串

众家可识，亦当复繇串耳；六文可工，亦当复繇习耳。一闻能持，一见能记，且古且今，不无其人。——梁武帝《与陶隐居论书启》（P39）

"繇串"，《墨池》作"由事"，《书苑》作"贯串"。[①]按：何者可从？当分而析之。"繇"本为"由"。"由"为"繇"，盖避明熹宗朱由校和崇祯帝朱由检的名讳而改。现可改回"由"字。"串"字非"贯串"之意，当指"习惯"。《荀子·大略》曰："国法禁拾遗，恶民之串以无分得也。"杨倞注："串，习也。"汉代时与"习"组成"串习"，还是指"习惯"之意。

① 本书所说的《墨池》，指宋代朱长文辑、今人何立民点校的《墨池编》，浙江人民美术出版社2012年版；《书苑》，指崔尔平的《书苑菁华校注》，上海辞书出版社2013年版。

《周礼·夏官·庾人》“散马耳”，汉代郑玄注：“散马耳，以竹括押其耳，头动摇则括中物。后遂串习，不复惊。”《与陶隐居论书启》因对仗的要求，将“串”“习”分开，和后文“当复繇习耳”互文见义。所以录为“由串”方为正解。潘运告在《汉魏六朝书画论》中录为“贯串”，并解释为“串成系列，融会贯通”，误。

三、书学研究的价值

书学，是以书法艺术为对象的理论研究学科，通常涉及书法技法、书体、书法史等方面内容，但长期以来，书论语言的研究很少进入书学研究的视野之中。这是对书论语言研究的价值认识不足所致。丛文俊在《传统书法批评词语之审美参照系初探》一文中说，过去，一些学者都把传统书法批评中的词语视为概念范畴，之后界说其理论或美学的意义。实际上，这种做法貌似正确，却与传统书法批评的语言特征功能和效果不符，与古人本意相违。从语言学角度对书论词语进行考察，不仅可以廓清专业词语的内涵和外延，还可以提供系统性的术语谱系研究，为书学的发展开辟一条崭新的道路。

而自汉魏六朝书论逐渐兴盛之时，汉语词语双音化现象明显增多。王力先生把双音化列为汉语语法史中重要的五个变化之一。在这个演变过程中，往往出现一些能产的单音节词，许多语素与之组合，形成词串，而这些词串中的词语具有相同或相近的语义特征，呈现出一定的家族相似性，故可称之为词族，它们共同形成一个语义聚合群，即语义场。这一点，在古代书论词语中表现得尤为独特。

比如在书论批评术语中，自晋代羊欣提出“媚趣”的观念后，围绕“媚”组成的书法批评词语相继出现，组成一个完整的“媚”字语义场，有媚好、姿媚、巧媚、明媚、婉媚、鲜媚、闲媚、秾媚、柔媚、轻媚、流媚、便媚、软媚、隐媚、丰媚、净媚、妍媚、韵媚、劲媚、遒媚、紧媚、雄媚等。我们通过对每个词的构词方式和包涵的义素进行分析比较，可以找到这些专用语的表达习惯和细微差别，进而探析其聚合语义场词语的语义理据。其他类似的“骨”字、“筋”字、“气”字、“力”字等与之类似，对之进行细心研究，对我们探究书法审美范畴的演变和把握中古书论词汇系统的面貌都是大有助益的。

另外，从崔瑗作《草势》开始，阐释书法美感的核心思想均在“物象生动”。书论语言这种“善取物象”的表达方式，使得书论文中隐喻现象比比皆是，形成了系统化的表现方式，如不能领悟，要探究书论所阐述的书法奥义，势必困难重重。

隐喻是两个概念域之间的投射，在这个投射过程中，会传递一个或者几个特征，但不是全部特征。那么，如何保证投射的准确性，如何让需要传递的特征突显，同时又不过分显露损害书论文体的文学性和诗意，这是值得研究的话题。书论隐喻的分类中活跃隐喻居多，以自然、身体、战争等作为根隐喻，分出许多派生隐喻，这些隐喻对语法、词汇、语音、篇章等都会产生一定的影响。但这方面的研究现今还做得极少。需要指出的是，这与书法理论界对书论语言学问题的长期漠视是分不开的。徐发（2016年）在《近四十年书法硕、博论文研究视角及其存在问题》一文中将近四十年书法硕士、博士论文的研究归为二十八个视角，却无词汇、语法、修辞等语言学的视角，就显示了这一态度。人文科学发展到今天，任何一个领域都必须学会在更深入的层面上提出问题，而语言则成为通向这一类问题的通道。深入地思考过语言问题的书法理论，将不再仅仅是书法理论。

一些反映中古书法发展的词语，对我们解读书法理论颇有助益。

煎涸新石

其砚取煎涸新石，润涩相兼，浮津耀墨者。——晋卫夫人《笔阵图》（疑唐人伪作）（P6）

煎涸新石，《佩文斋书画谱》录作“前涸新石”。文献中极少有对这种砚石的叙述。王根权《〈书谱〉品评》中认为煎涸是“浅黑干涸”之义，[①]姜荣贵《王羲之〈兰亭序〉临习指南》注释："煎涸：熬干。新石：新开采之石。"[②]这两种说法似乎都让人不知所云。从词义来看，"煎"取其有火，"涸"取其无水，这种能让墨色耀眼而且润燥调和的墨砚应该跟水火有关。倒是冯亦吾在《书法名论集》中的说法比较可信："煎涸新石：有如端溪之不见，新涸之石润，故云煎涸，或作前涸。"[③]可见"煎涸新石"是所采的"新涸"之石，广东肇庆是端砚的出产地，据《肇庆市端州区志》记载，制作端砚，多在溪水周边采石，有些老坑，常年水浸，只有在冬季水位下降时，排干洞水才能开采。[④]"煎涸新石"应该是新开采后烘干或者晾干后的砚石，润涩适中，宜于创作。

榜题

当时楼观榜题、宝器之铭，悉是诞书。——后魏江式《论书表》（P65）

榜题，匾额楹联上的文字和题款。即后之榜书、署书。该文为始出之例。又晋陈寿《三国志》卷五十一有裴松之注："越省其书，榜题道衢，招求其人。"虽然早于前文之例，但裴松之注的"榜题"应该是"大字题写"的意思，与此并不相同。

传拓

并世所传拓者，不敢凭推，一皆略焉。——唐窦臮《述书赋》（P141）

传拓，流传和模拓，据笔者所见，《述书赋》为此词首见之例。又《述书赋》："今见草书一纸，十行，有古署榜，无姓名，今共传拓之。"明代郭宗昌《金石史》卷上曰："右军之迹，流传人间，讵止千万？传拓失

① 王根权，《〈书谱〉品评》，人民日报出版社2013年版第529页。

② 姜荣贵，《王羲之〈兰亭序〉临习指南》，辽宁美术出版社2014年版第83页。

③ 冯亦吾注译，《书法名论集》，河北美术出版社1993年版第16页。

④ 肇庆市端州区地方志编纂委员会编，《肇庆市端州区志》，方志出版社2012年版第1034页。

真，肉眼莫辨。”

四、词典编纂的价值

（一）对语文词典编纂的价值

1. 可补失收之词语与义项

书论中许多词语系中古时期才产生的，对之进行考察，可补语文词典之阙。

首先，可补失收之词。

局狭

臣所知局狭，不办广悉，辄条疏上呈羊欣所撰录一卷，寻索未得，续更呈闻。——南朝宋羊欣《采古来能书人名》（P9）

此词《大词典》失收。“局狭”：局，狭也，“局”“狭”同义连文，有限而且狭小。宋代释赞宁《宋高僧传》卷十曰：“裴公讶其峻拔，征其善趣，谓：‘抗俗之志，当径挺如是邪。’悟以为是法平等，不见主客，岂效世谛与人居而局狭邪？”元代史伯璇《四书管窥》卷一曰：“所以诚意不连，致知说诚，意不特为正心之要。自修身至平天下皆以此为要。若只连正心说，则其意局狭，无以见其功用之广。”

杂迹

二卷中有杂迹，谨疏注如别，恐未允愚衷。——南朝梁陶隐居《论书启》（P39）

杂迹，可指混入某人作品中的杂入之作。《论书启》所言的“杂迹”，正是指杂入王羲之作品的书迹。后也可以指一些题材驳杂、不便归类的作品。唐代卢元卿《法书录》曰：“元卿见建中以后翰林中杂迹，用翰林印印缝，茹兰芳等署名。”又元代陶宗仪《书史会要》卷五曰：“陈怀节小楷圆熟，杂迹次之。”此词《大词典》《书论辞典》未收。

将入

则天乃内出二王真迹二十卷，遣五品中使示诸宰相，看讫，表谢，登时将入。——唐徐浩《古迹记》（P95）

将入，拿进来。“将”自中古时有取、拿义。北魏杨衒之《洛阳伽蓝记·平等寺》曰：“将笔来，朕自作之。”“将”“入”两个表示动作的语素联合表连动。唐代韦述《叙书录》曰：“《兰亭》一时相传云将入昭陵玄宫。”唐代何延之《兰亭记》曰：“仍赐物三千段、谷三千石，便敕越州支给。辩才不敢将入己用，回造三层宝塔。”又有“将出”一词，为“拿出”义。唐代李白《将进酒》曰：“呼儿将出换美酒，与尔同销万古愁。”此词《大词典》失收。

其次，可补失收之义项。

灵应

但能精求，自可意得，思之不已，神将告之。理与道通，必然灵应。——唐张怀瓘《书议》（P125）

灵应，《大词典》释为“灵验”，潘运告从之。按，“灵应”在此处是与神灵相合之义。“意得”“神将告之”“道通”俱可与此词呼应。又如唐代玄奘《大唐西域记》卷七曰：“诸天之像，镌石而成，工极人谋，灵应难究。”《大词典》未收此义项。

2. 可提供相关词语的更早用例

王云路认为，汉语辞书比较看重“始见书”的例证。但由于研究者对常用词的重视不够，许多词语的首例书证不是“始见书”，时代相对较晚，因此，无法正确地反映这些词语在汉魏六朝时期的演变过程。书论著述中许多词语的用例都早于《大词典》。

如“天”字，王云路认为，上古时，“天”主要指天空、自然和帝王等，大约在唐代时转指天气、节气了。《大词典》所举“天”指“天气”

例为唐杜甫的《佳人》诗："天寒翠袖薄，日暮倚修竹。"检索一下中古的书论语言，我们发现，早在唐代之前，这种现象就已经出现。如"天凉"，南朝齐王僧虔《论书》曰："承天凉体豫，复欲缮写一赋，倾迟晖采，心目俱劳。"由此我们再检索到，南北朝求那跋陀罗的《杂阿含经》第三十一曰："如是念时，风云则起。如风云天如是；焰电天、雷震天；雨天、晴天；寒天、热天亦如是说。""寒天"与"热天"相对，"天"必指天气。

再如"影"字，唐代韦述《叙书录》曰："其草迹，又令河南真书小字帖纸影之。""影"在这里是摹写、影写义，《大词典》举鲁迅《且介亭杂文·病后杂谈之余》例，太晚。

又如"名迹"一词，《法书要录序》曰："金帛散施之外，悉购图书。古来名迹，存于箧笥。""名迹"指名家的手迹。《大词典》收清代陈康祺《郎潜纪闻》和杨守敬《学书迩言·评帖》例，《汉语大词典订补》明代沈德符《野获编·内阁二·籍没古玩》例，均太晚。

3. 可补《大词典》中古用例之缺

《大词典》中有些引例年代跨度过大，缺少了中古的用例，有些不妥。如李嗣真《书品后》中"隐居颖脱，得书之筋髓"一句，其中"筋髓"一词，《大词典》只引了《史记·扁鹊仓公列传》和清代孙枝蔚《代书寄呈大兄伯发》诗的用例，二例年代相距太远，而没有中古的用例，如能将中古书论中的用例补入，定然更为周全。

4. 可纠《大词典》释义之失

斐然

亦当夐绝于终古，无复继作。故斐然有感，而作《书评》。——唐李嗣真《书品后》(P79)

"斐然"一词在此为"大为触动貌"。此词《大词典》(第6卷1548)有更早的用例，三国魏曹丕《与吴质书》曰："德琏常斐然有述作之意。"也有唐代及中古以后的用例，唐代杜牧《奉和诗》："唱高知和寡，小子斐然狂。"宋代曾巩《上欧阳学士第一书》曰："周游当世，常斐然有扶衰救缺之心。”但《大词典》均释为“发愤貌、狂放貌”，并不妥当。“斐然有述作之意”即有所触动而欲述诸文字；“斐然狂”当为“大为触动而狂”。兹再举“斐然有感”一例，唐代刘禹锡《刘梦得文集》卷四《三乡驿楼伏睹玄宗望女几山诗小臣斐然有感》：“开元天子万事足，唯惜当时光景促。”所言皆人事沧桑之叹，亦可证非“发愤貌、狂放貌”。

（二）对专业术语词典编纂的价值

首先，中古书论的词语研究，能为专业辞典提供较早用例并廓清概念内涵。

成复旺主编的《中国美学范畴辞典》“沈着”条称：较早提出这一理论的是晚唐诗人司空图，司空图将“沈着”列为其所主张的诗歌风格二十四种之一。

其实早在司空图之前，颜真卿《述张长史笔法十二意》中就载：“偶以利锋画而书之，其劲险之状，明利媚好。自兹乃悟用笔如锥画沙，使其藏锋，画乃沈着。”而此词和“痛快”的组合，甚至一直可追溯到南北朝时期。南朝宋羊欣在《采古来能书人名》中就有言：“吴人皇象。能草，世称沈着痛快。”既然“世称”，可见“沈着痛快”在南朝时已进入美学品评范畴的语汇中。至初唐张怀瓘《书断》亦首肯羊欣之说：“休明斟酌其间，甚得其妙，与严武等称八绝，世谓沈着痛快。”“沈着”指用笔厚重有力；“痛快”指用笔灵捷流畅。《中国美学范畴辞典》“沈着”条未收此义项。且引用南宋严羽的《沧浪诗话·诗辨》：“其大概有二：曰优游不迫，曰沈着痛快。”并解释：“此‘沈着痛快’含盖了一切深沈雄壮的风格。”如结合书论中的术语，就能发现此义未确。盖“痛快”的“灵捷流畅”的一层意思没有揭示。又，宋代黄庭坚《山谷论书》中云：“（东坡）中年书圆劲而有韵，大似徐会稽；晚年沈着痛快，乃似李北海。”又言“下笔痛快沈着，最是古人妙处”。

其次，中古书论的词语研究，还能补充专业词典未收之词条。

雄劲

本传云："不因师法，而天姿雄劲。"——唐张彦远《法书要录序》（P1）

"雄劲"一词指笔法强健有力。宋代陆游《老学庵笔记》卷六曰："有柟木版揭梁间，甚大，书杜诗，笔亦雄劲，体杂颜柳 。"后也指文章气势有力。《宋史·汪纲传》曰："为文尤长于论事，援据古今，辨博雄劲。"此词《书论辞典》未收。

最后，通过对词语的研究，还能改变书论辞典中的引例堆砌或不科学的毛病。

如"神气"一词，虽是重要的书论专业词语，但同时是一般词语。《书论辞典》"神气"条，引康有为《广艺舟双楫》曰："若董香光虽负盛名，然如休粮道士，神气寒俭。""神气"在书论品评语中是褒义词，不可能与"寒俭"搭配，且在"如"后，实以人的神情、神态喻书法作品，当属一般词语的用法，是中性词，显然不是书论专业术语，以此为例，殊为不当。这样的错误在相关书法辞典的引例中常见。

五、文化研究的价值

语言是社会组织的产物，语义发展史跟社会生活演变史分不开。书论语言自然也不能违背这个规律。除了以上所言的诸多语言学方面价值，其反映的中古文化内容也饶有趣味。

寒具

桓玄爱重书法，每讌集，辄出法书示宾客。客有食寒具者，仍以手捉书，大点污。后出法书，辄令客洗手，兼除寒具。——南朝梁虞和《论书表》（P31）

"寒具"为何物，现代人不得而知。《大词典》解释为"一种油炸的面食”。并举出北魏贾思勰在《齐民要术·饼法》所载的作法：“环饼，一名‘寒具’；截饼，一名‘蝎子’。皆须以蜜调水溲面。若无蜜，煮枣取汁。牛羊脂膏亦得；用牛羊乳亦好……令饼美脆。”但这种食物并非在南北朝时期方有，其来源可上溯到《楚辞》中所说的“粔籹”。《楚辞·招魂》曰：“粔籹蜜饵，有餦餭些。”王逸注：“言以蜜和米面，熬煎作粔籹……一作粡麦，一作揉米……又音汝粔籹蜜饵也。吴谓之膏环。饵，粉饼也。”《说文·米部》曰：“粔，粔籹，膏环也。从米巨声。”“膏”是“脂油”，“膏环”是油炸的环状食品。“粔籹”当为楚人记音之语，汉语对外来语音译后加表义偏旁，是为常例。宋代庄季裕《鸡肋编》卷上曰：“食物中有‘馓子’，又名‘环饼’，或曰即古之‘寒具’也。”至于为何“粔籹”在南北朝时期变为“寒具”，其原因可能有二：一是当与寒食节的风俗逐渐风行有关。明代李时珍《本草纲目·谷部四·寒具》曰：“林洪《清供》云：寒具，捻头也。以糯粉和面，麻油煎成，以糖食之。可留月余，宜禁烟用。”寒食节禁烟，吃这种食物最为相宜。“寒具”者，寒食之具也。二是“粔籹”二字较生僻，又记的是楚音，相对于中原正音，无疑属外来之语，这类词的命运多被汉语原有语素组合成的词语所替代，正如“德律风”被“电话”所替代一样。

“寒具”，现北方称“馓子”，并不加糖。南方称“糖环”，但形制已经有了许多不同。据《东莞县志·卷十二》载：“粔籹谓之糖环。（按）楚词粔籹蜜饵。洪兴祖补注……吴谓之‘膏环’，莞俗以糖为之，故曰‘糖环’。然亦炸以膏油，即古之‘粔籹’。”今广东东莞有之。

第五节　本著的研究方法

一、对照比勘法

在词义考释和文字校勘中，对照比勘法的应用主要体现在以下几个方面：一是对同一语料的不同底本、校本和注本之间的异文和注释进行比勘；二是在中古书论语料之间进行比勘；三是同非书论论著的共时语料进行对勘；四是将中古书论语言与上古和近代语料进行历时的比较。通过这些内证法与外证法结合的比勘研究，可让我们勘定原典本身的一些讹误，发现现有点校本中的某些疏失，也可帮助我们发现一些新词新义，解决某些词语的疑难问题。

二、系统考察法

我们使用系统考察法，主要在两个方面着力：书法专业词语呈现出组合上的整齐序列，新产生的术语往往源自原概念或者“原范畴”，在产生新的术语后，为了辨识度的加强，又派生出同一层次或者下位层次的专业用语。在对之考察时，我们将与之组合的一系列词语进行系统诠释，找出其衍生和演变的规律，再将之放到整个书论术语系统进行比较，这对厘清专业用语的内涵和外延、完善词典的编纂等有重要的意义。

三、横向联系法

王云路、黄沚青曾经指出，中古汉语词汇的研究跨学科综合意识不强，对各类专业词语的研究力度还显不够。就书论词语而言，尤其如此。书论专业用语的产生比较复杂，有的来自一般词汇，有的来自修辞，还有一些从传统的哲学概念衍生而来。古代的学科之间，并没有语汇上壁垒森严的界限，在社会文化领域尤其如此。哲学、美学、文学、书论、画论的许多用语都是共通的，但在具体的领域打上了自己本行业的特点。通过在这些学科间用语的横向联系，我们能发现许多借用、改造、扩散、泛化的“晕染”轨迹，其理论和现实意义是重要的。

四、历时考察法

书论的语言，除了议论和说明外，还有一些叙述与抒情的表达手法，这些词语口语色彩浓厚，适时反映了中古词语的发展变化。研究时从历时演化的角度进行考察，就能勾勒出书论词语的演化轨迹，并能确定书论词语在中古汉语研究中的地位。另外，从一般词语渗透到专业术语或从专业术语泛化到一般词语，既有共时的过程，又有历时的表现。当纵向与横向的坐标都描画出来时，一个立体而又准确的词汇面貌就展现在我们的面前了。

第二章　中古书论的内容与特征

中古书论的内容涵盖了书论从起源到兴盛的全过程，也是书论所有题材与形式的集大成。其特征既有后世书论相沿习的一般特点，又有属于中古这一特殊语言变动期的独有特色。

第一节 书论的文体

我们所言的文体指的是书论作品的风格和体裁。书论的文体，风格多样，这是与其较为庞杂的内容密不可分的。书论的内容所涉广博，有书法鉴赏、创作技法、书法器用、人物品藻、传记史论等，即使是相同类别的文体也有多种表现方式，如书法鉴赏之文就有书判、书断、书评、书估等。《墨池编》将书论分为八类，《书苑菁华》则分为三十二类，繁芜琐屑，无益于学。鉴于不同的文体有不同的语言特色，其在语法、词汇等方面的表现各不相同，因此，研究书论，从语言研究的角度出发，以文体体裁来分，较为合适。

一、文体分类

在文体的分类方面，清代古文家姚鼐是集其大成者，其《古文辞类纂》一改过去“分类碎杂”之弊，创造性地将文体分为十三类。我们结合姚鼐的分类方法，根据书论内容的实际情况，将中古书论文体分为论辩、对话、书记、说明、书赋、书启、格诀、品评、序跋等九类。

论辩类书论作品是采用议、驳、辩手法的说理性文章，是书论中较为典型的一体，也是较早出现的一类。如赵壹的《非草书》，有感于其时对草书“专用为务”的狂热，予以抨击。再如庾元威的《论书》，论述书法源流，指出当时书学“十秽”之弊。孙过庭的《书谱》，评骘前人论书之旨，概述书法源流、标准及特点，实为书学之瑰宝，可惜的是现仅存序言，其本论部分“撰为六篇，分成两卷”早已散佚。此类体裁的书论作品多在篇名前或篇名后缀以“论”或“议”字，如《文字论》《书议》等。需要指出的是，我们将一些奏议、表章也放到这一类，如虞和的《论书表》、江式的《论书表》，虽是表章，但以论说书法为主，只在行文格式上与其他论辩作品有异。

对话类书论作品如《论语》一样，以问答语录体的形式阐发书学观点。颜真卿的《论张长史笔法十二意》，以一问一答的形式叙述了张长史传授笔法的过程。再如虞世南的《书旨述》，托通玄先生与自己的对话来说明“书法玄微”“神用无方”的书旨。

书记类书论作品是叙事文体，它以记或传的形式叙述书家生平和作品流传经过，同时边叙边评作品的优劣与价值。如何延之的《兰亭记》，叙述了王羲之的《兰亭集序》从诞生、辗转收藏以及摹写的全过程，叙述生动，虽未能尽信，但保留了大量细节信息。又如徐浩的《古迹记》，记叙了唐太宗、武后和玄宗三朝内府收藏二王法书的盛衰和聚散情况。此类作品名多有“记”字。

说明类书论作品是对书法技法和书法作品进行解释和说明的文章，包括笔法、书体。如张怀瓘的《论用笔十法》，归纳出十条用笔规则和十二种隐笔法。再如韦续的《五十六种书》，记载了从太昊的龙书到南朝宋山胤的花书，计五十六种书体。这类作品还包括书目和志目。如王愔的《文字志目》，列古代书体三十六种，秦汉至三国吴书家六十人，魏晋书家五十八人，但列姓名而已。又如《右军书目》，是褚遂良根据太宗致力购求的王羲之书迹整理而成的作品名录，正书五卷，草书五十八卷，每卷列作品前数字为别。

书赋类书论作品是用辞赋的形式来阐述技法、书体以及鉴赏理论的。汉魏六朝以赋体居多。如卫恒的《四体书势》和成公绥的《隶书体》皆四六骈文，铿然有韵。这类作品名称多加上“赋”“体”“势”“状”等字。至唐时以诗赞书作品日渐增多，如李白的《王右军》、李欣的《赠张旭》等，不过，在我们的研究中，诗歌暂未收入研究范围。

书启类书论作品是以往来信件的形式阐发书法理论思想的。比较著名的，如齐王僧虔的《答齐太祖论书启》，答谢太祖赐示古迹；梁武帝与陶隐居的《论书启》（九篇），对张芝、王羲之等人的书法作品通过鱼书互答而评其优劣得失。需要在此注明的是，《法书要录》卷末所附的二王书信，由于内容多是家庭琐事，与书论关系不大，我们并未将之列入考察范围。

格诀类书论作品分为字格和书诀。字格是用生动形象而又简洁的语言对书法的重要概念进行解释的文体，主要是指唐代窦蒙《〈述书赋〉语例字格》一文，这是为其弟窦臮《述书赋》中的专用词语所作的注解。书诀则是以简明、生动的形式讲述书法技法的方法要领的口诀，书诀有时称"歌诀"。余绍宋在《书画书录解题·歌诀》中说："歌诀，则宜言简意赅，方便记忆，不则须言辞美妙，方易传诵也。"因为书法教育实践活动的需要，这一类作品较为多见，如王羲之的《记白云先生书诀》，言极简赅而意旨至深。

品评类书论作品是对书家作品及书艺进行鉴赏、评价、分级的作品。这是魏晋时期人物品藻中衍生出来的一种批评理论模式。"世目李元礼：'谡谡如劲松下风。'"（《世说新语·赏誉》）这种人物评说方式影响到对书法作品的品评上。如南朝梁袁昂的《古今书评》一卷，举秦讫梁二十五位书家，以世间万物来状貌其人书法之风神，如"卫恒书如插花美女，舞笑镜台"，与《世说新语》如出一辙。从魏晋到唐，品评类书论作品代代有之：或以"评"字名文，如南朝梁萧衍《古今书人优劣评》仿效袁昂各以一句诗意化的语言来归纳书家的风格和特色；或以"论"字名篇。梁庾肩吾《书品论》，虽名为"论"，实为"品"，[①]从而开创性地将从汉到齐梁的一百二十三位能书者分为三等九级，各品后系以短论。其后李嗣真的《书品后》、[②]张怀瓘的《书断》和《书估》踵事而增华，使得品评类书论作品成为古代书论著作的重要组成部分。

序跋类书论作品，分为序与跋，书法理论思想通过序或跋表现出来。序如《法书要录自序》叙编书的前后因果。韩愈的《送高闲上人序》述张

① 这正是后世称此文为《书品》的原因。

② 《通志略》等均作《书后品》。

旭治草书之术。跋如王羲之《题卫夫人〈笔阵图〉后》，为右军学书心得之作。需要指出的是，中古的序跋类书论作品不多，到了宋代，于书后题跋之风渐盛，加之东坡、山谷等人的力行，作为一种独特的书论文体才大行于世。

为了直观了解诸文体的状况，现将本书所涉中古书论文体各类别及其数目统计如下（表中括号内数字为唐以前作品数量）：①

表1　本研究所涉中古书论文体各类别及其数目统计

类别	论辩	对话	书记	说明	书赋	书启	格诀	品评	序跋
篇数	31(11)	2(0)	8(0)	12(4)	7(5)	3(3)	3(1)	9(3)	6(2)
占比	26%	3%	10%	15%	9%	4%	4%	11%	8%

从表1可以看到，论辩和说明类文体占比较大，这与现代理论文章的表达状况基本一致，也说明在中古时期，至少到晚唐，书论的发展已经相当成熟，理论性已经大为增加了。品评类作品的占比仅次于前二者，这是书论文体中非常重要而又独特的一类，宗白华先生说，中国美学竟是出发于人物品藻之美学，美的概念、范畴、形容词，发源于人格美的评赏。我们认为，书论品评文体就是魏晋时期的人物品藻在文艺理论著作中较早的反映方式。如果说《世说新语》的《雅量》《识鉴》《赏誉》《品藻》等篇只是简短的人物故事的话，那么，书论中的“品”或“评”的作品大量出现，则标志着品评赏鉴作为独立文体已成熟。

书记类作品数量也较多，这对考察书体发展与作品流传源流相当重要。这说明，在书论作品中，“史”的概念在逐步形成并由此产生了专用的“书记”文体。

如果从唐以前各文体作品的数量看，论辩和说明类文体在唐以后呈逐渐上升的趋势，说明书法鉴赏与技法的理论在进一步深入发展，对话和书记类文体在唐以后得以形成，书记类文体的内容决定了它的产生需要一定的时间沉淀，因此，在唐时才产生也就很自然了。我们所统计的书赋类作品到唐时式微，当与六朝时期的赋体骈文至唐逐渐衰落大有关系，与此同

① 篇目数量根据相关作品的目录计算。如《法书要录》将《述书赋》分为上、下两个篇目，我们就以两篇计算；《法书要录》将《论书启》九首归为一篇，我们就以一篇计入总数。

时，以诗歌来吟诵书法作品的形式大为增加，将赋体的空间大为压缩了。格诀和序跋是相对较晚出现的文体，我们研究范围内的三篇作品，只有一篇王羲之的《记白云先生书诀》是唐以前的作品，张天弓认为是唐五代人的伪托之作。我们认为，格诀类作品在唐代以后才日益增多，从晋到唐只有这一篇格诀作品流传于世，后人伪托的可能性确实很大。有意思的是，清代倪涛《六艺之一录》卷二百七十一和清代孙岳颁等《佩文斋书画谱》卷五均载《晋王献之自论书》，当中曰："臣念父羲之字法为时第一，尝有白云先生书诀进于先帝。"清代孙星衍《续古文苑》卷六也载有王献之的《进书诀表》。此三书均在清代才出现，颇让人生疑，且《晋王献之自论书》称父名羲之，《进书诀表》属上书的表章，却史未见载。因此，以审慎见，我们认为格诀类书论作品在唐时产生还是比较慎重和稳妥的。

二、文体特征

（一）诸体杂糅，体裁丰富

书论作品内容繁复，论辩、说明、书记等类都有一定的数量，也各有自己的风格。如庾元威《论书》一卷，阐发"三种人身"之主张，针砭"十秽"之时弊，语言庄重，论证严密详尽。虞世南《书旨述》通过人物对话探究书体源流，有议论，有说明，言语雅驯，气势夺人。

体裁的丰富性还表现在一篇作品虽大而视之可归为某类，但细而察之又诸体杂糅。羊欣的《采古来能书人名》既是名录，又有品评，更兼介绍人物郡望、官职，有史传的意味，但总体上文字简明质朴，说明性强。再如窦臮《述书赋》，虽曰"书赋"，多四六骈句，但也综论历代名家，至为博洽，品评议论，颇为剀切，与六朝书赋大不相类。

体裁丰富的第三个表现是：同类作品，风格各异。同是品评类作品，袁昂的《古今书评》中，各位书家的风格以一句短语概括，形象生动，设喻奇巧，耐人回味。或以事物喻书，如"索靖书如歌声绕梁，琴人舍徽"。

或以事喻书，如“梁鹄书如太祖忘寝，观之丧目”。而张怀瓘的《书断》以“神”“妙”“能”三品评论书法优劣，并列各书家小传，语言则要平实朴素得多。

书论作品各文体是随时代而兴衰的，其风格也在岁月的更迭中悄然发生着变化。如论辩类文章魏晋南北朝时期篇幅多短小，并有表章杂糅其中。《法书要录》所载王羲之《论书》仅一百二十三个字，即使是虞和的《论书表》、王僧虔的《论书》也只有短短数页。而到了唐代，书法理论渐趋精密化和系统化。孙过庭的《书谱》从书法源流、书体特点、书品标准、书法技法及创作经验等都做了完整的论证，文字宏丽，见解精辟。张怀瓘的《书断》则有上、中、下三卷，二万九千余字，体系恢宏，囊括了书体演变史和历代书家的小传及作品品评。

（二）格式化明显

书论作品在早期与其他文学样式多有相同之处，随着时代的发展，文体逐渐固定化。虽然各类书论文体并不能同一而论，但每一类作品的格式化或程序化的倾向，是基本相同的。这一点首先表现在结构上的格式化。如梁庾肩吾的《书品论》，托玄静先生之口论述各书体的来源与发展，并表明以书品为题名的缘由。唐代李嗣真的《书品后》沿用其例，先陈述书体流变，再分成若干品级，罗列每等级书家姓名，再分而述之。每品之后有评有赞。到张怀瓘的《书断》，洋洋大观，《书断》分上、中、下三卷，篇幅大增，但体例与《书品论》与《书品后》并无甚区别。《书断》上篇溯源，有论有赞；中篇述神品二十五人，妙品九十八人；下篇述能品一百零七人，文尾有长评。体例上的一脉相承昭然可见。

值得注意的是，即使是一些文学性较强的文体也有格式化的倾向。如《四体书势》中，《隶势》为卫恒自作，《草势》为崔瑗所作，二文首述书体来源，次言其功用与特点——以远观之的“体象”或“法象”，再陈具体形态，多以“或”字总领句前。首尾结构相类。其他以“势”“体”“状”作为文题的大多遵此三段式的结构范式。如西晋成公绥《隶书体》

先言“皇颉作文，因物构思，观彼鸟迹，遂成文字”以追溯往古，再言“规矩有则，用之简易，随便适宜，亦有弛张”的功用，最后描述“若虬龙盘游，蜿蜒轩翥，鸾凤翱翔，矫翼欲去”的万千形态。

不仅是结构上相似，用语上格式化也时有表现。比如文章起始语：

黄帝之史，沮诵仓颉，眺彼鸟迹，始作书契。——西晋卫恒《字势》

鸟迹之变，乃惟佐隶，蠲彼繁文，从此简易。——西晋卫恒《隶势》

又：

书契之兴，始自颉皇；写彼鸟迹，以定文章。——东汉崔瑗《草书势》

皇颉作文，因物构思，观彼鸟迹，遂成文字。——西晋成公绥《隶书体》

圣皇御世，随时之宜，仓颉既生，书契是为。——西晋索靖《草书势》

字画之始，因于鸟迹。仓颉循圣作则，制斯文体有六篆，妙巧入神。——东汉蔡邕《篆势》

与起始语相似，结语也有许多范式化的成分：

睹物象以致思，非言辞之所宣。——西晋卫恒《字势》

聊佇思而详观，举大较而论旃。——西晋卫恒《隶势》

几微要妙，临时从宜。略举大较，仿佛若斯。——东汉崔瑗《草书势》

垂象表式，有模有楷，形功难详，粗举大体。——西晋成公绥《隶书体》

思字体之俯仰，举大略而论旃。——东汉蔡邕《篆势》

我们认为，书论文体明显的格式化倾向正可以说明：从六朝至唐，书论从早期与诸文体的混同走向了专业化、理论化和规范化的逐渐演化过程。

（三）情采华赡，具有很强的文学性

书论的语体性质并未让其文学性有多大的削弱，相反，其文情采华赡，颇具文学之美。

唐代孙过庭《书谱》描述笔画之势：

> 观夫悬针垂露之异，奔雷坠石之奇，鸿飞兽骇之资，鸾舞蛇惊之态，绝岸颓峰之势，临危据槁之形；或重若崩云，或轻如蝉翼；导之则泉注，顿之则山安；纤纤乎似初月之出天涯，落落乎犹众星之列河汉。

此段文字极尽铺陈排比之能事，恢宏磅礴，几同汉赋。再如唐代何延之的《兰亭记》，虽是一篇书记，记载了王羲之书写《兰亭序》及此序的收藏、传世、临摹，获取及后殉于唐太宗昭陵的全过程，文章曲折生动，情节引人入胜，萧翼、辨才、太宗等人物形象跃然纸上。归其为传奇小说，亦不为过。

书论的文学性特征是有其内在和外在的原因的，内因一是书法艺术本来就有其抒情的性质。蔡邕《笔论》曰："书者，散也。欲书先散怀抱，任情恣性，然后书之。"这种抒情性，从笔画、结构、章法到风格，莫不有所体现，明白这一点，才能"傍通点画之情，博究始终之理"（孙过庭《书谱》）。而有了情感的语言，其文采也就粲然可观了，正所谓"心术既形，英华乃赡"（刘勰《文心雕龙·情采》）。二是书论中独特的生命感悟形式只有用文学的方式才能进行细致微妙的表达。此不赘言。外因则是，书论的作家多有文学家背景，从事书论批评并非其专职。从蔡邕到颜真卿，莫不如此，当书也可称为"书道"时，"文以载道"的文学情愫更促成了这一倾向。唐代张怀瓘在《文字论》中不无得意地自夸："以筋骨立形，以神情润色……数百年内，方拟独步其间……后学得渔猎其中，实不朽之盛事。"所有这些内外因，最终都外化为中国传统书论批评中的"文学化"诉求。

第二节　中古书论语言的特征

一、词汇特征

（一）色彩艳丽华美，多涉奇异事物，语言具象生动

书法与原生的自然本体之间的关系紧密。就文字与书法的关系而言，“题于竹帛，则目之曰书”，就是一个内容与形式的问题。张怀瓘《文字论》曰：“文也者，其道焕焉。日、月、星、辰，天之文也；五岳、四渎，地之文也；城阙、朝仪，人之文也。字之与书，理亦归一。”正因为文字的产生本来就是“法天象地”，所以，从书法理念产生之初，自然本体观在汉魏六朝书论中就是普遍共识。书论的语言涉及宇宙万物，并不像其他的理论文章那样侧重思辨，加之，许多体裁采用了赋体骈文，其语言色彩艳丽华美就在情理之中了。

书论语言华艳丰赡，体现在多个方面。

其一，色彩词大量出现。在我们考察的范围中，“白”字出现二百零六处处，“黄”字六十九处，“青”字三十七处，“朱”字三十二处。这些色彩词的大量出现，使得文章五色斑斓。珍宝之类的华美事物也与色彩词交相辉映。如“宝”字出现一百零二处，“金”字六十九处，“玉”字六十九处。一些珍异的动物如“虎”四十四处。“龙”一百一十处，“马”八十处，“凤”三十七处。“美”一百一十二处，“媚”四十八处，“秀”四十三处，“丽”三十六处。

具体而言，这些具象用语又呈现一定的分布特点，以下我们仅以六朝卫恒的《四体书势》和唐代孙过庭的《书谱》作一个比较，[1]便可窥一斑：

植物形象：

禾、黍稷——《四体书势》

花、英、槎枿、枝干、花叶、漂萍、朝菌——《书谱》

飞禽形象：

鸟、鹰、鸿鹄、长翅、颈、翼——《四体书势》

鸿、鸾、鹤、蝉翼——《书谱》

水中动物形象：

鱼——《书谱》

走兽爬虫形象：

虫、龙、龟文、短身、虫蛇、狡兔、蜩螗、杜伯、螣蛇、头尾、山峰、余綖——《四体书势》

龙、兽、蛇、龟、兔、蟪蛄——《书谱》

景物形象：

天、地、日、月、云、星、山、光、烟、雨、丝、翔风、厉水、清波、水露、穹窿、崭岩、崇台、巇、穴——《四体书势》

天地、垂露、雷、石、岸、峰、云、泉、山、月、星、风、林、霜雪、落蕊、兰沼——《书谱》

什物形象：

① 我们选用这两个文本是基于这样的考虑：两篇取自六朝和唐代两个中古重要的阶段，书论的语言也发生了一些变化；两篇内容、结构相似，篇幅相差不大，具有较强的可比性。

规、矩、流苏、悬羽、栉、钟簴、庭燎、纨素——《四体书势》

针、炉、锋杪、毫芒、埏埴、丹青、规矩、钩绳——《书谱》

身体：

发——《四体书势》

心、手、神、思、筋、骨——《书谱》

从以上的形象用语可以看到，书论的语言多“观物取象”，近取诸身，筋骨、毛发莫不毕载，远取诸物，日月山川奔赴笔端，并与鸿鹄龙蛇、花草落英一起，构成一个色彩艳丽的话语体系。这种形象语言增加了作品的文学性，并通过这种文学性的描述带来对书法作品的审美愉悦，同时验证了书法不仅仅是一些表意的抽象符号，而且是通过人对天的参化，在形式上建构一个以自然万象为蓝本的小宇宙。当然，这也与中国艺术家特有的思维方式有关，卢辅圣在《中国书画全书》“序”中说，在书画的理论思维中，人们对抽象的思维方式很少感兴趣，因为任何部分的思想概括，都会影响到部分或全部的具体经验。

值得一提的是，《四体书势》和《书谱》的形象用语也有一些各自的偏好。比如《书谱》中的植物形象更多一些，其原因可能是《四体书势》讨论的是书法的“体势”，“势”有“势来不可止，势去不可遏”的动态特征，与静态植物形象相违。而《书谱》多言对法书静观赏析的感悟，植物形象用语自然就多了起来。至于《书谱》较多的身体形象用语，则与“心画”观的逐渐成熟大有关系，我们后面会有专门的讨论。

书论语言的生动性还表现在大量动词和联绵词、叠音词的使用上。我们再观察《四体书势》和《书谱》：

动作行为动词：

盈、亏、螣、坠、裂、纡、放、扬、振、跱、延、投、奔、驰、赴、移、揭、缘、跂、骇、跱、旋、举、折、趋、游、飞、协、震、突出、下颓、迁延、揖让、拱手、纠结——《四体书势》

悬、垂、奔、坠、飞、骇、舞、惊、绝、颓、临、据、导、注、顿、变、衄、挫、窥、俯、援、聚、落、逸、飞、见、求、糅、推移、纵横、涵泳——《书谱》

联绵词、叠音词：

委蛇、离离、嵯峨、跂跂、蚑蚑、翻翻、飞飞、邈邈、翩翩、婀娜、靡靡、绵绵、蜿蜒——《四体书势》

觇缕、啴嗳、容与、徘徊、潇洒、扶疏——《书谱》

我们看到，动词的大量使用，使得书论所描述的意象动感十足，活泼而有生气。而联绵词、叠音词的高频出现，让作品的音节铿锵，也极具画面感，颇有声貌并显之妙。不过，我们也发现，《书谱》里的动词明显不如《四体书势》动词的动作感强，即使看起来很具体的动作如"追"字组合的也往往是抽象名词——"务追险绝"。《书谱》中的联绵词多以静态词语为主，从另一个角度说明这一点。

（二）语义的模糊性突出

书论的词语，无论是概念的界定还是外延的描述，都打上了具象的烙印，加之设喻奇巧，往往语义模糊，让人有不知所云之感。近代孙以悌的《书法小史》直接予以强烈地批评："前人品书多矣，自梁庾肩吾、唐李嗣真以来，清包世臣、康有为以往，无不语近神秘，言涉浮华，实则外状其形，内迷其理，咸无得当。"就是连整日涵泳其间的书家也为之苦恼。米芾在《海岳明言》开篇即说："历观前贤论书，征引迂远，比况奇巧，如'龙跳天门，虎卧凤阁'，是何等语？或遣词求工，去法逾远，无益学者。故吾所论要在入人，不为溢辞。"

米芾所说的这种"溢辞"即书论语言中常用的形象用语。在传统书评中这甚至成为重要的表达方法。即使在唐代张怀瓘的《书断》将书家之作分为神、妙、能三品，并力求用朴实的语言加以评判时，但仍然免不了说

“（索靖书）有若山形中裂，水势悬流，雪岭孤松，冰河危石”。当他尝试摆脱比喻，而更多地使用形容词进行判断时，这种语言的模糊性也并没有减弱，如“（钟繇）可谓幽深无际，古雅有余”，“幽深”“古雅”虽然可以大致上体会其义，但科学的定义几乎是不可能的。就连高声反对“溢辞”的米芾最终也没能跳出这种模糊性话语的表达系统，他在《书评》中说：“（颜真卿）如项籍挂甲，樊哙排突，硬弩欲张，铁柱将立，杰然有还可犯之色。”“（沈传师）如龙游天表，虎踞溪旁，神情自如，骨法清虚。”

书论语言的模糊性是表现在笔法、学用、品评、鉴藏等全方位的。如卫夫人在《笔阵图》中对笔画的描写：乚百钧弩发，丿陆断犀象，丨万岁枯藤，乀崩浪雷奔。让人虽有感悟，却又难以尽言。再如窦臮《述书赋》评谢安三兄弟书法：“谢氏三昆，尚草特峻。犹注飞涧之瀑溜，投全牛之虚刃。”无论是“特峻”还是“飞涧之瀑溜”，我们都很难以精密的语言去加以界定。

书论语言的模糊性还表现在：有些词语即使把握了其字面意义，也并不代表明白了其所指。如“屋漏痕”，出自唐代陆羽《释怀素与颜真卿论草书》，词面义甚明，是“屋漏蜿蜒之迹”，但其真实所指至有清一代也未有定论。清代佚名《书法秘诀》驳斥俗见：“颜平原屋漏痕、折钗股，谓欲藏锋，后人不识，遂以墨猪当之，皆成俗笔。痴人前不得说梦，欲知屋漏痕、折钗股，当于圆熟处求之，未可朝执笔而暮合辙也。”清代王澍《论书剩语》则不以为然：“颜鲁公‘古钗脚’‘屋漏痕’只是自然。董文敏谓是藏锋，门外汉语。”也有以“屋漏痕”为“中锋”者。

书论语言的模糊性特征是有其独特的内外原因的。

第一，申小龙说“汉语是一种‘骈体模糊型语言’……中、日文且有一种隐喻的，带有文学色彩的风格。这种风格在西方往往被称为是‘诗的’风格。”这种诗意化的语言在进行艺术感受的表达时文学色彩格外鲜明。汉民族的思维注重情感体验和感悟，与注重理性的三西方思辨哲学大不相同，这一点在书法艺术中表现得尤为突出。蔡邕《笔论》有言：“书者，散也。欲书先散怀抱，任情恣性，然后书之。”情感体验的大量介入，在语言学上表现为汉语语义、语法的“模糊”与“意合”的特征。过于精细的表达反而遭到人们的排斥，唐代张彦远在《历代名画记》中说：“夫画物特忌形貌采章，历历具足，甚谨甚细，而外露巧密，所以不患不了，而患于了。”画作的“了”即清晰，是张彦远的“心患”，他追求的是模糊的“不了”，他将这种“历历具足”的“谨”“细”作品归到较低的品位：“失于妙而后精；精之为病也，而成谨细。自然者为上品之上，神者为上品之中，妙者为上品之下，精者为中品之上，谨而细者为中品之中。”张彦远的见解虽是针对画作而发，书画本就同源，对书法作品同样适用。

第二，正如利科所说：“情感性（Affectivity）就是模糊性本身。”①情感性的介入使得书论许多词语，尤其是品评用语，如“婉媚”“遒迈”等，表示美感的义位，不可能定量化，正如唐代张怀瓘《文字论》中所言：“凡展臂曰寻，倍寻曰常，人间无不尽解。”而书论的语言“出乎寻常之外，入乎幽隐之间”，自然因为其模糊性“人纵思之，则尽不能解”。

第三，语言的模糊性跟书法体验的个人体验性是密不可分的。因此，无论阅读了多少书法理论，没有个人的真实书法实践的体验也很难体会个中三昧，正所谓：“不入其门，讵窥其奥者也！”虽说卫夫人《笔阵图》有“善鉴者不写，善写者不鉴”的提法，后世书家多不以之为然。正如清代王文治在《董香光书》中言：“唯其有之，是以似之。昔人谓非能书者不能鉴书也。”而这种个体的经验因人而异，呈现出更多的表现形态，于是同一种现象衍生了多种表达方式，并很难被重制。研习者所能做的，就是在模糊的状态中，根据表述的引导，在认知中豁然顿悟。苏轼在《书张长史书法》中说：

> 世人见古有见桃花悟道者，争颂桃花，便将桃花作饭吃。吃此饭五十年，转没交涉。正如张长史见担夫与公主争路，而得草书之法，欲学长史书，日就担夫求之，岂可得哉！

① 转引自张志毅、张庆云，《词汇语义学》，商务印书馆2012年版156页。

苏轼的观点，可谓深得书学三昧。

第四，书论语言的模糊性跟书法作品产生的不确定性分不开。当富有弹性的毛笔笔尖一接触纸面，笔划的长短、轻重，结构的虚实、方圆，章法的疏朗、紧密等就变幻成万千的形态，同时，外在的变量也在改变着作品最后的成型。《书谱》曰：

> 又一时而书，有乖有合，合则流媚，乖则雕疏。略言其由，各有其五：神怡务闲，一合也；感惠徇知，二合也；时和气润，三合也；纸墨相发，四合也；偶然欲书，五合也。心遽体留，一乖也；意违势屈，二乖也；风燥日炎，三乖也；纸墨不称，四乖也；情怠手阑，五乖也。乖合之际，优劣互差。

这“五乖”“五合”的创作要求都加剧了书法作品品评的难度，使得书论的语言成为多变量模糊集合的整体。

第五，书论语言的模糊性与传统书法的审美追求有一定的关系。无论是晋人尚韵、唐人尚法，还是宋人尚意、元明尚态，对这些审美追求的阐释都是以“心”或“意”来感悟的，这些审美理想都或多或少打上了佛道思想的印迹。“道可道，非常道。”直接的语言阐释有时还会“落入言筌”，让人有窒碍之感。而书家体会到某一语句的真正含义时，往往如佛经中迦叶尊者的拈花微笑，“以心会心”，妙处难以言说。吴仁生在谈到认识论上的模糊性时，归纳了两种类型：一种是被动性的模糊认识，即由客体的不确定性所致；另一种是主动性模糊认识，即由主体对事物有意识模糊化所致。我们认为，书论语言在产生之初，其模糊性的特征多是由笔墨纸张等被动的因素所影响，到了隋唐，尤其是宋代以后，书家在表述书法思想时有意识地模糊处理则越来越常见了。即使是多年困惑一朝解开，也决不说破。黄庭坚《山谷论书》就记载：“往时观‘怒猊抉石，渴骥奔泉’之论，茫然不知是做何等语，老年乃于季海书中见之，如观人眉目也。”即使如“观人眉目”一样清晰，可就是无法明说。书法之道又称“书道”，《道德经》说“道之为物，惟恍惟惚。惚兮恍兮，其中有象；恍兮惚兮，其中有物”。

模糊性表达充满了书论语汇，这给我们的词语释读带来了很大的困难。同时，我们注意到，有些书论专业词语，如赏鉴词语，真的可以将其定义界定清楚的话，也不是好事。汪涌豪认为，真所谓“封始而道亡”，这样做看似把边际划清了，其实是画地为牢，割裂了范畴与相关名言的有机联系，窒息了范畴内涵的延展生机，而范畴丰富意指的保持恰恰与这些相关名言密不可分，恰恰与这种延展性息息相关。这种表达方式是书法理论家千百家的实践总结积淀而成，不能因为它的难以解读就被看作“缺陷”，从表现力的角度来看，模糊观念要比清晰观念更富有表现力。

需要强调的是，书论词语的模糊性并不是毫无边际的，“怒猊抉石，渴骥奔泉”的奔逸雄健之态还是有迹可寻的，其词语的关联也是十分紧密的。汪涌豪说，如何不避麻烦，经过认真的爬梳董理，找出其内在联系，进而分析其成因和特点，应该成为后世研究者努力去做的工作。仅在同一层面上，不断指出其如何多变多义模糊朦胧，显然没有意义。汪涌豪是谈到中国文学批评范畴时说这番话的，对我们解读书论词语同样适用。

（三）多四六骈文，铺采摛文

从东汉时期崔瑗的《草书势》伊始，以书势、书状、书赋名文的赋体书论作品日渐增多，此类作品虽篇有长短之别，但莫不文辞华赡，韵律铿锵。如索靖《草书势》（括号中的文字为笔者的分析）：

盖草书之为状也，婉若银钩，漂若惊鸾，舒翼未发，若举复安。虫蛇虬蟉，或往或还，类婀娜以羸羸，欻奋亹而桓桓。（四六骈言，参差错落，述草书点画之状。）

及其逸游盼向，乍正乍邪，骐骥暴怒逼其辔，海水窊隆扬其波。芝草蒲萄还相继，棠棣融融载其华；玄熊对踞于山岳，飞燕相追而差池。（七言骈句，述草体之雄健一面。）

举而察之，又似乎和风吹林，偃草扇树，枝条顺气，转相比附，窈娆廉苫，随体散布。纷扰扰以猗靡，中持疑而犹豫。玄螭狡兽嬉其间，腾猿飞鼬相奔趣。（四六、七言错落，述草体之婉媚一面。）

我们可以看到，描写的每一个角度，莫不曲尽其态，反复铺排。如“和风、偃草、枝条”是“柔”性的植物；“玄螭、狡兽、腾猿、飞鼬”是可爱而灵活的兽类。植物“随体散布”，动物“嬉其间”，形象展现了草体之婉媚灵动的一面。

赋体多四六骈句，散句较少。而说明体的散句明显增多，有一些看似整饬的句子，因为其说明体朴素的语言而丧失了许多文学性。《传授笔法人名》一文通篇的句子都是“某某传之某某”，反而增加了它的说明体特征。

在一篇文章中，随内容的变化，骈散的形式也发生着变化，如虞和的《论书表》，文首“臣闻爻画既肇，文字载兴。六艺归其善，八体宣其妙”，述书体之变，对仗工整。文中叙二王故事则多以散句，生动曲折。而陈说个人心迹又多用骈句：“臣谢病东皋，游玩山水，守拙乐静，求志林壑。造次之遇，遂纡雅顾。”

（四）以书面语为主，但用典较少，并时有一些俗语词渗入

书论的语言虽然以书面语为主，文辞典雅，但与传统的史论、文赋用语相比，还有两大不同：一是用典相对较少。二是时有俗语词渗入。

以上我们所举的九种文体，基本上皆以书面语为主，[①]即使是像《书旨述》这样的对话体，也是借主客对话，阐述自己的书法主张，文字也非常雅驯。但值得注意的是，书论语言虽然典雅，却与大多数雅言词并不相同，即语言上的用典现象并不太多，在跟同时期其他作品相比较时显得尤为突出。

下面我们以南朝陈徐陵《鸳鸯赋》与崔瑗的《草书势》为例作个比较，这两篇赋文都是中古咏物小赋，《鸳鸯赋》有一百七十八个字，《草书

① 《法书要录》所收的《右军书记》虽然口语词较多，但与书法理论关系不大，故未列入本著的考察范围。

势》有二百七十六个字。我们将二文用典之处加粗标明如下：

飞飞兮海滨，去去兮迎春。**炎皇之季女**，织素之佳人。未若**宋王之小史**，含情而死。忆少妇之生离，恨新婚之无子。既交颈于千年，亦相随于万里。**山鸡映水**那自得，**孤鸾照镜**不成双。天下真成长合会，无胜**比翼两鸳鸯**。观其咔吭浮沈轻躯瀺灂。拂荇戏而波散，排荷翻而水落。特讶鸳鸯鸟，长情真可念。许处胜人多，何时肯相厌。闻道鸳鸯一鸟名，教人如有逐春情。不见**临邛卓家女，只为琴中作许声**。（徐陵《徐孝穆集》卷一）

书契之兴，始自**颉皇**；**写彼鸟迹**，以定文章。爰暨末叶，典籍弥繁。时之多僻，政之多权。官事荒芜，剿其墨翰；惟多佐隶，旧字是删。草书之法，盖又简略；应时谕指，用于卒迫。兼功并用，爱日省力；纯俭之变，岂必古式。观其法象，俯仰有仪；方不中矩，圆不副规。抑左扬右，兀若竦崎。兽跂鸟跱，志在飞移；狡兔暴骇，将奔未驰。或黝黤黭黯，状似连珠，绝而不离。畜怒怫郁。放逸生奇。或凌邃惴栗，若据高临危。旁点邪附，似蜩螗挶枝。绝笔收势，余綖纠结。若杜伯揵毒，看隙缘巇；腾蛇赴穴，头没尾垂。是故远而望之，摧焉若阻岑奔涯；就而察之，一画不可移。几微要妙，临时从宜。略举大较，仿佛若斯。（《晋书》卷三十六《卫恒传》）

此二例中，《鸳鸯赋》有一百七十八个字，用典至少有八处；《草书势》有二百七十六个字，仅有一例用典，且仓颉造字也是书论开卷套语。造成这一现象的原因在于，书论语言讲究比类象物，设喻奇巧。而典故语则是典籍或传说、故事的固化形式，虽然语言雅驯，但新奇和陌生的语感也弱化了许多，同时，典故的原本话语语境也会影响当前语境的表达，这对描述或说明的准确性是不利的。因此，书论语言在表达意旨时也在刻意规避这种用典的消极影响，用典与其他文学作品相比少了许多也就不难理解了。

值得注意的是，一些字面普通而义别的俗语词也在时常穿插在典雅的表达之中，本书所用的俗语词概念是取自郭在贻在《训诂学》的说法，即俗语词一般是指魏晋南北朝以后在载籍中的一些古代口头语词，它们往往有某种不同于字面的特殊义训。这里面有单音节词，如：

减

右军云：“弟书遂不减吾。——南朝齐王僧虔《论书》（P16）

“减”指“逊于、亚于”，乃中古出现的口语词。《晋书·郭奕传》：“羊叔子何必减郭大业！”唐杜甫《戏韦偃为双松图歌》：“我有一匹好东绢，重之不减锦绣段。”

也有双单音的俗语词：

不忿

庾征西翼书，少时与右军齐名。右军后进，庾犹不忿。——南朝齐王僧虔《论书》（P16）

“不忿”指不平；不服气。中古口语常用词语。如南朝宋刘义庆《世说新语·文学》：“于法开始与支公争名，后情渐归支，意甚不忿，遂遁迹剡下。”

俗语词往往沾染了鲜明的时代特征。如“顿”有皆、俱义，多用于中古，张怀瓘《书断》：“献之常白父云：‘古之章草，未能宏逸，顿异真体。’”“顿异”即“全异”，这个义项至宋代就已很少使用了。由此，书论中俗语词的出现也为我们判定作品的真伪与时代提供了一个独特的视角。

（五）专业词——近义词丰富、词族词串现象突出，系统性强

书论语言既然是阐述书法理论时的表达手段，其词汇中的专业词语自然是其中重要的组成部分。本著所言的专业词语是指书论中涉及书法的笔法、结构、章法、创作、赏评等事物的行业内特殊称谓。与科学技术的术

语不同，书论专业词语的近义词相当丰富，这在赏鉴用语中表现得尤为突出，[①]显示了古人对书艺的细致把握和丰厚的体悟经验。如两个相近或相对的单音节语素组成一个双音节赏鉴词语，如遒美、遒健，而这些相近或相对的组合词又可以组成一组近义词，形成一词串，如遒丽、遒润、遒逸，遒迈、遒劲、遒拔等。汪涌豪称之为“邻界耦合”和“对待耦合”，并认为这“是这种认知日趋深化的表征”。但书论的赏鉴词语与文论互有异同，如文论中的“豪放”“实境”书论没有，而书论中的“遒婉”“冲丽”又非文论术语，这些都是我们需要关注的地方。以下举“媚”字一例以说明之。

中古书论的“媚”字系列的双音词有二十五个。大部分都是联合式复合词，其中构成情况有如下几种情况：

第一，同义语素并列词，指两个构词语素在参与新词创造时义位大致相同。有媚好、巧媚两个。

第二，相类语素并列词。指两个构词语素以限定性语素彼此区别，但又因某些方面的联系而共处一个语义场内。有明媚、婉媚、鲜媚、闲媚、秾媚、柔媚、轻媚、流媚、便媚、软媚、隐媚、丰媚、净媚、妍媚、韵媚等十五个。

第三，反义语素并列词。指两个构词语素语义相反。有劲媚、遒媚、紧媚、雄媚四个。

这三种并列形式的词语概括化的方向是不同的，反义语素并列词是“媚”字的上位义，同义和相类语素的并列词是“媚”字语素的下位义。并列式复合词占了二十五个“媚”字词语中的二十二个。这从侧面说明并列式复合词在中古占的比例最大，其次是偏正式占优势。

第四，偏正式构词，其中定中结构的有“媚趣”“媚态”两个，状中式的有“媚蛊”一个。

① 明代费经虞《雅伦》卷十五曰：“诗得本色，粗不嫌麄，纤不嫌弱，枯不嫌腐，荡不嫌淫，质不嫌疏，文不嫌巧，古不嫌涩，今不嫌时，方为有用之作。”几组文论专业赏鉴的近义词语共现，可与书论专业语一同研究。

第五，动宾式构词，只有“风媚”一个。

这二十五个词语具有相同或相近的语义特征，呈现出一定的家庭相似性，故也可称之为词族（Word Family），它们共同形成一个语义聚合群落，即语义场，呈现出较强的系统性特征。

专业词语涉及专业方法的特殊知识，在其他领域又使用较少，因此，一些词语的确切涵义要细加斟酌才能考察准确。

杀字甚安

> 昔杜度杀字甚安，而笔体微瘦；崔瑗笔势甚快，而结字小疏。居处二者之间，亦犹仲尼方于季孟也。——南朝齐王僧虔《论书》（P18）

按，“杀字”书法中草书的收笔。“杀”字津本和诸校本为“杀”，四库本做“结”，已经说明其义。自中古以来，“杀”有“终止；收束”义，又宋欧阳修《水谷夜行寄子美圣俞》诗：“譬如千里马，已发不可杀。”此义项《大词典》收例晚出。后也写成“煞”。有“终结”义。如“煞年”即年终。“煞尾”即收尾。唐释慧琳《一切经音义》第十五《大宝积经》第一百〇八卷：“杀，戮也，法也，从殳杀声，古文煞字也，经文作煞。俗字谬也。”陶明君注“杀字甚安”为“书法结构布局能恰到好处，妥帖合适”，这种说法并不合适。

专业词语中有些词语看似普通，但在书论的具体文本中，其义也会有所改变。比如“草圣”一词。

> 每书云：‘匆匆，不暇草书。’人谓为‘草圣’。——南朝宋羊欣《采古来能书人名》（P10）

清代王先谦《后汉书集解》叙述此词之源曰：“盖草书即滥觞于草藁，其来已久。至杜操始用之于章奏，而有章草之别，至伯英乃集其大成，而有草圣之名，此可知者也。”“草圣”是对草书最高成就者的尊称，但草圣也可指草书书体本身。唐代蔡希综《法书论》曰：“草圣始自楚屈原，章草兴于汉章帝，楷隶则曹喜、师宜官、梁鹄、皇象、罗景、赵嗣、邯郸淳、胡昭、杜度。”又唐代怀素《自叙帖》曰：“开士怀素，僧中之英。气概通疏，性灵豁畅，精心草圣。”《大词典》失收此义项。《中国书法大辞典》“草圣”条，认为指“草书作品之佳者”，不妥。

（六）疑难词——字面生涩而义晦

书论词语中有一些字面生涩的疑难词语，这些词语数目虽然不是很多，但成了我们解读书论文体的拦路石。兹举一例：

邪附

若据高临危。旁点邪附，似蜩螗挶枝。——西晋卫恒《四体书势》（Pa17）①

其中的“邪附”一词，潘运告和傅如明都注为“偏斜相附”，释义并不显豁。李彤注为：“字中主笔画旁的点，斜地附于上。邪，通斜。”对具体是何种笔划也语焉不详。

按，“邪”当为“斜”，李彤注确。杜甫《客居》：“葱青众木梢，邪竖杂石痕”。“邪”即通“斜”。《实用内经词句辞典》词条“义无邪下者，欲端以正也”，下注释：“邪通斜，不正之意。”②而“斜附”是“以斜附曲”或“如斜附曲”的略称，这是书法中常用的笔法。唐代韦续《墨薮·书诀》第十九有：“分若倚背，合如竝目；以侧映斜，以斜附曲。”那么，这种笔法具体所指什么呢？明代潘之淙《书法离钩》卷五曰：“如斜附曲，女晏字𡿨为曲也。”清代王锡侯《书法精言》卷二曰：“以斜附曲谓𡿨为曲，如女安必互之类，附字有委曲之意。”而“蜩螗挶枝”——鸣蝉抱枝，不正是这种形态吗？

疑难词语的产生的多方面的，有的是词语的专业化程度太高，有的是

① 以（Pa＋数字）的方式标注的页码，皆出自《历代书法论文选》（上海书画出版社 1979 年版）。

② 凌耀星，《实用内经词句辞典》，上海中医药大学出版社 1994 年版第 34 页。

词语的时代性太强而后世弃用，有的则是为求合辙或典雅的“专辄造字”。无论哪种原因，这些都是书论词语释读的重大障碍，也正因为此，缜密的考辨就显得尤为必要，从某种程度来说，每一个词语的成功解读都是对典籍整理值得肯定的贡献。

（七）雅言词——形态丰富但使用频率较低

“雅言”一词，最早见于《论语·述而》：“子所雅言，诗、书、执礼，皆雅言也。”杨伯峻认为，《论语》中的“雅言”是指“当时中国所通行的语言”。与之不同，我们这里所指的雅言词是指书面语中为追求典雅而使用的、出自经典文籍的典故词、成语和历史词等。书论词语虽然书面化程度很高，但雅言词的使用频率并不高。书论雅言词的研究对研究书法思想史、文化史以及中古汉语的发展都有一定的价值。

1.雅言词的成词方式

中古书论雅言词的成词方式非常丰富，有割截、压缩、综合、再引、附加等。

（1）割截

割截是截取经典文句的一部分作为雅言词。割截后的语意往往是不完整的，因此又可将这一类词分为二类。

一类是割截后的词语代表语句的全部意思。

面墙

实恐未克箕裘。况乃假托神仙，耻崇家范，以斯成学，孰愈面墙！——唐孙过庭《书谱》（Pa125）

比喻不学而不能治事。语出《尚书·周官》：“不学墙面，莅事惟烦。”孔颖达疏：“人而不学，如面向墙无所睹见，以此临事，则惟烦乱不能治理。”面墙代指“不学墙面，莅事惟烦”。后因以“面墙”比喻不学而识见浅薄。

画龙

研之弥久，如有仿佛，乃知有画龙之感耳，安可厚诬乎！——唐李嗣真《书品后》（P84）

亦喻仿效失真，反而弄得不伦不类。《后汉书·儒林传上·孔僖》曰：“（僖与崔骃）同游太学，习《春秋》。因读吴王夫差时事，僖废书叹曰：‘若是，所谓画龙不成反为狗者。’”

另一类是割截后的词语代表语句中剩余部分的意思。

龀齿

龀齿以上，苟任涉学，皆废仓颉、史籀，竞以杜、崔为楷。——东汉赵壹《非草书》（P2）

儿童换齿。《韩诗外传》卷一曰：“男八月生齿，八岁而龆齿……女七月生齿，七岁而龀齿。”“龀齿”代指男八岁、女七岁之时。

颖脱

隐居颖脱，得书之筋髓，如丽景霜空，鹰隼初击。——唐李嗣真《书品后》（P85）

颖脱，锥芒显露。比喻充分显现才华。语出《史记·平原君虞卿列传》：“平原君曰：‘夫贤士之处世也，譬若锥之处囊中，其末立见……’毛遂曰：‘臣乃今日请处囊中耳。使遂蚤得处囊中，乃颖脱而出，非特其末见而已。’”“颖脱”代指“出”。

（2）压缩

压缩是剔除文句中的次要成分，将两个主要语素再组合成词。

淳醨

而淳醨一迁，质文三变，驰骛沿革，物理常然。——唐孙过庭

《书谱》（Pa124）

淳醨，厚与薄。多指风俗的淳厚与浇薄。原为“淳漓”。为“淳清”与“浇漓”的压缩组合。南朝齐王融《为竟陵王与刘虬书》曰：“淳清既辨，浇漓代袭。”《旧唐书·德宗纪论》曰：“王霸迹殊，淳醨代变，揆时而理，斟酌斯难。”唐代张怀瓘《书估》曰：“自汉及今，降杀百等。贵远贱近，淳漓之谓也。”宋代陆游《独酌》诗曰：“已于醉醒知狂圣，又向淳漓见古今。”

行藏

夫潜神对奕，犹标坐隐之名；乐志垂纶，尚体行藏之趣。——唐孙过庭《书谱》（Pa125）

行藏，指用则行、舍则藏的儒家思想。语本《论语·述而》：“用之则行，舍之则藏。”“行藏”为二句压缩而成。晋代潘岳《西征赋》曰：“孔随时以行藏，蘧与国而舒卷。”

（3）综合

综合是将典故的基本情节和关键语意重新综合而成，它不同于压缩只是将两个语素截取的机械组合，而是加入了使用者的再创造。

钉女心痛，图鱼獭集

其后绘事逾精，丹青转妙，乃有钉女心痛，图鱼獭集。——梁庾元威《论书》（P49）

二例均比喻绘画逼真。“钉女心痛”说的是顾恺之常悦一邻女，乃画女于壁，当心钉之。女患心痛，告于长康，拔去钉乃愈（见《历代名画记》）。“图鱼獭集”则指的是魏明帝游洛水，见白獭，爱之不可得。邈曰：“獭嗜鲼鱼，乃不避死。”遂画板作鲼鱼悬岸，群獭竞来，一时执得（见《续齐谐记》）。

钻坚仰高

> 钻坚仰高，忘其疲劳。夕惕不息，仄不暇食。——东汉赵壹《非草书》（P2）

比喻努力钻研，力求达到高水平。语出《论语·子罕》：“颜渊喟然叹曰：‘仰之弥高，钻之弥坚，瞻之在前，忽焉在后。’”

（4）再引

再引是将古人某部作品中出现的特定意义的名词重新引用，将其固化为一个雅言词。

坐隐

> 夫潜神对奕，犹标坐隐之名；乐志垂纶，尚体行藏之趣。——唐孙过庭《书谱》（Pa125）

下围棋的别称。南朝宋刘义庆《世说新语·巧艺》：“王中郎以围棋是坐隐，支公以围棋为手谈。”坐隐之名当指在对弈之时，二人坐对，暂忘世事，有隐于朝市之感。辛夷、成志伟认为“两人对坐，以弈棋为隐语”，释义有误。

滥吹

> 然滥吹之事，其来久矣。——唐张怀瓘《二王等书录》（P119）

滥吹，本出《韩非子·内储说上》滥竽充数事，比喻冒充凑数，名不副实。后南朝齐王融《出家怀道篇颂》诗曰：“窃服皋门上，滥吹淄轩下。”

（5）附加

附加是指在引用经典某句的语义时，将其中一个单音节词再加上一个语素形成一个双音节的雅言词。

奥赜

好异尚奇之士；玩体势之多方；穷微测妙之夫，得推移之奥赜。——唐孙过庭《书谱》（Pa125）

幽深隐微的事理。《易·系辞上》曰："探赜索隐，钩深致远，以定天下之吉凶，成天下之亹亹者，莫大乎蓍龟。"孔颖达疏："'探'谓窥探求取，'赜'谓幽深难见。卜筮则能窥探幽昧之理，故云探赜也。索谓求索，隐谓隐藏。""穷微测妙之夫，得推移之奥赜。"显然是从"探赜索隐"一语中来的，将"赜"加上一个义近的语素"奥"，组成一个联合结构的双音词。又李延寿《南史》卷二十六曰："弘正谓曰：'二贤虽穷奥赜得无惮此后生邪？'"

2. 形义特点

（1）在雅言词一形多义的情况下，体现出中古的特点

抗行

吾书比之钟张，钟当抗行，或谓过之。张草犹当雁行。——唐孙过庭《书谱》（Pa124）

本指坚持高尚的行为。如《楚辞·九章·哀郢》曰："尧舜之抗行兮，了杳杳而薄天。"后指并行、抗衡。又如张怀瓘《书断》曰："然观其行、草之会，则神勇盖世。况之于父，犹拟抗行。"在中古书论中皆作此义，这与此词皆用在书论品评比较句中有关。

觖望

于野拙之分，实已过幸。若非殊恩，岂可觖望。——南朝梁陶隐居《论书启》（P38）

语出《史记·荆燕世家》："今营陵侯泽，诸刘，为大将军，独此尚觖望。"原为"不满；怨望。"班固《汉书》卷三十四曰："诸侯非刘氏而王者七人，上欲王绾，为群臣觖望。"颜师古注曰："'觖'谓相觖也，'望'

怨望也。”后在中古时期，又有了企求、希望义，《后汉书·臧洪传》曰：“今王室衰弱，（袁绍）无扶翼之意，而欲因际会，觖望非冀，多杀忠良，以立奸威。”李贤注引《前书音义》曰：“‘觖’犹冀也。”《宋书·颜竣传》曰：“不如塞其端渐，杜其觖望，内修德化，外经边事，保境以观其衅，于事为长。”

（2）与专业书法用语高度融合

我们需要注意的是，当用典与书法专业知识交织在一起时，为我们对文义的理解带来了不小的阻碍。

卧王蒙于纸中，坐徐偃于笔下

子云近世擅名江表，然仅得成书，无丈夫之气。行行若萦春蚓，字字如绾秋蛇，卧王蒙于纸中，坐徐偃于笔下。虽秃千兔之翰，聚无一毫之筋；穷万谷之皮，敛无半分之骨。——唐李世民《王羲之传论》（Pa122）

“卧王蒙于纸中，坐徐偃于笔下”一语，冯亦吾认为“卧于纸中”谓“不见其美”，“坐于笔下”是“言其虚伪柔弱”，均不确；潘运告释为“如同王蒙睡在纸上，徐偃坐在笔下”，让人不知所云。而张怀瓘《书断》中云：“（王蒙）善隶书，法于钟氏，状貌似而筋骨不备。”又似乎暗指王蒙的书法正是“行行若萦春蚓，字字如绾秋蛇”。那么何者为对呢？

按，晋王蒙“善隶书，美姿容”（《晋书》卷九十三），支遁曾称之为“轩轩韶举”（《世说新语》卷下《容止》第十四）。“轩轩”正指高大轩昂貌。又如《世说新语》曰：“诸公每朝，朝堂犹暗，唯会稽王（司马昱）来，轩轩如朝霞举。”“卧王蒙于纸中”当指写字时故意追求“盘曲”之态，如使身材高大的王蒙卧于纸上，而非指王蒙的书法笔力纤弱。王蒙的书法，时人称誉甚高，南朝宋羊欣《采古来能书人名》中载：“（王蒙）善隶、行。与羲之善，故殆穷其妙。”又南齐王僧虔《论书》言“王蒙书亦可比庾翼”，而“庾征西翼书，少时与右军齐名”。可见王蒙的书法属羲之一路，并能“穷其妙”。唐太宗李世民对羲之备为推崇，断不会认为王蒙的书法笔力纤弱而无筋骨。窦臮与张怀瓘俱为盛唐时人，其《述书赋》中提到："王蒙，字仲祖，太原人，晋金紫光禄大夫。今见具姓名正书一纸，二行。"可见，张怀瓘即使得见王蒙真迹，仅以"一纸二行"怎么可以推倒前人之论？并且，窦臮虽然对王蒙的评价比前人稍低，但也只说"结束体正，肆力专成。犹栋梁富于合抱，巧匠斫而未精（即王蒙也）"。而绝无"筋骨不备"的说法，更有可能的是，张怀瓘的观点来自对《王羲之传论》中的"卧王蒙于纸中"一句的曲解。由此可见，探究用典本义殊非易事。

徐偃王是西周时徐国国君，《史记·秦本纪集解》引《尸子》曰："徐偃王有筋而无骨，驷谓号偃由此。"王先谦《荀子集解》卷三注云："其状偃仰而不能俯，故谓之偃王。"可见，徐偃王由于身体原因，是只能偃仰而不能俯坐的，"坐徐偃于笔下"，言写字者故意作无骨之笔画，扭曲自然之形也。潘运告注释说"偃为人殊无骨气"，不妥。

二、语法特征

中国古代书论语言，体裁丰富，词汇独特，具有自身独特的话语表达系统。这一点，在书论中人格化的品评之风、点悟式的批评方式上显得尤为突出。以下我们仅以书论品评语的表达方式为考察对象，研究其独特的表达方式。

邱振中发现"中国书法文献中大量出现一种简单描写句，这种描写句以形容词做谓语，描述作品的风格"，而"厚实""朴厚"和"骏快""骏爽"等形容词，意义相近，主观性太强。这个近义词家族在历代的书论表述中又不断壮大，这种近义的集合，让他深感词与词的区别成为首先考虑的问题，这不能不影响到人们接受这一类陈述的心理。一旦失去人们的信任感，所有这类陈述都将成为徒劳。这种"简单句"的介入，在历代的书论中，则成了一种标准的书法品评表达的范式。从某种意义上，对这些书论的表达句式进行考察，就会让我们找到解读古人书法理念的钥匙。

书论品评语的表述方式关涉三种句式：形容词谓语句、主谓谓语句、比况短语句。

（一）形容词谓语句

魏晋时期，随着自我意识的觉醒，人物品藻大为盛行，最初出现书论品评句式就是这种形容词谓语句。形容词谓语句是由形容词充当谓语的句子，这类形容词又分为性质形容词和状态形容词两类。性质形容词表示属性，如：大、小、刚、柔等，状态形容词则表示事物所处的状态，如：火红、冰冷等。①

1. 性质形容词谓语句

两晋时的门阀制度和人物品藻之风让人对形貌大为关注。到了南北朝时，对人物的品评走上了美学化的道路。这在书论的品评句式中都有体现。由于对性质上的认知，其主要作用是用于判断。由此构成的句式，也可叫性状判断形容词谓语句。

（1）有前后无附加成分的光杆性质形容词充当谓语的

A. 少墨浮涩，多墨笨钝。——梁武帝《与陶隐居论书启》（P38）

B. 张公精熟，号为“草圣”，永师拘滞，终着能名。——唐徐浩《论书》（P93）

C. 子尼简约，片月孤峰。次道淳实，寡于风彩。——唐窦臮《述书赋》（P149）

冯胜利指出光杆形容词做谓语的句子具有两种语义：一种是比较的意义，另一种是没有比较的意义。在书论品评语中，既为“品评”，定有“比较”，这种光杆形容词出现时，往往两两相对，既合四六之节，又有比较的意思。性质形容词在表示事物的性质时，一定会有程度上的差异，在

① 本著性质形容词和状态形容词的判断标准参考了余忠《古汉语状态形容词的典型特征及其界定》一文，能加程度副词或否定副词、不能在释义中解释为“……貌”或“……的样子”的是性质形容词，反之为状态形容词。

现代汉语中，性质形容词在语义上有个“量”的伸展度，因此单独出现就有诸多限制，或者有对话语境进行限定，或者后面附加助词“着、了、过”。[1]但在这两种条件都不具备的情况下，中古书论品评语采用了上下文对举的办法，对其语义进行了一定程度上的限定。同时，与四六骈文的节奏巧妙地融合在一起。有时候，光杆性质形容词后面紧跟着其他句式进行补充说明，这在现代汉语中是不会出现的。

A. 文海（王籍，字文海）紧快，势逸气高。未忘俗格，锐意操刀。——唐窦臮《述书赋》（P157）

B. 季和（殷钧，字季和）慢速，风规所属。圆转颇通，骨气未足。——唐窦臮《述书赋》（P157）

或者几个光杆形容词连用，也能起到相互补充和支撑的作用。

A. 通明（陶弘景，字通明）高爽，紧密自然。摆阖宋文，峻削阮研。载窥逸轨，不让真仙。犹龙髯鹤颈，奋举云天。——唐窦臮《述书赋》（P157）

B. 知道（伏知道，昌平人）则宽踈弛慢，无可取则。削凡常，病窒塞。犹岸陆纵獭，艰辛骋力。——唐窦臮《述书赋》（P159）

上古汉语单音节的光杆性质形容词比较常见。如：“晋平公觞之于施夷之台，酒酣。”（《韩非子》卷三）但在中古后，即使出现，也是两两相对。如：“多力丰筋者圣，无力无筋者病。”（晋卫夫人《笔阵图》）

当然，这种方法是有缺陷的。更多的时候，如果遇到没有前后对举或形容词连用的语境，书论中则采用了前加状语或后边补语的方式。

（2）有前加状语成分，“状语+性质形容词”作谓语的

这些状语成分多以否定副词、程度副词或频率副词充当。如：

① 周有斌，《讨论“主+谓（单个形容词）”形容词谓语句》，《淮北煤师院学报（社会科学版）》1995年第3期。

A.《耿球碑》是宜官书。甚自矜重。——南朝宋羊欣《采古来能书人名》（P10）

B.钟、张信为绝伦，其余不足存。——南朝梁虞和《论书表》（P27）

C.《乐毅论》乃微粗健，恐非真迹。——梁武帝《与陶隐居论书启》（P37）

D.《大师箴》小复方媚，笔力过嫩，书体乖异。——梁武帝《与陶隐居论书启》（P37）

E.索有《月仪》三章，……大为遒竦。——唐李嗣真《书品后》（P83）

F.康乐往往惊遒，高帝时时合兴。——唐李嗣真《书品后》（P86）

G.惠文靡偆，博好敦劝。——唐窦臮《述书赋》（P163）

也有在单音节形容词前加程度副词而用多句比较的，如："张芝经奇，钟繇特绝，逸少鼎能。"（梁袁昂《古今书评》）"经""特""鼎"皆为程度副词，表"特别"之义。

我们发现，在书论品评语中，性质形容词前加的状语多为程度副词，而频率副词实际上也表现了程度的强弱，但书论中并不常见。这一点跟性质形容词语义上的模糊性是大为相关的。程度副词在一定程度上缩小了语义范围，语义上更为显豁。有时不惜在表示程度的词前叠床架屋地再加个程度副词。如："其写《春秋》，最为绝妙。"（张怀瓘《书断》）

（3）有后加补语成分，"性质形容词+补语"作谓语的

A.张精熟过人，临池学书，池水尽墨。——晋卫夫人《笔阵图》（P4）

B.仲伦（沈君理，字仲伦）则快速无度，驰突不踈。——唐窦臮《述书赋》（P159）

（4）有用连词联结两个性质形容词，“性质形容词+而+性质形容词”构成一个短语作谓语的

A. 元子（桓温字符子）正草，厚而不伦。若遗翰墨，犹带真淳。——唐窦臮《述书赋》（P149）

B. 茂谦（刘捻字茂谦）则壮而不密，骋志恒俗。——唐窦臮《述书赋》（P155）

C. 仲正（萧确字仲正）则宽而壮，赊而密。——唐窦臮《述书赋》（P156）

D. 房文昭则雅而能和，稳而不讹。——唐窦臮《述书赋》（P164）

（5）有一些几种句式混合使用的

薛少保时许美润，合极不如。——唐窦臮《述书赋》（P167）

光杆性质形容词不能自由充当谓语，必须依赖语境或与其他限定成分共现。使用上大为不便。学界也普遍认为，光杆性质形容词表示的是一个无界的量，当性质形容词做谓语时，形容词的前加和后加成分要普通的多。这也正是将“无界”的量变成“有界”的量的一种有效的方法。

邱振中说过，人们对书法中有关问题的陈述始终停留在最低限度的语言陈述上——最低限度的语言陈述总是尽量远离复杂的逻辑证明，远离语言的精确定义。邱氏所说的这种陈述句就是性质形容词的谓语句。由于主观性等级过高，带来了理解上的困扰。这种情况如何改善呢？Lackoff（兰盖克）1987年提出了一种理想化认知模式（ICM）的语义理论，即人们对某种事物的性质进行判断时，有一个普遍的认知标准，这种认识标准是在社会、文化综合作用下产生的共识，虽然在个体上会有些微不同，但核心的要素是大致不差的。比如对“美丽”与否，社会上基本是有着共识的，如果五官不端正、四肢不协调，是断不可能归入“美丽”一列的。这种内心的标准叫做性状原型。不可否认的是这种性质形容词的核心语义虽然比较明确，但也是抽象的，加之词义的外部界限也是模糊的，用来判断“书

法”这种抽象的艺术，其主观性无疑会大大增加。因此，一些有描写作用的状态形容词适时介入，无疑对理清词义大有帮助。

2. 状态形容词谓语句

（1）单音节光杆状态形容词作谓语的情形较少

A. 邈乎嵩、岱之峻极，烂若列宿之丽天。——唐张怀瓘《书断》（P195）

（2）类似现代汉语“雪白”“血红”的AB型词在中古书论中开始出现

A. 卫、杜花散，安、康（谢安、康昕）绮鲜。——唐李嗣真《书品后》（P86）

B. 伯仁软慢，尺牍近鄙。——唐窦臮《述书赋》（P158）

C. 素翰冰鲜，兰墨电制。——唐张怀瓘《书断》（P196）

这类词的生动性和描写性显著增强。

（3）联绵形容词、AA式重言词、附加式形容词占据多数

1）联绵词

A. 虞世南萧散洒落，真草惟命。——唐李嗣真《书品后》（P84）

B. 谢韫是王凝之之妻，雍容和雅，芬馥可玩。——唐李嗣真《书品后》（P86）

C. 宋文帝……超纵狼藉，翕焕为美。——唐李嗣真《书品后》（P86）

D. 司隶宛转，颇称流悦，皆藉名美。——唐李嗣真《书品后》（P87）

E. 放之（温放之）率尔，草健笔力。——唐窦臮《述书赋》（P150）

F. 孝元不拘，快利睢盱。——唐窦臮《述书赋》（P156）

G.（桓玄）尝慕小王，善于草法。……尤刚健倜傥。——唐张怀

瓘《书断》（P220）

H. 昌衡（卢昌衡）跌宕，率尔而作。——唐窦臮《述书赋》（P160）

2）重言词

A. 兢兢秀之（庞秀之），敛翰谨束。如仙童乐静，不见可欲。——唐窦臮《述书赋》（P153）

B. 蠢蠢怀约（范怀约），任己作制。——唐窦臮《述书赋》（P158）

C. 含茂（谢瑕字含茂）悠悠，荐臻同德。——唐窦臮《述书赋》（P159）

3）附加式

A. 叔齐（王叔齐）郁然，署押而已。——唐窦臮《述书赋》（P158）

B. 体象卓然，殊今异古。——唐张怀瓘《书断》（P189）

C. 风神凛然，其雄勇过之也。——唐张怀瓘《书断》（P209）

D. 意趣飘然。点画之际，若有骞举。——唐张怀瓘《书断》（P223）

联绵形容词、AA式重言词和附加式形容词谓语句，描写生动、形象表现凸出，是对性质形容词谓语句主观性太强、语义过于模糊的有益补充。从认知的角度，我们认为性状在量或程度上有“有界”与“无界”之分，状态形容词表示的是一定的量段或量点，是有界的。描写是临摹语言的对象世界，而评价是言者对对象世界的表态。因此，使用评价手段的句型句式的主观性要大于使用描写手段的句型句式。[①]虽说状态形容词谓语

①王文格，《试论性质形容词谓语句的主观性等级》，《玉林师范学院学报》2009年第6期第59页。

句减少了性质形容词谓语句的主观性。但中古汉语状态形容词的语义主观性主要体现在词义的空灵性上，这种“空灵”需要进一步的具象式说明加以稀释。所以“兢兢秀之，敛翰谨束”后面还有“如仙童乐静，不见可欲”加以补充。

（二）主谓谓语句

主谓谓语句是主谓结构作谓语的句子。它是汉语的独特的句式，一般说明人或者物的行为变化或对主语进行肯定。主谓谓语句中全句的主语是大主语，作谓语的主谓短语的主语是小主语，根据二者的关系又可分为施受关系、领属关系、复指关系和关涉关系等。

主谓谓语句的信息结构是：“话题—述题”，是一个从已知信息到未知信息的推进过程。那么，书论品评中使用这种句式也就在情理之中了。

1. 大小主语的领属关系保证了行文的节奏感

领属关系指小主语是归大主语所有或者是大主语的一部分。在书论品评句式中，这种功能的主谓谓语句占了绝大多数。

A. 钟繇书意气密丽，若飞鸿戏海，舞鹤游天。——梁袁昂《古今书评》（P61）

B.《太师箴》等，笔力鲜媚，纸墨精新。——智永《题右军〈乐毅论〉后》（P62）

C. 惟《范巨卿碑》，风华艳丽。——唐李嗣真《书品后》（P83）

D. 逸少则格律非高，功夫又少。——唐张怀瓘《书议》（P123）

E. 子敬才高识远，行、草之外，更开一门。——唐张怀瓘《书议》（P124）

这种领属关系，使得大主语成为一个话题，并引领后面一系列复杂的句子，将对大主语的陈述步步引向深入，领属关系主谓谓语句的主要语用功能就在于对人或事物本身从某一方面进行说明描写或评论判断。这种由一个话题引出几个述题的方式是汉语在中古走向更加严密的表现。如：

“萧思话书走墨连绵，字势屈强，若龙跳天门，虎卧凤阁。”（梁袁昂《古今书评》）其中“字势屈强”和“若龙跳天门，虎卧凤阁”这个比况短语，主语皆为“萧思话书”。而主语的更换只在结尾或另评他人时才出现。这一切，保证了行文的节奏齐整。如：“崔寔…博学有俊才，为五原太守。章草雅有父风，良冶良弓…张茂先甚称之。”（张怀瓘《书断》）大小主语表示施受关系的句式偶尔也可以看到。如：“王导则列圣推能，庾亮则群公挹功。”（南朝梁庾肩吾《书品论》）

2. 大主语无指与有指、大小主语领属与复指已难以分辨

许多句式中，大主语是书家的姓名，但实指却是该书家的书法作品。

A. 景则毫素流靡，稚恭声彩遒越。——南朝梁庾肩吾《书品论》（P54）

B. 虞绰锋颖迅健。——唐李嗣真《书品后》（P88）

C. 道护谬登高品，迹乃浮漫。——唐李嗣真《书品后》（P85）

D. 钱氏小篆、飞白，宽博敏丽。——唐李嗣真《书品后》（P87）

E. 逸少笔迹遒润……天质自然，风神盖代。——唐张怀瓘《书议》（P121）

一些看似指书家本人的大主语，也是指其书法作品。如：“钟、张则筋骨有余，肤肉未赡”，实则指钟、张二人的“作品”“筋骨有余”。就大主语的指代而言，有指、无指主要是就句子中、话语中所用的词语在外部世界或可能世界中有无特定的所指对象而言的，在汉语中表示人的名词，如果是无指的，就要用“什么”来提问；如果是有指的，就可以用“谁”来提问。在书论品评语主谓谓语句中，大主语既可以用“什么”来提问，也可以用“谁”来提问，也就是说大主语无指与有指已经难以分辨。这说明“书”与“人”，在品评者眼中，已经融为一体。

将“书法”与“人格”相联系，世人多喜追溯到汉代扬雄的《法言·问神》，其书中有云：“言，心声也；书，心画也。声画形，君子小人见矣。”即“书”，是内心情感的体现，品德高下也可假此以现。但扬雄此处的“书”，本指著述，与书法了不相涉。洎乎中唐，柳公权提出“用笔在心，心正则笔正”（《旧唐书·柳公权传》）的观点，但柳诚悬的做法是用书学之道来讽喻劝谏，即后世所称的“笔谏”，并不能目为切实的书论主张。到了晚唐，司空图《书屏记》中云：“人之格状或峻，其心必劲；心之劲，则视其笔迹，亦足见其人矣。历代入《书品》者八十一人，贤杰多在其间，不可诬也。”[①]司氏所言，是在笔迹中可看出作书者品格状貌的威严峻切，可谓首开“书如其人”之先河。但从中古书论品评句式的主谓谓语句中，我们可以看到，早在六朝时期，人们在品评书法作品时，已经有意无意地将作品与作者融合在了一起。唐代张怀瓘《书议》有云：“嵇叔夜身长七尺六寸，美音声，伟容色，虽土木形体，而龙章凤姿，天质自然。”此处的主谓短语“龙章凤姿，天质自然”，可用于人品之评，也可为作品之断。似乎难以分清，但张怀瓘可能也不想分清。所以后文有“加以孝友温恭，吾慕其为人。常有其草写《绝交书》一纸，非常宝惜。”因人而“惜书”，相较后世苏轼“爱其书，兼取其为人也”的思想，实已启其端倪。

我们也看到，大主语有时为某一部书法作品，如“《太师箴》”“《范巨卿碑》”，有时也指作者的所有作品，如“钟繇书”，更多的则是作者的本人的姓名。虽然，我们还看不到这三者明显的先后出现次序。但从最初指某一部作品到所有作品，再将作品与本人完全整合的过程，从情理上是可以想见的。战乱和人事变迁使得书家的作品很难长期流传，而其代表之作往往也是评论对方书法成就的最常用的参照物。顺理成章的是，当我们“观其书而想见其人”时，代表作的风格就成了最佳的参考。有时当书家的作品已经不可得见时，我们甚至还能以其人而追慕其作品之风。

因此，大主语无指与有指的融合为一，在另外一种意义上来说，就是表现为大小主语领属与复指的交融。邱振中注意到了他所说的“简单描写句”主语部分的转换使书法的内涵得以不断丰富和发展。他虽然没有将自己的观点进一步展开，但他无疑注意到了这个书论表达句中的特殊现象。

① 王济亨、高仲章选注，《司空图选集注》，山西人民出版社1989年第136页。

3. 主谓谓语句的小谓语仍以形容词为主

跟中古往后的其他主谓谓语句不同的是，书论品评语中的主谓谓语句，其小谓语不是由行为动词充任，而仍然基本上以形容词为主。这种句子可划归到描写句，小谓语是形容词，对大主语起描写的作用。

A. 献之……笔迹流怿，宛转妍媚，乃欲过之。——南朝梁虞和《论书表》（P31）

B. 欧阳草书……笔势恨少。——唐李嗣真《书品后》（P83-84）

C. 逸少笔迹遒润……天质自然，风神盖代。——唐张怀瓘《书议》（P121）

D. 张超……字势甚峻，亦犹楚共王用刑失节，不合其宜。——唐张怀瓘《书断》（P229）

小谓语是行为动词的也偶有出现，如："前奉神笔三纸，并今为五。非但字字注目，乃画画抽心。"（梁武帝《与陶隐居论书启》）我们可以看到，这种行为动词做小谓语的句式，相较形容词谓语句，增加了自身的叙述性，这使得文句变得更加生动，也更有利于理解。但品评句式的判断功能决定了它的小谓语必然是以形容词而不是行为动词为主。这与人们想避免形容词谓语带来的模糊性发生了矛盾，于是另一种特殊的句式在书论品评句中大量出现了。

我们来看这两个句子：

A. 刘黄门落花从风，王中书奇石当径。彦伦意则甚高，迹少俊锐。——唐李嗣真《书品后》（P88）

B. 萧子云轻浓得中，蝉翼掩素，游雾崩云。——唐崔备《壁书飞白"萧"字记》（P107）

这两句中，小谓语都是能带宾语的行为动词。但小主语跟大主语的关系，如"刘黄门"和"落花"、"萧子云"和"蝉翼"似乎毫不相关。这是怎么回事呢？这就牵涉到书论中另外一种特殊的句式——比况短语句了。

（三）比况短语句

1. 品评语的比况短语句多作谓语

书论品评语中的比况短语句有个有意思的现象，即在句中多作谓语。在现代汉语中比况短语句可作定语、状语、补语、宾语，有时也作谓语，如：“我的心像被许多小老鼠啃着一样”（丁玲《沙菲女士的日记》）。这种情况比较少见。但在中古书论语言中，比况短语句作谓语却最为常见，且像似动词“似”“如”后多跟的是主谓短语。如“书曹喜书如经论道人，言不可绝”（梁袁昂《古今书评》）。间或也有直接跟名词的。如“崇素时象丽人之姿，智果颇似委章之质”（唐李嗣真《书品后》）。但数量较少。我们认为，书论像似动词后面的主谓结构的大量出现，与主谓结构的叙述性较强很有关系，这给短语带来了大量的信息，丰富了读者的想象空间，对进一步理解设喻目的起到了积极的作用。

2. 比喻性比况短语占绝大比例

比况短语可以划分出五个小类，有表示比喻的、表示比拟的、表示比较的、表示夸张的和表示推测的等几类。但书论品评语中的比况短语多以比喻性为主。书论比况短语中的像似动词十分丰富，有“如”“似”“若”“犹”“比”等：

A. 然伯英章草似春虹饮涧，落霞浮浦。又似渥雾沾濡，繁霜摇落。——唐李嗣真《书品后》（P81）

B. 若草、行杂体，如清风出袖，明月入怀。瑜瑾烂而五色，黼绣摛其七采。——唐李嗣真《书品后》（P81）

C. 刘珉比颠波赴壑，狂涧争流。隐居颖脱，得书之筋髓，如丽景霜空，鹰隼初击。——唐李嗣真《书品后》（P85）

D. 伯玉采张芝法，取父书参之，遂至神妙。天姿特秀，若鸿雁奋六翮，飘飖乎清风之上。——唐张怀瓘《书断》（P212）

E. 陆柬之……调虽古涩，亦犹文王嗜昌蒲菹，孔子蹙频而尝之，

三年乃得其味。——唐张怀瓘《书断》(P226)

书论品评语中的比喻性比况短语的大量出现，是跟书法艺术“取象比类”的思想紧密联系的，蔡邕《九势》中说：“书肇于自然”。我们认为，此“自然”既可为具象自然，比如山川鸟兽；也可为抽象之自然，比如瘦硬丰肥；或如龙跳天门、虎卧凤阁；还有精神之自然。但无论是何者，这种“取象比类”的思想体现在书论语言的表达上则是比喻性比况短语的高频出现。

邱振中认为，中国人对语言形式的冷漠和对语言含蕴的高度关注，让这种冷漠与关注形成强烈的对比。这种矛盾会限制感觉、思维的发展与语言的发展，因为这种分离使精神生活难以找到适当的表现形式。我们认为，邱先生的话只说对了一半，正是中国人对语言形式层的冷漠和对语言含蕴层高度的关注，使书论的作者找到了属于自己的独特表达手段，书论中的观象之“观”与常理之“观”不同，主要不是“观”物之形，而是“观”其神。在观的过程中参与的手段主要不是身目之“观”，而是心灵的观照。故张怀瓘《文字论》中云：“深识书者，惟观神彩，不见字形。”虞世南《笔髓论》：“机巧必须心悟，不可以目取也。”黄庭坚《论书》曰：“凡作字，须熟观魏晋书，会之于心。”故书论的语言太虚则不着边际，太实则有碍于心。

以上我们所探讨的三种书论品评句式，具有深厚的文学化色彩，这使得其语言信息呈现高密度的状态。事实上可以实现启动读者想象力的效果。但要准确把握其实际涵义，还要将它们置于中国文化的认知模型之下，运用相关背景知识，将大量的缺省信息填补起来，连缀成一个整体的意象。

三、修辞特征

书论语言的修辞是全方位的，从排比、对偶到借代、夸张，使用都较为频繁。但尤为突出的是体现在对书法专业知识的描述上，它摒弃了专业术语解读的客观化与严谨的逻辑，取而代之以大量的比喻。

唐张怀瓘《书议》谈论草书曰：“或烟收雾合，或电激星流。以风骨为体，以变化为用。有类云霞聚散，触遇成形；龙虎威神，飞动增势。岩谷相倾于峻险，山水各务于高深。囊括万殊，裁成一相。”“囊括万殊，裁成一相”指出了这种设喻广博的实质，取法万象的书法，对之解读也要复归万象，于是以万象设喻就非常自然了。

书论的比喻手法，对画论、文论甚至印论都有重大的影响，画论如明李开先《中麓画品》曰：“夏仲昭如野寺之僧，面壁而坐，欲冀得仙。周臣如珷玏，望之如玉，就之石也，原无宝色故耳。蒋子成如天竺之僧，一身服饰，皆是珍贵之物，但有腥膻之气。金润夫大似子成．而腥气较少。唐寅如贾浪仙，身则诗人，犹有僧骨，宛在黄叶长廊之下。”文论如钟嵘《诗品》评论谢灵运诗：“譬犹青松之拔灌木，白玉之映尘沙，未足贬其高洁也。”评范云的诗：“清便宛转，如流风回雪。”评潘岳、陆机诗：“潘诗烂若舒锦，无处不佳：陆文如披沙拣金，往往见宝。”再如明周应愿《印说》云：“内史家印，如孤凤朝阳，五龙夹日；御史家印，如絮萦骢马，蝶绕绣衣；督学家印，如艺海泛滥，文江翻浪；法司家印，如绣斧凝霜，乌台列柏；收民家印，如五马鸣坷，双凫飞泻；经业家印，如骅骝汗血，蚌蛤藏珠……鉴赏家印，如骊龙吐珠，冯夷击节；好事家印，如五陵裘马，千金少年；僧道家印，如云中白鹤，洞里青羊；妓女家印，如春风兰若，秋水芙蓉。”

书论的设喻大多数是通过比况短语加以实现的，其独特的形式表现在比况短语中大多无比况助词和喻底。这一点既不像先秦和两汉的“比拟动词+喻体+比况助词（‘然’‘者’等）”，也不像六朝时出现的“比拟动词+喻体+比况助词（‘馨’等）”，更不像宋元时“比拟动词+喻体+比况助词（‘相似’等）”，有着书论独特的表达方式。这与中古书论比拟句喻体多为主谓短语大有关系。主谓短语的相对独立性使得其后面的比况助词显得拖沓而多余。

我们发现，作者为了明确自己表达的意图或者避免听话者误解，往往就一件事物不厌其烦地多方位设喻，如“然伯英章草似春虹饮涧，落霞浮浦。又似渥雾沾濡，繁霜摇落”。但奇怪的是，比况短语中既没有“似的”“一样”“相仿”等比况助词，也几乎从不揭示本体和喻体的相似点，如：“褚遂良……真书甚得其媚趣，若瑶台青锁，窅映春林，美人婵娟，不任罗绮。增华绰约，欧、虞谢之。”更不要说作者所要明确表达的意图——喻底了。有些比况短语句，像似动词后的主谓结构是形容词谓语，似乎有揭示相似点的作用，如“殷钧书如高丽使人，抗浪甚有意气，滋韵终乏精味”，或者形容词谓语倒装在像似动词前：

A. 史游……婉若回鸾，攫如舞袖。——唐张怀瓘《书断》(P194)

B. 敬元……仿佛唐突。犹图骐骥而莫展，塑真仙而非实。——唐窦泉《述书赋》(P152)

但这种相似点的提示，也仍然让我们难以窥得写作者的表达意图。我们认为原因有二。

其一，比况短语中，本体和喻体的相似性有时出现，有时不出现。当其出现时，读者阅读没有阻碍，也减少了思考时间，语言也流畅许多。当其未出现时，读者要借助自我的人生实践和个体的知识来填补具体的细节空白，并推导出写作者想要表达的文义。这个过程可能造成时间的延宕，但寻找答案的历程也增加了审美的趣味和愉悦。没有揭示相似点，或者对之进行模糊化的处理，会为受众创造更大的想象空间，使其得以借助自己的个性知识和兴趣爱好来填补具体细节空白，从而产生一种朦胧的意境。这无疑增加了语言的感染力。

其二，对于书艺作品的感悟，是个见仁见智，非常主观化的经验，如果说的太实，必然会“落入言筌”，只好设喻以提示，但最终喻底的揭晓还要靠读者以心会心。明代袁宏道在《叙陈正甫〈会心集〉》一文中谈论“趣”这个美学范畴时说：“趣如山上之色，水中之味，花中之光。女中之态. 虽善说者不能下一语，唯会心者知之。”也正可说明这个问题。邱振中曾说，这个品评的句式“只有判断，没有证明”，也是指这一点。难怪徐文长在经历了若干年的书法创作实践后感慨：“余玩古人书旨云：有蛇斗，若舞剑器、若担夫争道而得者，初不甚解，及观雷太简云听江声而笔法进，然后知向所云蛇斗等，非点画字形，乃是运笔，知此则孤蓬自振，惊沙坐飞，飞鸟出林，惊蛇入草，可一以贯之而无疑矣，惟壁拆路，屋漏痕，拆钗股，印印泥。锥画沙，乃是点画形象，然非妙于手运，亦无从臻此。以此知书心手尽之矣。”（《徐文长集·玄抄类摘序》）

有时，索性连比拟动词也省略了，其比况的意味则更为直接了：“萧子云轻浓得中，蝉翼掩素，游雾崩云。”（张怀瓘《书断》）这样，两个看似无关的事物就巧妙地融合为了一体。

当然，与文学的研究不同，从语言学的角度，我们更想得到的是从这些丰富的喻象（能指）中找到其背后的寓意（所指），而这一点却非常之难，汪涌豪曾说：“古人在界说范畴时，也不仅是在作一种纯粹的‘唯象’描述，它里面有了解与认识的因素，所以也是知性和理性的，更多悟性；它联通着对象的本质，有直凑单微的原型意味和超越特性。”我们认为可以尝试使用以下的方法：

第一，找到喻前总括语。

如窦臮《述书赋》曰：“逸少之始。虎变而百兽跧，风加而众草靡。肯綮游刃，神明合理。”“虎变而百兽跧，风加而众草靡”的喻意，可从“肯綮游刃，神明合理”中见，正喻所向披靡、有通神明的笔力。宋代《宣和书谱》曰：“落笔轻清，无一点俗气，飘飘若飞云之映素月，一见使人泠然有物外之兴，岂其书足以洗人之心如是耶？”“飘飘若飞云之映素月”正喻“落笔轻清，无一点俗气”。

第二，综合诸意象，找到意象汇合点。

如“巨丽”一词，窦臮《述书赋》曰：“观其逸毫巨丽，载兆虎变。高躅莫究其涯，雄风于焉已扇。犹金玉钉璞，包露贵贱。”又曰：“开元应干，神武聪明。风骨巨丽，碑版峥嵘。思如泉而吐凤，笔为海而吞鲸。”从“虎变”“高躅”“雄风”“金玉”“钉璞”“吐凤”“吞鲸”“峥嵘”中，我们可以推知“巨丽”的语义特征有壮丽、雄伟、华美、奔放等。故宋《宣和书谱》在评唐明皇时云：“窦臮赋其书，以谓‘风骨巨丽，碑板峥嵘；思如泉而吐凤，笔为海以吞鲸’，亦足以状其瑰伟也。”

萧衍《古今书人优劣评》曰：“萧思话书如舞女低腰，仙人啸树。”“舞女低腰，仙人啸树”的意思是什么呢？《宣和书谱》评薄绍之书的语句让我们找到了比喻中的相似点：“至袁昂评其字势，则谓如‘舞女低腰，仙人远啸’。以是言之，则必以婉丽清闲为主矣。”又评索靖书：“故论者以为飘风忽举，鸷鸟乍飞，以状其道劲。或以谓如雪岭孤松，冰河危石，以状其峻。”“飘风忽举，鸷鸟乍飞”喻“道劲”；“雪岭孤松，冰河危石”喻“峻”。

包世臣《艺舟双揖》对此总结得甚为精辟：“烂漫、凋疏，见于章法而源于笔法。花到十分名烂漫者，菁华内竭，而颜色外褪也；草木秋深，叶凋而枝疏者，以生意内凝，而生气外敝也。书之烂漫，由于力弱，笔不能摄墨，指不能伏笔，任意出之，故烂漫之弊至幅后尤甚；凋疏由于气怯，笔力尽于画中，结法止于字内，矜心持之，故凋疏之态在幅首尤甚。”

下编　中古书论词语校释

第三章　词语释读

对书论内容的正确理解与把握要依托于书论词语的释读。书论语言表达的独特性、词汇的专业性、词义的模糊性等特点，使得人们对书论词语的释读或畏之如虎，或语焉不详，甚或有郢书燕说。即使有一些较为深入的研究，也多限于数语。因此，系统性的爬梳整理与释读就显得尤为重要了。

第一节　不明句意而误释

不明句意而误释是因为没有仔细推敲上下文意而产生的。

一、采择未当

采择未当指没有根据上下文意，采择好合适的异文，或对前人的研究成果没有很好地加以承继而造成的误释。

庶独就书

私书相与，庶独就书，云“适迫遽，故不及草”。——东汉赵壹《非草书》（P2）

《墨池编》、汪本《书苑》“庶独就书”录为“犹谓就书”。宋代祝穆《事文类聚》为“乃独就书”。四库本《书苑》为：“私书相与之际，每书云‘适迫遽，故不及草。’”“私书相与”指私人间书信往来相授。庶，差不多。就书：就，从事某项工作、事务。如就餐、就戮、就学。“就书”就是“写字”，窦臮《述书赋》曰：“明帝使诞坐笼，以鹿卢引上就书，去地二十五丈，及下，鬓发皓然。”又唐释惠详《弘赞法华传》卷十：“皆须改易衣服，洗浴毕，然始就书。书时尼手执香炉，胡跪经前，供养书生。”“庶独就书”言私人间书信往来相授时，不像公文可以让人捉刀，差不多都是自己亲手写信。正因为此，才有匆忙的致歉之文。潘运告释为：“往往写道”，误。《大词典》“就书”条下无此义项。

故

寻诸旧书，惟钟、张故为绝伦。其余为是小佳，不足在意。——晋王羲之《自论书》(P4)

故，此处当为副词“诚然”的意思。孙过庭《书谱》作“钟、张信为绝伦”，可证。又《左传·襄公九年》：“利物足以和义，贞固足以干事，然故不可诬也。”南朝宋刘义庆《世说新语·言语》：“羊叔子自复佳耳，然亦何与人事，故不如铜雀台上妓。”潘运告释为“仍然”，误。

得罪

秦狱吏程邈，善大篆。得罪，始皇囚于云阳狱。——南朝宋羊欣《采古来能书人名》(P9)

范校本断为“得罪始皇。囚于云阳狱”。潘运告译文直录为“得罪始皇”。显然，范、潘二人皆认为此处“得罪”是“冒犯”之义。按，“得罪”有二义，一为“获罪”，一为“冒犯”。“得罪”在此处当指“获罪”。首先，如作“冒犯”解时，也要在“得罪”后加上“于”字，引出所涉宾语。《孟子·离娄上》：“为政不难，不得罪于巨室。”宋王安石《上仁宗皇帝言事书》：“苟其财不足，而不能自称于流俗，则其婚丧之际，往往得罪于族人亲姻，而人以为耻矣。”其次，历代著述论程邈时，皆为“获罪”之意。宋秦观《淮海集》卷三十五《史籀李斯书》：“长安下士人程邈得罪，系宁阳十年。”又清俞樾《宾萌集·议篇》卷四：“秦下杜人程邈得辠，幽系云阳，增减大篆，体去其繁复，始皇善之。”此二例中，“得罪”后皆无“始皇”二字，如作“冒犯”解，上下几不成文矣。

作“获罪”解时，“始皇囚于云阳狱”句的“囚”字后实则省略了“之”字，“罪”本为宾语，不会再加上一个宾语。如《颜氏家训·省事》：“前代之所贵，而吾之所行也。以此得辠，甘心瞑目。”故当从洪校本，标点为：“秦狱吏程邈，善大篆。得罪，始皇囚于云阳狱。”

比

诞甚危惧，乃掷其笔，比下焚之，仍诫子孙，绝此楷法，着之家令。——南朝宋羊欣《采古来能书人名》（P11）

“比”字，津本、四库诸本俱为“以”。范校本断句为：“乃掷其笔以下，焚之。”《书苑》、洪校本录为“比”。陈硕在《〈法书要录〉校读札记》中认为应该标点为：“乃掷其笔，比下焚之，仍诫子孙，绝此楷法，着之家令。”

按，如是“以”字，“乃掷其笔以下”，即言下时手中已无笔。但与“焚下”文气有隔，故当是“比”字，即“及”义。窦臮《述书赋》：“明帝使诞坐笼，以鹿卢引上就书，去地二十五丈，及下，鬓发皓然。”“及下”即“比下”。《采古来能书人名》中“比下”当与“焚之”断开。“乃掷其笔，比下，焚之。”即先掷其笔，等到下来时，再焚之。此义较“以”字为长，可从。

实为得赏

谢综书，其舅云：“紧洁生起。”实为得赏。——南朝齐王僧虔《论书》（P18）

洪校本、潘运告、武周本等俱将“实为得赏”归为谢综舅所言，其实此句乃王僧虔对其舅的评语。钱锺书早已在《管锥篇》中有论及。

雁行

吾书比之钟、张当抗行，张草犹当雁行。——南朝梁虞和《论书表》（P27）

雁行，潘运告释为“并行”，“雁行”确有“并行”义。但下文羊欣承此语云：“羲之便是小推张，不知献之自谓云何？”显然，从羊欣话中，我们知道羲之是“小推张（张芝）”，而不是说二人全然不相上下。《通雅·释诂》：“雁行，犹颜行……前行曰颜，通作雁。《韩非子》‘先为雁行以向秦军'，《战国·韩策》'韩，居为隐蔽，出为雁行'，《燕策》'使弱燕雁行'，《晋·王羲之传》'我书比钟繇当抗行，比张芝犹当雁行'，皆谓颜行也。本借用，后又为之解曰：雁飞大者居前，故世习称雁行。而不知用颜行。""雁行"即"颜行"，《通雅》解释甚详。《管子·轻重甲》："若此，则士争前战为颜行。""颜"本义为额头，故引申为"前"义。因此，"雁行"当是右军自谦以张芝为前。其实，王羲之也道出了部分实情，王羲之的年代，"子敬之不及逸少，犹逸少之不及钟张"（《书谱》）也是人们的共识。孙过庭《书谱》中引王羲之语曰："张草犹当雁行。然张精熟，池水尽墨，假令寡人耽之若此，未必谢之。"从语意中可知，羲之自叹不及张芝，在草书方面，确以张芝为优。张芝临池学书，一池尽墨，工夫过于右军。故"谢之"云云，孙过庭认为"此乃推张迈钟之意也"，既是"推张"，可见孙氏也认为"雁行"在此处也是"在前"的意思。张怀瓘《书议》亦云："答曰：'……逸少则格律非高，功夫又少，虽圆丰妍美，乃乏神气，无戈戟铦锐可畏，无物象生动可奇，是以劣于诸子。'得重名者，以真、行故也。举世莫之能晓，悉以为真、草一概。"从中可知，张芝草书优于羲之，但羲之真、行第一，由于羲之名气日隆，在唐代，遂举世都认为王羲之草书也在张芝之上了。孙过庭的评价倒是非常中肯："（羲之）虽专工小劣，而博涉多优。"盖羲之博涉众体与张芝的专工不同。张怀瓘《书断》下引王羲之语云："吾真书胜钟，草故减张。"可与"抗行""雁行"之语互参。

一点竟纸

又合秘墨，美殊前后，色如点漆，一点竟纸。——南朝梁虞和《论书表》（P30）

潘运告注曰："竟纸：入纸。竟，遍也。"同页译文中"一点竟纸"译为"一点入纸"，让人不知所云。其实"竟"为"完、尽"义，"点"为"轻轻点蘸"义。元林坤《诚斋杂记》曰："班孟嚼墨一喷，皆成字，竟纸，各有意义。"此言班孟喷墨，喷完一纸，皆成字而有义。《东坡养生集》中所说的“竟纸”则是再明白不过的了：“至日暮笔倦，或案纸尚多，即笑语之曰：‘日暮矣，恐小书不能竟纸。’”“案纸尚多”，所以写小字的话就不能写完（竟纸）。又《八方风物》言“以扫雪（一种野猫）毛做毛笔，蓄水丰盈。”《武川县志》载：“饱蘸墨汁写小仿，竟纸不竭”，堪称文房一宝。此言笔好，吸水性强，饱蘸一下墨汁可以“竟纸”，即写完一纸而墨不枯干。至于“点”为“蘸”义，无庸多言，“蜻蜓点水”即为“蜻蜓蘸水”。这样，我们再回过来看《论书表》就畅然无碍了。“色如点漆，一点竟纸”，此言墨好，正因墨色纯正浓黑，用笔“一点”（蘸一下）即可写完一纸。李永忠认为“一点竟纸”是“墨透纸背”，亦误。

在始

羲之书在始未有奇殊，不胜庾翼、郗愔，迨其末年，乃造其极。——南朝梁虞和《论书表》（P31）

“在始”有早期、早年的意思。“在”为词头，无义。梁法云撰《法华义记》卷第一：“若使在始有怖魔之名，终成不生之德者，真是怖魔也。”文中“在始”与“末年”相对，其义当为“早年”可知。潘运告译为“开始”，不妥。此词《大词典》失收。

焕若神明，顿还旧观

尝以章草答庾亮，亮以示翼，翼叹服。因与羲之书云：“吾昔有伯英章草书十纸，过江亡失，常痛妙迹永绝。忽见足下答家兄书，焕若神明，顿还旧观。”——南朝梁虞和《论书表》（P31）

“神明”一词，潘运告释为“明知如神；高超，神圣”，“焕若神明，顿还旧观”译为“灿烂鲜明有如神明，使我顿还旧观”，“鲜明”跟“神明”有何关联？“顿还旧观”原文照录更让人不知何谓。按，焕若，光耀貌。唐裴铏《传奇孙恪》：“忽车马焕若，服玩华丽，颇为亲友之疑讶。”“神明”，当为“精神振奋”之义。“焕若神明”犹今语“让人眼前一亮”。清庞元济《虚斋名画录》卷十五：“真所谓旌旗变色，焕若神明。他日二瞻见之定当叫绝。”清宋之绳《载石堂尺牍》之《与蔡靖公》：“村庄蒿满，破壁尘多，得大笔，遂觉焕若神明，何快如之。”“旧观”只原先的印象、观感，“还”有“改”义，“顿还旧观”即马上改变了原先的看法和印象，唐孟郊《送韩愈从军》诗：“志士感恩起，变衣非变性；亲宾改旧观，僮仆生新敬。”“改旧观”即“还旧观”。《论书表》中庾翼“常痛妙迹永绝”，见到羲之答家兄书，就马上改变了从前的看法。

“顿还旧观”后又多与“焕然”“焕若”或“神明”相连使用，为人所习用。宋陶谷《清异录》卷三：“适上元夜观灯车马喧腾，目夺神醉。叹曰：涉冰霜，泛烟水，乍见此高明世界，遂觉神明，顿还旧观。”宋楼钥《攻媿集》卷五十四《澧阳楼记》：“气象焕然，顿还旧观，不敢自以为功也。”综此，“焕若神明，顿还旧观”当释为：“光明耀眼，焕然一新，让人一下子改变了从前的看法。”

爽爽有一种风气

王右军书如谢家子弟，纵复不端正者，爽爽有一种风气。——梁袁昂《古今书评》（P59）

爽爽，乔志强认为“俊朗出众貌”。“爽爽”在中古时确有此义，如晋孙绰《竺法汰赞》：“爽爽法汰，校德无怍，事外萧洒，神内恢廓。”但如果释为“俊朗出众貌”，与前文“不端正”岂非自相矛盾？我们发现，《书苑》录萧衍《古今书人优劣评》云：“王僧虔书如王、谢家子弟，纵复不端，奕奕皆有一种风流气骨。”《墨池编》无“骨”字。四库本《墨薮》录作：“索靖书如王谢家子弟，纵复不端正，奕奕有一种风气也。”可见，“爽爽”当即为“奕奕”，即精神焕发貌。如宋陈师道《寄邓州杜侍郎纮》诗：“请公酌此寿百年，奕奕长为此邦伯。”[①]

风气，风流气骨。原指空气和由空气流动而生的风。《文选·宋玉〈风赋〉》：“其所托者然，则风气殊焉。”中古时产生了“风采气度”的义项。再如《宋书·王惠传》：“陈郡谢瞻才辩有风气，尝与兄弟群从造惠，

①《大词典》收“奕奕”例，较晚。

谈论锋起，文史间发。”但在书论中，却稍有不同。从上面《古今书人优劣评》的几种异文可以看出，此“风气”是“风流气骨”之义。潘运告释为“风度”，不确。

二、照应不周

某一词语的正确解读，在相当程度上依赖其前后句子的文义，要从字理、文理与事理上通盘揣摩，左右照应，方得达诂。方一新说，正确理解语法关系是正确理解词义的前提。也有一些句义的照应不周表现在前后语法关系的误读上。

形容

总七条，并作其形容，列事如左，贻诸子孙，永为模范。——晋卫夫人《笔阵图》（P5）

形容，形状。《易·系辞上》：“圣人有以见天下之赜，而拟诸其形容，象其物宜，是故谓之象。”卫夫人“总七条”就是七种笔法，卫夫人将七种笔法一一列出，并描绘其形状。如：“一如千里阵云，隐隐然其实有形。丶如高峰坠石，磕磕然实如崩也。”潘运告将“作其形容”释为“予以形容”，将“形容”理解为“描写”之义了。

殆当

萧思话全法羊欣，风流趣好，殆当不减，而笔力恨弱。——南朝齐王僧虔《论书》（P18）

殆当，潘运告译为“尚欠”，误。按，潘说“尚欠”，则后文“而”字无着落处。“殆当”实际是“几乎”的意思。宋葛胜仲《丹阳集》卷二十《赠觉僧首并序》：“诗文皆清丽可喜，殆当与灵彻、浩初辈抗衡，黑衣中未易得也。”又清李绂《穆堂类稿·别稿》卷二十七：“籍隶八旗者，殆当其半，岂非化行自近渐被圣教为尤深哉！”

甚至

《太师箴》、《大雅吟》，用意甚至，而更成小拘束。——南朝梁陶隐居《与梁武帝论书启》（P39）

甚至，至极、达到极点。晋干宝《搜神记》卷二：“谢尚所乘马忽死，忧恼甚至。”沈约《宋书》卷七十二《列传》三十二：“上与休仁素厚……休仁既死，痛悼甚至。”潘运告释为“甚到”，不确。既是“甚到”又怎么“更成小拘束”？盖“达到极点”，物极必反才会“更成小拘束”。

追骏

伯英以称圣居首，法高以追骏处末。——梁庾肩吾《书品论》（P51）

“追骏”指与俊才相比。“追”有“比较”义。唐苏颋《赠司徒豆卢府君挽词》：“宠赠追胡广，亲临比贺循。”“法高以追骏处末”指法高周围皆是高才，故忝居末位。明凌义渠《奏牍》卷二《废臣幸邀屡旨疏》：“本是疎庸之资，岂漫偿以富贵。策驽以追骏，非致远之谋也。”冯亦吾解释为“仿效前人”，于义不通。

子衣裳而不曳不裾。成一家之憬彼，睽四海之友于

若或征数子之运用，廿千里之殊途。则我鸡犬而无来无往，子衣裳而不曳不裾。成一家之憬彼，睽四海之友于。——唐窦臮《述书赋》（P171）

此句潘运告注：“憬彼，醒悟那书迹。憬，觉悟貌。睽，睽睽，张目注视。”在释文中又将“子衣裳而不曳不裾。成一家之憬彼，睽四海之友于”一句释为：“存书者有‘衣裳’不穿不用。促成一家的对书迹价值的认识，放眼注视天下的兄弟友爱。”存书者为何有“衣裳”不穿不用？殊不可解！“促成一家的对书迹价值的认识，放眼注视天下的兄弟友爱”一句，更让人不知所云。

按，欲明文意，先要细究上下文语境。此段话是讨论长安、洛阳那些贩书者对书迹流传的作用与影响的。故《述书赋》有注：“言通货利。”窦臮前文罗列长安、洛阳贩书者数人名，这些人“征数子之运用，甘千里之殊途”，不畏路途遥远，搜罗天下书迹，此正所谓“成一家之憬彼”。《玉篇·心部》：“憬，远行皃。”憬彼，亦为远行之貌。语出《诗·鲁颂·泮水》：“憬彼淮夷。”南朝宋颜延之《阳给事诔》：“憬彼危台，在滑之垧。”

贩书者使书迹得到流通，让买书者哪怕足不出户也可得到天下妙墨，故言“我鸡犬而无来无往，子衣裳而不曳不裾”，“曳裾”乃拖衣奔走貌。唐王绩《薛记室收过庄见寻率题古意以赠》诗：“曳裾出门迎，握手登前除。”“不曳不裾”言你我（我、子）皆不用四处奔走即可得到所要书迹。“睽四海之友于”一句乃调笑之语耳，“睽”是“乖离”的意思。《庄子·天运》：“三皇之知，上悖日月之明，下睽山川之精，中堕四时之施。”成玄英疏：“睽，乖离也。”“睽四海之友于”言贩书人的辛苦奔忙使人尽享其便，可“无来无往”“不曳不裾”，四海兄弟之情也乖离疏远了，颇有调侃之趣。

何市朝而贪隐沦

> 雅兴闭关以随扣，古风开卷以袭人。不然者，何穷独而恣怡悦，何市朝而贪隐沦。——唐窦臮《述书赋》（P171）

“何市朝而贪隐沦”一句，潘运告译为：“为什么官府却隐藏不让人见？”遂使文义窒碍难通。按，“市朝”在此处指争名逐利之所。《战国策·秦策一》：“臣闻争名者于朝，争利者于市。今三川、周室，天下之市朝也。”“隐沦”指隐没、消失。《文选·鲍照〈行乐至城东桥〉诗》：“尊贤永照灼，孤贱长隐沦。”李善注：“隐沦，谓幽隐沈沦也。”此句言得到名家妙迹，自可闭门独享，故沈浸其中，哪怕“穷独”也能“恣怡悦”，在争名逐利之所也能贪心隐没。此正是读帖之大乐也。

三、书史未明

书坛的历史发展与流派沿革、书家的交流活动与各自的创作风格等，都与词语的释读息息相关。因此释读工作不能拘泥于词句的表面形式，有些误释正是因为对其时书坛状况了解不足所致。

故殊

丘道护与羊欣俱面授子敬，故当在欣后。丘殊在羊欣前——南朝齐王僧虔《论书》（P18）

《墨池编》无“丘殊在羊欣前”一句。潘运告翻译后两句曰：“所以应当在欣后，邱尚在羊欣前。”按，潘译文扞格难通，且“邱”是后出避讳字，潘译文“邱”字当改为“丘”。“故”当为“本来”的意思，“殊”有“远”义，此段话的文意是：丘道护与羊欣俱得子敬亲授，本来（丘的名气）应当在羊欣后，（实际上）丘的（水平）远在羊欣的前面。但我们看张怀瓘《书断》中：“敬元隶、行、草入妙。时有丘道护，亲师于子敬，殊劣于羊欣。”这里，“丘道护”又“殊劣于羊欣”，这是怎么回事呢，这恐怕正是《墨池编》无“丘殊在羊欣前”一句的原因吧。唐李嗣真《书品后》把丘道护列为中中品，羊欣是上下品，道护与羊欣相差了两个等级，又说：“道护谬登高品，迹乃浮漫。”就是王僧虔本人也在南齐《论书》一文中说：“羊欣、丘道护，并亲授于子敬。欣书见重一时。”看来，羊欣生前名气就比丘道护大。但王僧虔也认为羊欣有自己的“短板”：“行草尤善，正乃不称。”“正”即“正书”，南朝人所谓的“隶书”“正书”“真”（书），相当于今天的“楷书”。当时“隶书”一句是旧的称呼，而“正书”“真（书）”则是新出现的词语。张怀瓘也半信半疑地说：“时有丘道护，善隶书，便书素。时司马珣之为吴兴，羊欣弟伦为临安令，欣吴兴看弟，珣之乃以道护素书《洛神赋》示欣，欣嗟咨其工，以为胜己。”（《书断》）那么，羊欣的隶书是不是真那么不堪呢？沈约《宋书》卷六十二

《羊欣传》中说："欣少靖默，无竞于人，美言笑，善容止，泛览经籍，尤长隶书。"沈约的"尤长隶书"与王僧虔"正乃不称"的评断大相径庭，也说明王僧虔为"丘道护""殊劣于羊欣"大报不平，不仅认为羊欣"正乃不称"，不称其名，而且敢于同社会上丘道护"故当在欣后"的评价叫板，认为"丘殊在羊欣前"。这也从另外一个角度证明，张怀瓘所说的羊欣自认丘道护"胜己"的传闻是有根据的。

蝉联美胄

右军蝉联美胄，萧散名贤，雅好山水，尤善草隶。——唐何延之《兰亭记》(P99)

蝉联美胄，绵延多世的名门后代。"美胄"指名门的后代。王羲之乃魏晋名门琅玡王氏之后，从王祥、王览开始，宗族繁衍，名士辈出。何延之故有此言。清戴璐《吴兴诗话》卷十："盖自莘村宗伯至中翰昆仲，蝉联美胄，五叶于兹。""五叶于兹"正谓"蝉联美胄"也。有人认为"蝉联美胄""意谓继承着嘉美的家族传统"，[①]不确。潘运告释为"连续相承美冠"，则不知所云。

性情少而无象

虽功用多而有声，终性情少而无象。同乎糟粕，其味可知。——唐张怀瓘《文字论》(P128)

"象"是书论中重要的概念，它是客观事物的形貌，它既是文字的开端，也是书法表现的对象。唐张怀瓘《六体书论》："形见曰象，书者法象也。""象"与"性情"关系密切。一个天性自然，感情充沛的人，才能让笔下神采飞动，有云奔兽骇之势。故"象"在此处乃"神采"义。清刘熙载《书概》云："笔性墨情，皆以其人之性情为本，是则理性情者，书之首务也。"韩愈《送高闲上人序》称赞张旭："情炎于中，利欲斗进；有得有丧，勃然不释，然后一决于书。"反之，若心如死灰，"泊与淡相遭，颓

①(唐)元稹等，《唐宋传奇》，华夏出版社2015年版第37页。

堕、委靡，溃败不可收拾。则其于书得无象之然乎！”清包世臣《艺舟双楫》云：“书道妙在性情，能在形质。”故《书议》“功用多而有声”正指“能在形质”，这种能力是藉后天之力为之。“性情少而无象”则指缺少天性与情感，则笔下“无象”，没有神采。故言“妙在性情”也。潘运告释为“真情实感少而没有形象”，误。

第二节　不明文字而误

一、不明异体

不明异体字而导致的误释，主要表现在对罕见异体字的不识与对常见异体字的不察两个方面。

精杀

（卫觊）草体如伤瘦，而笔迹精杀，亦行于代。——南朝齐王僧虔《论书》（P19）

精杀，《书苑》作“精佚”，潘运告从之，皆误。按，“精佚”不词，“杀”同“煞”，表示程度很深。犹言精绝、精熟、精极也。宋羊欣《采古来能书人名》评卫觊：“草体微瘦，而笔迹精熟。”“熟”也有程度深的意思。窦蒙《〈述书赋〉语例字格》：“功业双极曰精。……过犹不及曰熟。”张怀瓘《书断》评：“（卫觊）尤工古文、篆、隶，草体伤瘦，笔迹精绝。”“精杀”“精绝”“精熟”皆是对卫觊书法的评价，其义可互见。“精极”的说法也与之相类，唐李约《壁书飞白“萧”字赞》：“张、王继作，子云精极。壁昏䴢素，墨古池色。”

骕互

《周礼》以鸡斯为笄缅，《礼记》以相近为禳祈。致令众议丛残，音辞骕互。——梁庾元威《论书》（P46）

骕互，《墨池编》为“踳驳”；“互”字，《书苑》录为“牙”，四库和津本均写成“㸦”字，范校本和武周本录为“斥”。

按，“骕”本为马身上的斑纹，引申为杂乱之义。《类篇》：“骕，驳马也。”有“骕驳”一词。清钱谦益《列朝诗集·丁集》卷十六：“指摘其空疏而纠正其骕驳，亦岂通人之论哉！”《字汇》：“踳，杂也，乖舛也。”故也有“踳杂”一词，李嗣真《书品后》：“右士衡以下，时然合作。踳杂不论。”也有“踳驳”的说法。义为错乱，驳杂。北齐魏收《魏书》卷一百七下《志》第九：“虽值甲子，复有差分。如此踳驳，参错不等。”

其实“踳”“骕”并同“舛”字。《说文·舛部》：“踳，扬雄说，舛从足、春。”清吴玉搢《别雅》卷三：“庾元威曰：‘众议丛残，音词骕牙’，騳与舛同。”

“牙”“㸦”“互”三字则互为异体。《正字通》有：“㸦，俗互字。”《字汇》：“㸦，与互同，见释藏。”，清吴玉搢《别雅》卷三：“牙即互字”，宋曾慥《类说》卷五十六《互郎》：“今有人谓驵埨为牙。本谓之互郎，主互市事也。唐人书互作牙，以互似㸦，因转为牙。”

综此，当以“舛互”或“舛驳”为正，二者均是驳杂交错之义。《文选·左思〈吴都赋〉》：“长干延属，飞甍舛互。”吕向注：“飞甍舛互，言栋宇相交互也。”《庄子·天下》：“惠施多方，其书五车；其道舛驳，其言也不中。”成玄英疏：“舛，差殊也；驳，杂糅也……道理殊杂而不纯，言辞虽辩而无当也。”

尒㝵

鬼书惟有业杀，刁斗出于古器，尒㝵由乎内典。——梁庾元威《论书》（P47）

尒㝵，《墨池编》作“尔得”，《书苑》作“企㝵”；范校本为“尒等”。按，“尒”为“尔”的异体字。《广韵》：“尒，义同‘尔’。”《正字通·小部》：“尒，汝，与而、尔通。”《书苑》作“企”，误。㝵，是“时”的异体，异体字多有上下、左右易序者。《墨池编》作“得”、《书苑》作

“导”，皆以“日”下之“寺”为“寸”上加一横了。尔时，犹言其时或彼时。“尔时”一词佛典常用作开卷之语，佛教徒称佛经为内典。北齐颜之推《颜氏家训·归心》：“内典初门，设五种禁；外典仁义礼智信，皆与之符。”“尒㝵由乎内典”正谓前言出自佛经耳。

寒涧阁壑

> 元常正隶如郊庙既陈，俎豆斯在。又比寒涧阁壑，秋山嵯峨。——唐李嗣真《书品后》(P81)

阁壑，《墨池编》作“开谿”，范校本认为当作“窙豁”，为洞达之状，“谿”字亦“豁”之形误，“开”字疑为后人臆改；《书苑》作“阁豁”，文后有注：“四库本作‘园豁’。此下汪汝瑮按语：‘阁豁’原本作‘阁壑’，《法书苑》作开豁，考字书无阁字，而细玩辞义，开豁二字亦未确，今从‘阁豁’以俟考。”崔尔平的按语认为，“阁豁”亦作“庨豁”，形容高峻深邃貌。可谓聚讼纷纭。这让后之学人引文无所适从，甚至有录为“显豁”者。①

按，《汉语大字典·门部》：“阁，阁豁也作‘庨豁’，高峻深邃貌。”《中华字海·门部》：“阁，同‘庨’。李嗣真《书品后》曰：‘元常正隶，如郊庙既陈，俎豆斯在，又比寒涧阁豁，秋山嵯峨。’待考。”

“窙”字，《汉语大字典·穴部》：“开阔貌。”清陆燿《保德风土记》：“山沟窙豁，深者数丈。”唐韩愈《送文畅师北游》也有诗：“下开迷惑胸，窙豁斫株橛。”

可见“阁豁”“窙豁”“庨豁”所指相同，那么哪个字为正呢？我们看“寒涧阁壑”与“秋山嵯峨”相对，“嵯峨”二字为歌韵的叠韵联绵词，故“阁壑”也当为联绵词，联绵词为语音构词，同音形式很多，“窙”“庨”都属平声晓母肴韵，“阁”字虽然在古人看来，“字书无阁字”，但从“孝”得声应该是没有错的，故对联绵词来说，三字皆可用，并没有孰对孰错的问题。如此一来，“壑”“豁”的问题也可随之而解了。“壑”“豁”都是晓

① 方彦方，《中国艺术鉴藏》（第2辑），长城出版社2012年版第23页。

纽入声字，声音相近，故“阇壑”“阇豁”“寥豁”“庨豁”皆相通。明张丑《清河书画舫》卷一上还将《书品后》此词录作“庨壑”，更添一旁证。至于《墨池编》录作“开谿”之由，显然是“阇豁”字的形误。“阇”本字书所无，也只出现在《书品后》中，在赋中为铺陈品物，往往将几个偏旁的字相连使用，当无字可用时，有时甚而“随文造字”，也称为“义符类化”。“阇”的门部也正是涉上文“涧”和“开阔”义的部件类而成的“随文造字”。又如唐释道宣《广弘明集》卷第二十四载南朝梁刘孝标《东阳金华山栖志》：“峑路迫隘，鱼贯而升路侧，有绝涧闸闾庨豁。”“闸闾”也是开阔貌。

王念孙《读书杂志·汉书第十六·连语》中说：“凡连语之字，皆上下同义，不可分训。说者望文生义，往往穿凿而失其本指。”王氏所说的连语即联绵词，因为“不可分训”，《中国历代书论选》从四库本《书苑》，录为“园壑”，并注为“园林山谷”，显然不明联绵词的用法。所以“阇壑”应从整体上体会其义，清陆燿《保德风土记》：“山沟寥豁，深者数丈。”可见有“深邃”义；唐韩愈《送文畅师北游》的“下开迷惑胸，寥豁斫株橛”，可知有“开阔”义。故“阇壑”为深邃开阔貌。

二、不明文字通假

一些词语从字面理解与上下文语意不合，但如从文字通假的角度加以探究有时不失为一个有效的方法。

施平

李斯书世为冠盖，不易施平。——梁袁昂《古今书评》(P66)

施平，潘运告释为“放平”，让人费解。“平”当为“评”。明汪砢玉《珊瑚网》卷二十四上（文渊阁四库全书本）、清卞永誉《式古堂书画汇考》卷一（文渊阁四库全书本）皆录为“评”。“平”“评”相通，古文习见。《周礼》卷三：“平教治，正政事。”“平”即通“评”。又《商君书》

卷一《更法第一》："孝公平画，公孙鞅、甘龙、杜挚三大夫御于君。""平画"即"评画"。唐李嗣真《书品后》载："李斯（小篆）……犹夫千钧强弩，万石洪钟，岂徒学者之宗匠，亦是传国之遗宝。"施，加也。"施评"即是加以评论。正因为李斯是"学者之宗匠""传国之遗宝"，所以对之加以"评论"实为不易。

偏帖

如大王草书字直一百，五字乃敌一行行书，三行行书敌一行真正，偏帖则尔。——唐张怀瓘《书估》（P112）

潘运告释"偏帖"为"其他的帖"。按，潘说误。"偏帖"即"遍帖"，言大王（羲之）草书遍帖皆是"字直一百，五字乃敌一行行书，三行行书敌一行真正"。"偏"通"遍"，古文常见。《左传·曹刿论战》："小惠未偏，民弗从也。"唐钱起《寄袁州李嘉祐员外》诗："谁谓江山阻。心亲梦想偏。"皆其例。

伪略

今穷伪略之理，极草纵之致，不若藁行之间，于往法固殊。——唐张怀瓘《书估》（P124）

"伪略"句，张怀瓘《书议》亦载，但张怀瓘《书断》记载稍有不同："合穷伪略之理，极草纵之致，不若藁行之间，于往法固殊也。"有人认为"伪略"是"简化屈折，使笔画较为单纯"，①不确；潘运告释为"变易简略"，是。按，"伪"通"讹"。"改变、变化"之义。《楚辞·刘向〈九叹·怨思〉》曰："若青蝇之伪质兮，晋骊姬之反情。"王逸注："伪，犹变也。青蝇变白使黑，变黑成白，以喻谗佞。"《汉书·王莽传》曰："予之南巡，必躬载耨，每县则薅，以劝南伪。"颜师古注："伪，读曰'讹'。讹，化也。"南伪，《书·尧典》作"南讹"。"伪略"犹"讹略"，即通过变化而简化笔画。《书估》此句是献之之语，后文言其"流便简易，志在

①《王羲之志》编纂委员会编，《王羲之志》，山东人民出版社2001年版第284页。

惊奇”，可为“伪略”旁证。《大词典》“讹略”条只有“音译的讹误和省略”“错误和漏略”两个义项，应以收入。沈尹默将“讹略”解释为“讹谓不拘六书规范，略谓省并点画屈折”，[①]则引申太过了。

拥决

滕子拥决。（滕升，歙州婺源县令。取舍若流，通利泉薮。）——唐窦臮《述书赋》（P170）

拥决，潘运告（1997d：118）释为“拥有辨识”，大误。按，“拥决”实即“壅决”，“拥”通“壅”，古文习见。唐韩愈《左迁至蓝关示侄孙湘》：“云横秦岭家何在？雪拥蓝关马不前。”又《资治通鉴·唐纪八》：“则贵臣不得拥蔽，而下情得以上通也。”“拥”皆通“壅”。“拥决”即“壅塞而决”，此处喻“通流无碍”也。五代杜光庭《道德真经广圣义》卷十《上善若水》曰：“水以方圆任器，壅决随时，故能习海浮天，且广且大。”《述书赋》“取舍若流，通利泉薮”之句，正是“壅决”之义。

跧拔

薛邕，河东人，郎中。或推古招致，或究能跧拔，并求之不已。——唐窦臮《述书赋》（P171）

跧拔，潘运告释为“跧藏选取”。按，“跧拔”不词，潘说有误。“跧”通“铨”，明费元禄《甲秀园集》卷三十九《文部》有“任笔书怀，无复跧次”一语，“跧次”即“铨次”。《广雅·释器》曰：“称谓之铨。”《汉书·王莽传》曰：“考量以铨。”颜师古注引应邵曰：“铨，权衡也。”“跧拔”实即“铨拔”，“衡量选拔”的意思。明何乔远《名山藏》卷六十四《臣林记》曰：“翁方长铨拔，擢人加膝耳。”《述书赋》的“推古”“究能”，皆为“铨拔”也。

① 周赝，《书法审美哲学》，西泠印社出版社2011年版第220页。

三、不明古今字

写

将拭目而众利轻言，入掌而百忧俱写。——唐窦臮《述书赋》（P172）

百忧俱写，潘运告释为“各种忧虑皆写”。按，“写”为“泻”的本字，此处指倾泻、抒发义。清段玉裁《说文解字注·宀部》：“写，凡倾吐曰写。”《诗经·蓼萧》：“我心写兮。”朱熹注：“写，输写也，我心写而无留恨矣。”《墨池编》即录为“泻”，亦为一证。潘运告当释未释，使文意不明。

第三节　不明词义而误释

一、不明古义

有些常用语，古今义变化很大，不能以今律古，或以今义牵强附和。而必须察其古义，甚至追溯到中古以前，考察其语义历时发展的变化，才能正确解释词义。

苟任涉学

龀齿以上，苟任涉学，皆废仓颉、史籀，竞以杜、崔为楷。——东汉赵壹《非草书》(P2)

任，“能、堪”义。《广韵·侵韵》：“任，堪也。”《史记·白起王翦列传》：“是时武安君病，不任行。”北魏贾思勰《齐民要术·五谷果蓏菜茹非中国物产者》：“聊以存其名目，记其怪异耳。爰及山泽草木任食，非人力所种者，悉附于此。”潘运告释“苟任涉学”为“勉强开始上演读书”，语义不通，误。当为“一旦能够开始上学”。言“龀齿以上”的孩童一上学就废古之蒙学“仓颉、史籀”篇，转以杜、崔之书为尚。

模范

今删李斯笔妙，更加润色，总七条，并作其形容，列事如左，贻诸子孙，永为模范。——晋卫夫人《笔阵图》(P5)

模范，规则、法度。宋王谠《唐语林·栖逸》：“方（方干）诗在模范中尔，奇意精识者亦然之。”清平步青《霞外捃屑·掌故·顾吴羹通副》：“翰林以记载文诰为职，苟少知文之模范，行已无大过失。”《大词典》引宋王说《唐语林·栖逸》例，稍晚。潘运告释为“楷模”，不确。

大售

观者云集，酒因大售。——南朝宋羊欣《采古来能书人名》（P10）

“售”义为“售出”。潘运告译为“销售”。不确。《说文新附》：“售，卖去手也。”《诗·邶风·谷风》：“既阻我德，贾用不售。”《百喻经·入海取沈水喻》：“经历多日，不能得售。”

绝

繇子会，镇西将军，绝能学父书。——南朝宋羊欣《采古来能书人名》（P11）

绝，极、最。又《诗·小雅·正月》：“终逾绝险，曾是不意。”《史记·伍子胥列传》曰：“平王遂自娶秦女而绝爱幸之。”潘运告释为“绝好”，误。

遂

右军云：“弟书遂不减吾。”——南朝宋羊欣《采古来能书人名》（P12）

楼鉴明、洪丕谟释“遂”为“成也”，并将“弟书遂不减吾”翻译为：“你的书法有成就，不比我差。”误。“遂”是“全部”“完全”义。《诗·商颂·长发》：“率履不越，遂视既发。”郑玄笺：“遂，犹遍也。”汉袁康《越绝书·内传陈成恒》：“今大夫吊孤孤之福也，敢遂闻其说。”唐李嗣真《书品后》：“右逸少谓领军，‘弟书不减吾’。吾观可有十纸，信佳作矣。

体裁用笔，全似逸少。”“遂不减吾”对应“全似逸少”，“遂”为“全”义可知。

末年

故三吴之近地，偏多遗迹也。又是末年道美之时。——南朝梁虞和《论书表》（P28）

末年，潘运告认为是指“晋代末年”，误。“末年”在此处指晚年、暮年。宋黄伯思《东观余论·法帖刊误》卷下引此文即为“暮年”。此义上古即现。《庄子·齐物论》：“昭文之鼓琴也，师旷之枝策也，惠子之据梧也，三子之知几乎，皆其盛者也，故载之末年。”成玄英疏：“皆少年盛壮，故能运载形智至于衰末之年。”《南史·隐逸传下·阮孝绪》：“（阮孝绪）末年蔬食断酒。”

当日就辍笔

斯理既明，诸画虎之徒，当日就辍笔。反古归真，方弘盛世。——南朝梁陶隐居《与梁武帝论书启》（P41）

当日就辍笔，潘运告释为“当日就会辍笔”，误。“日就”之“就”作副词，为“立即；便”义。当在宋元时期，如《京本通俗小说·错斩崔宁》：“郡王道：‘好！正合我意。’就叫崔宁下手。”但六朝时决无此用法。此处的“就”作“趋向”解，“日就”为“日日趋于”之义。“诸画虎之徒”指摹临子敬书迹的人。此句言那些摹临子敬书迹的人明白了这个道理，就应当逐渐停笔，法古而归真。

称

逸少自吴兴以前诸书，犹为未称。凡厥好迹，皆是向在会稽时永和十许年中者。——南朝梁陶隐居《与梁武帝论书启》（P42）

“称”为“好、美好”义。正与后文“好迹”对应。《周礼·考工记·

轮人》："进而视之，欲其肉称也。"郑玄注："肉称，弘杀好也。"孙诒让正义："《尔雅·释言》云：'称，好也。'《乐记》云：'宽裕肉好。''肉称'与'肉好'义亦同，谓辐均好也。"潘运告释为"称许"，误。

区区

> 力不可强，勤而愈拙。区区碑石之间，矻矻几案之上，亦古人所耻，吾岂忘情耶？——唐徐浩《论书》（P92）

"区区"之"区"通"驱"。《中国词学大辞典》即有"区区""驱驱"相通条。[①]"区区"谓奔走尽力貌。前言"力不可强，勤而愈拙"，故后文以"区区（奔走尽力）"为耻。《汉书·窦田灌韩传论》："凶德参会，待时而发，藉福区区其间，恶能救斯败哉！"南唐伍乔《林居喜崔三博远至》诗："几日区区在远程，晚烟林径喜相迎。"《敦煌变文集·妙法莲华经讲经文》："如此富贵多般，早是累生修种，何得于此终日驱驱，求甚事意？""矻矻"也是奔走勤劳貌，与"区区"互文见义。《汉书·王褒传》曰："器用利，则用力少而就效众。故工人之用钝器也，劳筋苦骨，终日矻矻。"颜师古注："应劭曰：'劳极貌。'如淳曰：'健作貌。'如说是也。"潘运告释"区区"为"拘泥、局限"，显然有误。

偏丑

> 欧阳在焉，不顾偏丑。翘翘缩爽，了臬黝纠。如地隔华戎，屋殊户牖。——唐窦臮《述书赋》（P163）

偏丑，潘运告释为"偏于奇形怪状"，误。按，《说文·人部》："偏，颇也。""偏"可表程度。最、很、特别。《庄子·庚桑楚》："老聃之役，偏得老聃之道。"成玄英疏："庚桑楚最胜，故称偏得也。"《旧唐书·欧阳询传》说欧阳询"貌甚寝陋"，"高丽甚重其书，尝遣使求之。高祖叹曰：'不意询之书名，远播夷狄，彼观其迹，固谓其形魁梧耶！'""偏丑"即"甚寝陋"，此处窦臮言欧阳询不理会己身之丑，其书也以峻险为事。又宋

① 马兴荣等主编，《中国词学大辞典》，浙江教育出版社1996年版第630页。

张洞玄《玉髓真经》卷十二《献掌鬼》："为花为木，皆失其本然之形，而为拳枯偏丑之状也。"另参"颟翘缩爽，了枭黝纠"条。

与"偏丑"相对，还有"偏美"一词，唐杜荀鹤《杜荀鹤文集》卷一《同友人泛潇湘》："就舡买得鱼偏美，踏雪沽来酒倍香。""偏美"与"倍香"对举，即"甚美"也。[①]他词尚有偏疾（特别快）、偏视（特别看重）、偏疼（特别疼爱）、偏恶（特别厌恶）等，亦此例也。

胥悦

陆家胥悦。（陆曜，吴郡人，卷缉余芳，事穷前志。）——唐窦臮《述书赋》（P170）

胥悦，潘运告释为"喜悦"，不确。按，"胥"有"全、都"义，《尔雅·释诂下》："胥，皆也。"《方言》卷七："佥、胥，皆也。自山而东五国之郊曰佥，东齐曰胥。""胥"与"悦"相组合成词，指"全悦"义。前可加"上下""内外""男女""人神""老稚""中外"等。南北朝卫元嵩《元包经传》卷二："俾中外交欢，上下胥悦。"唐白居易《白氏长庆集》卷四十《六十九采诗以补察时政》："何患乎不上知？上下交和，内外胥悦。"陆曜能"卷缉余芳，事穷前志"，使家传得继，故言"陆家胥悦"不言"陆曜"，谓陆家上下皆悦也。

厌充

玩久厌充，虽可宝而纨扇秋风。——唐窦臮《述书赋》（P173）

厌充，潘运告释为"厌烦增长"，误。"厌""充"俱为满足义，"厌充"为同义连文，亦作"厌足"，皆为满足之义。《集韵·艳韵》："厌，足也。"《尚书·洛诰》："万年厌于乃德。"陆德明释："马云：厌，饫也。"充，《周礼·天官·大府》："凡万民之贡，以充府库。"郑玄注："充，犹足。"习玩已久则满足，故不珍惜，如"纨扇"见捐于"秋风"。

①《大词典》释"偏美"为"具有某一方面的美"，误。

二、不明新词

中古是社会生活的大变动期，也是语言的大发展期，词语的数量和义项都在此一时期空前增加，有些词语在近代汉语中消失了，成为中古独有的语汇。还有一些词语近代甚或现代汉语仍在使用，但词义与用法又有一些变化，这些都给我们的释读带来了一定的困难。

消息

多力丰筋者圣，无力无筋者病。一一从其消息而用之。——晋卫夫人《笔阵图》（P6）

消息，中古词语。变化。东汉孔融《肉刑议》：“上失其道，民散久矣，而欲绳之以古刑，投之以残弃，非所以与时消息也。”晋张天锡《遗郭瑀书》：“心与至境冥符，志与四时消息。”《隋书·礼仪志四》：“然事有消息，不得皆同于古。”卫夫人谈到了“多肉”“多骨”“丰筋”等笔法，皆要临时制宜，随其“变化”而使用。潘运告）释为“奥妙、真谛、底细”，误。

将谓

羲之少学卫夫人书，将谓大能。——晋王羲之《题卫夫人〈笔阵图〉后》（P8）

“将谓”是同义语素连言，“将”“谓”皆是“认为”的意思，不可分而释之。孙经世《经传释词补》：“将，犹谓也。”唐韦应物《示全真元常》：“无将一会易，岁月坐推迁。”再如“将谓”例，《说苑·尊贤》：“或曰：将谓桓公仁义乎？杀兄而立，非仁义也。将谓桓公恭俭乎？与妇人同舆驰于道中，非恭俭也。将谓桓公清洁乎？闺门之内无可嫁者，非清洁也。”唐颜仁郁《农家》：“时人不识农家苦，将谓田中谷自生。”宋程颢《春日偶成》：“时人不识余心乐．将谓偷闲学少年。”潘运告将此词注释为

“将要认为”，语义不通，遂在译文中译为“就以为”，使得前后矛盾。《大词典》未收此词。

手

常以鹄书悬帐中。宫殿题署，多是鹄手。——南朝宋羊欣《采古来能书人名》（P10）

手，手写。晋卫恒《〈四体书势〉序》：“（梁）鹄字孟黄，安定人。魏宫殿题署，皆鹄书也。”羊欣《采古来能书人名》：“汉魏宫馆宝器，皆是诞手写。”“今世云芝草者，多是昶作也。”可证，“手”即“书”也、“作”也。潘运告作“手笔”解，不确。

秘书

毛弘。鹄弟子。今秘书八分，皆传弘法。——南朝宋羊欣《采古来能书人名》（P10）

秘书，潘运告译为“秘密机要的书籍文件”，大误。此处的“秘书”指“秘书监”，是中央政府设置的专掌国家藏书与编校工作的机构，有时也从事抄写人员的培训和教学工作。后魏江式《论书表》：“典书秘书。所须之书，乞垂敕给付。”此为图书管理之职；颜之推《论书》：“洎于齐末，秘书缮写，贤于往日多矣。”此为编校与抄写工作；南齐王僧虔《论书》：“二曰章程书，世传秘书，教小学者也。”此为培训与教学之职。张怀瓘《书断》：“（毛弘）献帝时为郎中，教于秘书，建安末卒。”实指毛弘为秘书郎之职，在秘书监教授书法，其时抄书皆为小字八分，不似后人抄写全为小楷矣。

略尽

善草及古文，略尽其妙。草体微瘦，而笔迹精熟。——南朝宋羊

欣《采古来能书人名》（P11）

略尽，几乎尽。《右军书记》曰："迎集中表亲疏略尽，实望投老得尽田里骨肉之欢。"又《后汉书·董卓传》曰："卓遣疑兵挑战，而潜使锐卒从小平津过津北，破之，死者略尽。"潘运告释为"稍尽"，误。

相与

昔子敬上表多于中书杂事中，皆自书窃易真本，相与不疑。——南朝齐王僧虔《论书》（P18）

相与，指交好的人。方以智《通雅》卷四《释诂》曰："《方言》；'阿与、阿俺皆口声，朴言之曰阿与，文言之曰相于，即如今人称交好为相与，于字之转也。'"

《大词典》收唐吴筠《元日言怀因以自励诒诸同志》诗，例较晚。潘运告将"相与不疑"译为"相授与上而不生疑"，"相与"确有"相授与"的意思，如《右军书记》曰："君学书有意，今相与草书一卷。"还有"共同"义，如《颜氏家训·杂艺》曰："承晋、宋余俗，相与事之，故无顿狼狈者。"但在此处，以上二义均不合，潘运告的译文遂使全句义不可晓。

动见模式

若三珍尚存，四宝斯觌，何但尺素信札，动见模式，将一字径丈、方寸千言也。——南朝齐王僧虔《论书》（P19）

动见模式，潘运告译为"动笔就见模板楷则"，让人不知云何。动，动不动、常常；见，被。晋王浮《老子化胡经》之《尹喜哀叹》五首："昔往学道时，登岳历高堮。动见百丈谷，赫赤道里长。"模式，是动词"效法"之义。《大词典》只有"事物的标准样式"这一名词义项。"动见模式"指动不动就被人效法。言只要"三珍""四宝"这些书法最佳的物质条件俱备，不只是"尺素信札，动见模式"还将"一字径丈、方寸千言也"。梁庾肩吾《书品论》："此二十人；并擅毫翰，动成楷则。"又："孔明动见模楷，所为胡肥而钟瘦。”“模式”“楷则”“模楷”皆同义。“动成模楷”“动成楷则”即“动见模式”。

存

羲之书云：“顷寻诸名书，钟、张信为绝伦，其余不足存。”——南朝梁虞和《论书表》（P27）

存，潘运告释为“保存”。按，本文中的“存”实作“留意、看顾”解，明张丑《清河书画舫》卷三曰：“顷寻诸名书，钟张信为绝伦，其余不足观。”“存”录为“观”。清代包世臣《艺舟双楫》卷六《论书》也录为“观”，即可为证。此义在中古时出现，其例甚伙。如《后汉书·桓帝纪》：“其舆服制度有逾侈长饰者，皆宜损省。郡县务存俭约，申明旧令，如永平故事。”又三国魏嵇康《答难养生论》：“又常人之情，远，虽大莫不忽之；近，虽小莫不存之。夫何故哉？诚以交赊相夺，识见异情也。”《论书表》：“于时圣虑未存草体，凡诸教令，必应真正。”皆其例。

治护

孝武使徐爰治护，随纸长短，参差不同，具以数十纸为卷。——南朝梁虞和《论书表》（P29）

治护，对书、画进行装裱、装潢加以保护。潘运告释为“治理维护”，不确。此词最早是指对书籍和字画的保护，南北朝孝元皇帝《金楼子》卷三：“攸好学不倦，借人书皆为治护。”后来又引申为对建筑物的保护。唐释道宣《续高僧传》卷二十四：“行见塔庙，必加治护，饰以朱粉，摇动物敬。京守诸殿有未画者皆图绘之。”也可指治疗或保护身体。唐孙思邈《千金要方》卷九《少小婴孺方》：“此是中水之过，当炙粉絮以熨之，不时治护。”此词《大词典》失收。

精好

其有恶者，悉皆删去。卷既调均，书又精好。——南朝梁虞和

《论书表》（P29）

精好，精良美好。“精”也有“美好”的意义。又宋苏洵《衡论·重远》：“土之所产，又极富伙，明珠大贝，纨锦布帛，皆极精好。”王云路认为在唐代时，“精”才引申有美好的意义，并举唐刘悚《隋唐嘉话》例：“仆射苏威有镜殊精好，曾曰蚀既，镜亦昏黑无所见。”不妥。

触理必镜

陛下渊昭自天，触理必镜。凡诸思制，莫不妙极。——南朝梁虞和《论书表》（P30）

“触”字，潘运告释为“触及”，误。“触”表“周遍”的意义，为中古所常见。有“触地”“触处”和“触涂”等，或极言其多，或极言其广。《尹文子·大道》曰：“今以礼义招仁贤，所得仁贤者，万不一焉；以名利招不肖，所得不肖者，触地是焉。”《南史·循吏传序》：“凡百户之乡，有市之邑，歌谣舞蹈，触处成群，盖宋世之极盛也。”北齐颜之推《颜氏家训·文章》：“北面事亲，别舅摛《渭阳》之咏；堂上养老，送兄赋桓山之悲，皆大失也。举此一隅，触涂宜慎。”唐张鷟《游仙窟》：“须臾之间，忽至松柏岩，桃华涧，香风触地，光彩遍天。”“触地”“遍天”互文见义。以此义推寻，“触理必镜”即指“各种事理必能洞察无碍”。

出市

一老妪捉十许六角竹扇出市，王聊问一枚几钱，云直二十许。——南朝梁虞和《论书表》（P31）

出市，潘运告译为“出卖”，不妥。“出”乃“前往”义，“市”是“集市”，“出市”亦即“前往集市”。沈约《宋书》卷九十三曰：“（刘凝之）夫妻共乘蒲笨车，出市买易，周用之外，辄以施人。”《宋书·孝义传·郭原平》：“每出市卖物，人问几钱，裁言其半。”从以上二例可见，既是“出市买易”“出市卖物”，“出市”显非“出卖”，“出卖卖物”成何等语？我们再看下文，右军为老妪“取笔书扇”之后，老妪“入市，市人竞市去。”可见“出市”与“入市”相对，其义大明。“出市”亦可写成“往市”，《幽明录·买粉儿》中有“日往市，得粉便去”的说法。

斋

入欣斋，欣衣白新绢裙昼眠，子敬因书其裙幅及带。——南朝梁虞和《论书表》（P32）

斋，四库和津本均为“亝”。《玉篇·二部》：“亝，古文斋。”“斋”是家居的房屋。中古时常用义项。《正字通·齐部》：“又燕居之室曰斋。”潘运告释为“书斋”，误。南朝宋刘义庆《世说新语·言语》：“孙绰赋《遂初》，筑室，畎川，自言见止足之分。斋前种一株松，恒自手壅治之。”《晋书·陶侃传》：“侃在州无事，辄朝运百甓于斋外，暮运于斋内。”唐杜甫《绝句漫兴》之三：“熟知茅斋绝低小，江山燕子故来频。”

狂迫

太初狂迫，乃欲一时烧除。左右怀让者苦相譬说，乃止。——南朝梁虞和《论书表》（P32）

潘运告译为“愚顽狭窄”，张薇薇释为：“狂妄荒谬”，均误。“狂迫”乃“情势紧急”之义。太初为南朝宋的年号，宋帝刘劭因弑父篡位而导致众叛亲离，后被率兵讨逆的刘骏所击溃斩首。沈约《宋书》卷九十九《列传》第五十九：“是夜，劭闭守六门，于门内凿堑立栅，以露车为楼。城内沸乱，无复纲纪。丹阳尹尹弘、前军将军孟宗嗣等下及将吏并逾城出奔。劭使詹叔儿烧辇及衮冕服。”“太初狂迫”当指此时情势之峻急也。当时“劭使詹叔儿烧辇及衮冕服”，就又想将“朝廷秘宝名书”也“一时烧除”。清佚名《杜诗言志》卷三《对雪》：“乱云二句虽以写雪，而又以喻贼势之狂迫，其凶祸叵测。”亦可证其义。此词《大词典》未收。

无的可称

乃是书扇题屏风好体。其余五片，无的可称。——南朝梁陶隐居《与梁武帝论书启》（P40）

的，真实。“无的可称”谓无实际的东西可以称道的。南北朝释慧皎《高僧传》卷十四《序录》：“或叙事之中空列辞费，求之实理，无的可称。”潘运告释“的”为“目标”，显为不妥。

经营

学薄绍之书者，不得其批研渊微，徒自经营崄急。——梁庾元威《论书》（P45）

“经营”本指营造建筑。《书·召诰》曰：“卜宅，厥既得卜，则经营。”《毛诗·大雅·灵台》云：“经始灵台，经之营之。”《毛传》云：“‘经’，度之也。”郑玄笺云：“文王应天命，度始灵台之基址，营表其位。”中古时又引申为对艺术作品的构思。南齐谢赫在《古画品录》中主张“画有六法”，第五即“经营位置是也”。又南朝梁刘勰《文心雕龙·丽辞》：“至于诗人偶章，大夫联辞，奇偶适变，不劳经营。”“经营崄急”即构思作崄急之书。有人认为：庾元威《论书》中的“经营”意谓书法的造型结体。[1]可能并不确切。

动

此二十人；并擅毫翰，动成楷则。——梁庾肩吾《书品论》（P56）

“动”有“往往”“常常”义。《三国志·吴志·周瑜传》：“曹公，豺虎也，然托名汉相，挟天子以征四方，动以朝廷为辞。”唐高适《东平路作》诗之二：“明时好画策，动欲干王公。”潘运告释为“动笔”，不妥。

① 范景中、曹意强、刘赦主编，《美术史与观念史》，南京师范大学出版社2013年版第113页。

经奇

张芝经奇，钟繇特绝，逸少鼎能，献之冠世。——梁袁昂《古今书评》（P61）

经奇，《书苑》《历代书法论文选》皆为“惊奇”，潘运告译为：“警惊奇特”，误。按，“经”通“惊”，“经”“特”“鼎”对举，当都是特别、最的意思。“特”“鼎”表示程度高。[①]“经”也有这个意思。唐释皎然《昼上人集》卷九《答权从事德舆书》：“方才识超迈，所得经奇，飘飘然有凌云之气而不轻浮。”明卓人月《古今词统》卷十：“文不经奇，何以垂后？”清人《玉几山房吟卷》曰：“此道信平等坦实无经奇。”

屈强

萧思话书走墨连绵，字势屈强，若龙跳天门，虎卧凤阁。——梁袁昂《古今书评》（P61）

屈强，潘运告认为即“倔强”，此二词确有相通者。如《汉书·陆贾传》：“乃欲以新造未集之越，屈强于此。”颜师古注：“屈强，谓不柔服也。”但在此处，这样理解并不合适。“屈强”当是劲曲盘旋的样子。《补注杜诗》卷十四《李潮八分小篆歌》：“字直百一作千金，蛟龙盘拏肉屈强。”下有注云：“郑曰：屈，九勿切。亦作淈。洙曰：言笔迹奇怪劲屈，如蛟龙之盘拏也。”

驱驰

驱驰文阁，参预史官，题篆宫禁，猥同上哲。——后魏江式《论书表》（P66）

驱驰，中古词语，喻奔走效力。《三国志·蜀志·诸葛亮传》曰：“三顾臣于草庐之中，咨臣以当世之事，由是感激，遂许先帝以驱驰。”唐元稹《进马状》：“自惭驽钝之姿，莫展驱驰之效。”潘运告译为“出入”，

① 李靖之、李立，《文言虚词诠释》，中国劳动出版社1994年版第718页。

不妥。

敻绝

若超吾逸品之才者，亦当敻绝于终古，无复继作。——唐李嗣真《书品后》（P79）

敻绝，中古词语，犹迥绝，远胜、远远超过。萧统《六臣注文选》卷第十四南朝宋颜延之《赭白马赋》：“分驰迥场，角壮永埒，别辈越群，绚练敻绝。”李善注：“敻绝，迥绝也。”宋陈亮《龙川集》卷十九《与王季海丞相书》：“圣上天日之表，本非苟安于无事，而又英明敻绝古今。”萧元释为“绝少”，误。《大词典》未收此词。

筋膂

元常每点多异，羲之万字不同，后学者恐徒伤筋膂耳。——唐李嗣真《书品后》（P81）

筋膂，精力，“元常每点多异，羲之万字不同”，故后之效法者徒费精力。此处当为此词始见之例。萧元认为指“筋力”，不太确。此词后来也指书法作品中的“筋骨”，明孙原理《元音》卷十二《汪大雅善隶书》：“峭刻少浑成，痴肥乏筋膂。”

功勤精悉

褚氏临写右军，亦为高足。丰艳雕刻，盛为当今所尚，但恨乏自然，功勤精悉耳。——唐李嗣真《书品后》（P84）

功勤精悉，萧元释为“勤于用功、熟能生巧”，潘运告注“精悉”为“精细熟悉”。按，以上两种注解均于文义未安。“精悉”当是“专精”的意思，与前文“自然”正好相对，此义项南北朝时即已出现，南北朝后秦鸠摩罗什译《大智度论·释无生品》第二十六：“譬如巧师多有所能，所能多故，普不精悉；如有人偏能一事，则必尽其美。”多能必不专精，古今所见略同。“尽其美”正是“精悉”之义。南朝沈约《宋书》卷三十五曰：“巧历不算，寻校推求，未易精悉。”“功勤精悉”指尽其力于专精。《大词典》释“精悉”为“精细了解”，亦未确。四库本《墨薮》卷二颜真卿《述张长史笔法十二意》引此句作“功精勤悉”，并提之法也。曹利华将“功精”录为“工精”，释作“攻学专精”，并将“勤悉”释为“勤奋了解”，均误。《历代书法论文选》则校点为“工若精勤”，“悉”字归下句，误。

品会

> 张翼代羲之草奏，虽曰“小人几乎乱真”，更乃编之乙科，泾渭混淆，奇难品会。——李嗣真《书品后》（P84）

品会，萧元释为“品鉴”，潘运告注为：“品评类别。会，类也。”按，“品”与“会”本是“类别”之意。作为类别，“会”比“品”大，唐沙门澄观撰《大方广佛华严经疏》卷三十一《十地品》第二十六：“会来即是品来。一会之中唯一品故。故释名宗趣亦品会无差。”又《演义钞卷》第三：“未委能诠文言广狭。故受之以部类品会。”因其品会次第，故有先后之别也。故此处当为“区别”的意思。南齐王僧虔《论书》亦载：“张翼书右军自书表，晋穆帝令翼写题后答右军。右军当时不别，久方觉云：‘小子几欲乱真。’”连羲之都难以区别张翼的仿作，故“奇难品会”可知也。

巧密精勤

> 康昕巧密精勤，有翰飞莺瞬之体。——唐李嗣真《书品后》（P85）

巧密精勤，萧元释为“精致巧妙”。按：“巧密”当为“精巧细密”。“精勤”当为“专心勤勉”之义。“巧密”一词南北朝时即已出现，颜之推《颜氏家训》卷上《名实篇》：“伯石让卿，王莽辞政，当于尔时，自以巧密；后人书之，留传万代，可为骨寒毛竖也。”

康昕为晋时胡人，尤善仿羲之作品，真伪莫辨。南齐王僧虔《论书》云：“康昕学右军草，亦欲乱真。与南州识道人作右军书货。”张怀瓘《书断》亦有云：“康昕与南州惠式道人，俱学二王，转以己书货之，世人或谬宝此迹。”因此，康氏之学当属细密精巧一派。窦臮《述书赋》载：“三原君则婉媚巧密，似垂杨应律。”“应律”正喻细密精巧之义。此词《大词典》未收。“精勤”也是中古词语，专心勤勉之义，《后汉书·冯勤传》：“以图议军粮，在事精勤，遂见亲识。”故“巧密精勤”当释为“精巧细密、专心勤勉”。

悠悠之谈

俗云：“书无百日工。”盖悠悠之谈也，宜白首攻之，岂可百日乎！——唐徐浩《论书》（P93）

悠悠之谈，中古词语，虚妄不实的言论。五代刘昫《旧唐书》卷五十九《姜謩》：“悠悠之谈，嗷嗷妄作；丑正恶直，窃生于谤。”宋陈造《江湖长翁集》卷二十四《罪言》：“悠悠之谈，未可轻从而易信。”此义项《大词典》失收。潘运告释为“飘浮不实貌”，于义未确。

遽而

县吏寻觉，遽而奔趁，妪乃惊惧，投之竈下，香闻数里，不可复得。——唐徐浩《古迹记》（P96）

遽而，急忙。晋陶潜《陶渊明集》卷一《命子一首》：“尚想孔伋，庶其企而，厉夜生子，遽而求火。”北齐魏收《魏书》卷五十二《胡叟》：“祖思固留之曰：‘当与君论天人之际，何遽而反乎？’”可见“遽而”实为一词。潘运告将之分为两词，又将“而”释为“往也”，误。此词《大词典》失收。

玩

太宗以德政之暇，锐志玩书，临写右军真、草书帖，购募备

尽。——唐何延之《兰亭记》(P100)

玩，即“耽玩”，专心研习、深切玩赏之义。如三国魏嵇康《琴赋》序：“余少好音声，长而玩之。”潘运告认为是“赏玩”，不确。太宗“临写”“购募”，显然不仅仅是“赏玩”。

寻讨

唯未得《兰亭》。寻讨此书，知在辩才之所，乃降敕追师入内道场供养，恩赉优洽。——唐何延之《兰亭记》(P100)

“讨”，本有“寻觅”义，南朝宋谢灵运《拟魏太子〈邺中集〉诗·曹植》：“徙倚穷骋望，目极尽所讨。”故“寻讨”即“寻找”。唐道宣《续高僧传》卷十七《习禅篇》之二：“俊朗通悟，仪止温恭，寻讨名师，冀依出有。”潘运告释为“寻究探讨”，不妥。

潦倒

(萧翼)又衣黄衫，极宽长潦倒，得山东书生之体。——唐何延之《兰亭记》(P101)

潦倒，潘运告释为“反常”。按，“潦倒”确有反常、颠倒之义，如清王士禛《池北偶谈·谈艺三·记观王氏书画》：“贾秋壑题诗，语潦倒可笑。”也有人释为“穿着大袍子很随便的样子”。[1]在断句上，也有将“潦倒”二字归下的。[2]

按，潦倒，实即“宽长的样子”。[3]萧翼为取得辩才的信任，以这种宽博的装束来显示自己的放达，让辩才失去戒备之心。后与“宽长”连文也有失意落拓的意思，清唐芸洲《七剑十三侠》：“细看那云阳生，年纪约有三十向开，白面无刎头带扁折巾，身穿淡黄袍子，宽长潦倒，好似个不第秀才。”

① 成柏泉选注，《古代文言短篇小说选注》，上海古籍出版社1983年版第252页。
② 王汝涛编校，《全唐小说》(第二卷)，山东文艺出版社1993年版第1568页。
③ 董志翘，《汉语史研究丛稿》，上海古籍出版社2013年版第114页，有论及。

回造

辩才不敢将入己用，回造三层宝塔，塔甚精丽，至今犹存。——唐何延之《兰亭记》（P103）

回造，佛教专用语，指制作法物，既可指制作《兰亭记》中佛塔，也可指建造佛寺，唐李百药《北齐书》卷七《武成》："五月壬午，诏以城南双堂闰位之苑，回造大总持寺。"

也可指抄写佛经，唐释道宣《续高僧传》卷十六："净施厚利相从归给，并回造经藏三千余卷，备穷记论。"此词《大词典》未收。潘运告释为"转变建造"，误。

狼狈

及南奔，虽甚狼狈，犹以自随。——唐张怀瓘《二王等书录》（P117）

狼狈，潘运告直接译为"狼狈"，显然认为指常见义"艰难窘迫"。按，潘说误。"狼狈"是急速，急忙之义。《集韵》："猝遽谓之狼狈。"南朝宋刘义庆《世说新语·方正》："周伯仁为吏部尚书，在省内夜疾危急。时刁玄亮为尚书令，营救备亲好之至。良久小损。明旦，报仲智，仲智狼狈来。始入户，刁下床对之大泣，说伯仁昨危急之状。"又《宋书·后妃传·文帝袁皇后》："初，后生劭，自详视之，驰白太祖：'此儿形貌异常，必破国亡家，不可举。'便欲杀之。帝狼狈至后殿户外，手拨幔，禁之，乃止。"皆同此。

凭推

其所不睹，空居名额，并世所传拓者，不敢凭推，一皆略焉。——唐窦臮《述书赋》（P141）

凭推，评断之义。亦作推凭，清劳格《唐尚书省郎官石柱题名考》卷三："命侍御史韦颛等，同推凭前江西判官监察御史杨瑗狱。"潘运告释为

"准信"，不确。

慎行李

眷言离祖，是用赠诗。宜保松乔，慎行李也。——唐窦臮《述书赋》（P167）

"行李"指"行旅"。东汉蔡琰《胡笳十八拍》："追思往日兮行李难，六拍悲来兮欲罢弹。""慎行李"乃唐时出现之习语，多送别时相寄。犹今语"路上小心""一路顺风"。故《述书赋》言"是用赠诗"。唐朱庆余《朱庆余诗集·送陈摽》："满酌欢僮仆，相随即马蹄。春风慎行李，莫上白铜鞮。"有人说指"不要丢了'行李'"，[①]误。又宋周紫芝《太仓稊米集》卷六《送詹伯尹之大梁》："弊帚已千金，白璧价未酬。愿言慎行李，去去君勿留。"

时许

薛少保时许美润，合极不如。——唐窦臮《述书赋》（P167）

时许，潘运告释为"特许"。按，潘说误。"时许"乃时时、常常义。"许"为词尾附加后缀。宋陈思《两宋名贤小集》卷二百八十四《题黄止庵诗集》；"灯前几寒夜，编得近诗成。对客时许看，归囊喜带行。"又宋吕本中《东莱诗集》卷十《次韵李伯纪园亭》："乘兴聊陪野僧坐，赏心时许故人来。"皆其例。此词《大词典》失收。

耽藉

潘、袁两倾竭。（潘淑，会稽人。袁明，陈郡人。或披寻洽道，或耽藉乐贫。）——唐窦臮《述书赋》（P171）

耽藉，《墨池编》作"醞藉"，《书苑》作"躭藉"。潘运告录为"醞藉"，并释为"宽和有涵容"。按，潘说误。"耽藉"亦作"躭藉""耽籍"，

① 霍松林，《历代绝句精华鉴赏辞典》，陕西人民出版社1993年版第647页。

《玉篇·身部》："躭，俗耽也。"《玉篇·耳部》："耽，乐也。""籍"为"典籍"之义。"耽藉"指耽乐于典籍之中也。唐房玄龄《晋书》卷九十二《左思传》："皇甫谧，西州之逸士。耽籍乐道，高尚其事，览斯文而慷慨。"宋李昉《文苑英华》卷一百九《席赋》："安贫顺理，絜酒携琴，耽籍玩史，居环堵而养性。""籍""史"互文，其义可见。

三、不明用典

南北朝时期，四六骈文的大行其道，文人用典之风甚盛。书论文章也被流风所染，有不少用典，且多属暗用，故释读时不能望文生义。

风烛奄及

时年五十有三，或恐风烛奄及，遗教子孙耳。——晋王羲之《题卫夫人〈笔阵图〉后》（P8）

风烛，风中之烛。风中之烛易灭，后遂以"风烛"喻临近死亡的人或行将消灭的事物。《乐府诗集·相和歌辞十六·古辞〈怨诗行〉》："天德悠且长，人命一何促，百年未几时，奄若风吹烛。"奄及，"奄"有"突然"义。扬雄《方言》卷二："奄，遽也。吴扬曰芒，陈颖之间曰奄。"南北朝萧统《六臣注文选》卷五十九："蓋百代仪表，千年之领袖，曾不慭留梁擢奄及。"李善注："奄及言速及也。"潘运告释为"覆及"，不确。

雕陵之鹊

填飘板上，缪起印中。波回堕镜之鸾，楷顾雕陵之鹊。——梁庚肩吾《书品论》（P50）

雕陵之鹊，葛磊主编的《新野历代诗文选注》一书注释为"猛禽欺负的喜鹊"。[1]冯亦吾认为雕陵是指"雕落"的城垣，"楷顾雕陵之鹊"，"犹言楷书由篆书由楷书已没落，因而兴起之意"。按，《庄子·山木》曰：

[1] 葛磊主编，《新野历代诗文选注》，中国文艺出版社2013年版第54页。

“庄周游乎雕陵之樊。睹一异鹊自南方来者。”成玄英疏：“雕陵，栗园名也。”一说山陵名。王先谦集解引司马彪曰：“雕陵，陵名。”故“雕陵”实为栗林名。雕陵之鹊谓此间的“异鹊”也。潘运告认为是“百体书”中的“金鹊书”，观此句前后文皆是描写“百体书”诸形，潘说当是。

削板

敏手谢于临池，锐意同于削板。——梁庾肩吾《书品论》（P51）

冯亦吾认为此典是指王羲之入木三分事，潘运告则直译为“削制木片”。按，二说皆误。“削板”实即“削牍”，古时剖薄竹木成片，用以书写。有误则刮去重写，谓之“削牍”。后用以泛称书写、撰述。《汉书·游侠传·原涉》：“涉乃侧席而坐，削牍为疏，具记衣被棺木，下至饭含之物，分付诸客。”

“削板”在此处也涉一典实，梁虞和《论书表》载：“谢奉起庙，悉用棐材，右军取棐书之满床，奉收得一大簀。子敬后往，谢为说右军书甚佳，而密已削作数十棐板，请子敬书之，亦甚合。”故《书品论》所言“削板”当指此典，所削之板乃棐板也。

作戒凌云之台

苟非莘野之器，箕山之英，亦何能作戒凌云之台，拂衣碑石之际。——唐李嗣真《书品后》（P79）

萧元释“作戒凌云之台”为“上凌云台作诫”，显然不明出典。按，宋羊欣《采古来能书人名》记载：“诞字仲将，京兆人，善楷书，汉魏宫馆宝器，皆是诞手写。魏明帝起凌云台，误先钉榜而未题。以笼盛诞，辘轳长絙引之，使就榜书之。榜去地二十五丈，诞甚危惧，乃掷其笔以下，焚之。仍诫子孙，绝此楷法，着之家令。”“作戒凌云之台”显然指此事。更不是“上”凌云台作诫，而是“下”而作诫。唐张怀瓘《书断》：“安欲使子敬题榜，以为万世宝，而难言之，乃说韦仲将题凌云台事，子敬知其指，乃正色曰：‘仲将，魏之大臣，宁有此事？使其若此，知魏德之不长。’安遂不之逼。”可见“韦仲将题凌云台事”时人尽知。

拂衣碑石

苟非莘野之器，箕山之英，亦何能作戒凌云之台，拂衣碑石之际。——唐李嗣真《书品后》（P79）

拂衣碑石，萧元释为“树碑立传”，遂与上下文不合；《中国历代书论选》认为是“拂衣学习研究碑碣”，并举《新唐书·儒学传·欧阳询》：“尝行见索靖所书碑，观之，去数步复返，及疲，乃布坐，至宿其傍三日乃得去。”似乎与“拂衣碑石”的情形也并不相合。按，拂衣，振衣而去，谓归隐。晋殷仲文《解尚书表》：“进不能见危授命，忘身殉国；退不能辞粟首阳，拂衣高谢。”南朝宋谢灵运《述祖德》诗：“高揖七州外，拂衣五湖里。”“碑石之间”或“碑石之际”也常常比喻为人作书之苦。唐徐浩《论书》曾云：“区区碑石之间，矻矻几案之上，亦古人所耻，吾岂忘情耶？”“拂衣碑石”正言书道中高人不愿为人写碑，俯仰碑石之间，故振衣归隐耳。“作戒凌云之台”也是韦仲将题凌云台诫子孙勿为人写碑匾事，与“拂衣碑石”互文。

我们再看前言“莘野”，乃伊尹所耕之野（《孟子·万章》曰：“伊尹耕于有莘之野。”），后言“箕山”，为许由隐居之所（《史记·伯夷列传》：“余登箕山，其上盖有许由冢云。”），二人皆为厉行高蹈之士，亦可证“拂衣碑石”之义。

四、不明书学

作为专类词语，书论词语与书学的联系相当紧密。书法美学、书法史、书体、品鉴、技法乃至书写工具等都影响着词语的正确解读，如不明乎此，则往往不得其门而入矣。

相闻书

采张芝法，以觊法参之，更为草藁。草藁是相闻书也。——南朝宋羊欣《采古来能书人名》（P11）

相闻书，即往来书信。“相闻”本是互通信息、互相通报之义。《后汉书·隗嚣传》：“自今以后，手书相闻，勿用傍人解构之言。”正所谓“四海尺牍，千里相闻，迹乃含情，言惟叙事”（唐张怀瓘《书议》）。由于行书和草书是古人日常书信来往的最主要书体，宋羊欣《采古来能书人名》：“三曰行狎书，相闻者也。三法皆世人所善。”行狎书即行书，南齐王僧虔《论书》引羊欣语云：“三曰行狎书，行书是也。三法皆世人所善。”行书是的功用在“相闻”。但“相闻书”与“相闻者”不同，前者往往代指草书。宋羊欣《采古来能书人名》即云“草藁是相闻书”。行书一写快即为草书，草书一慢即为行书，原无泾渭分明的界限。后世遂将相闻书作为书信的代称了。宋姚铉《唐文粹》卷十七上刘禹锡《武昌老人说笛歌》：“武昌老人七十余，手把庾令相闻书。”又明王世懋《王奉常集》卷三十二《文部》：“足下一相闻书至，知足下健饭愉快，且欲远过澹圃。”潘运告释“草藁是相闻书也”为“草藁是作书信相传闻的行书”，语义不通，不可究诘。

媚趣

王献之。晋中书令。善隶稿，骨势不及父，而媚趣过之。——南朝宋羊欣《采古来能书人名》（P13）

“媚趣”一词，河内利治解释为“柔和优美”，但“趣”字没有了着落。河内并称此词“本来是指妇女的一种媚态”。《采古来能书人名》为“媚趣”的最早出处，河内利治“妇女媚态”的说法不知何据。《晋书·王献之传》也说：“献之骨力远不及父，而颇有媚趣。”“颇有”的是“趣”，就是“意趣”。此词被后人常加引用。张怀瓘《书断》曰：“（褚遂良）长则祖述右军，真书甚得其媚趣。”明代宋濂《题欧阳率更帖》：“然而信本虽极力追仿右军，而其规矩媚趣或得大令为多。”明王世贞《弇州山人四部续稿》卷一百六十《题敬美书闲居赋后》曰：“此书肤理细致而多媚趣，骨亦不乏翩翩。”甚至诗歌的鉴赏也加以借用。南朝钟嵘的《诗品》曰：“其源出于张华，才力苦弱，故务其清浅，殊得风流媚趣。”在书法中，这种“媚趣”具体是什么呢？张怀瓘《书断》曰：“师于杜度，媚趣过之，点画精微，神变无碍，利金百炼，美玉天姿，可谓冰寒于水也。”可见“媚趣”就是这种“点画精微”的美玉天姿。自南朝宋羊欣提出“媚趣”的观念后，围绕“媚”组成的书法批评词语相继出现，并组合成一个完整的“媚”字语义场。

挍纸

谢安亦入能流，殊亦自重，乃为子敬书嵇中散诗。得子敬书，有时裂作挍纸。——南朝齐王僧虔《论书》（P17）

“挍纸”即“校纸”。郭忠恕《佩觿》卷上：“五经字书，不分校挍。”楼鉴明、洪丕谟将此词释为：“待考，或以为指正反两面都书写的纸张。”潘运告“疑为柴纸之误”，注释则释为“废纸”。《诗书画印典故辞典》中的“书轻子敬条”，把校纸说成是“校书之纸”。

按，潘运告认为“挍纸”是“柴纸”，那么柴纸是什么呢？《中国历代书法鉴赏大辞典》曰：“柴纸：晋代纸名。”《中国美术大辞典》曰：“柴纸：书画用纸。古纸之一种。”均语焉不详。二辞典之引文也均是出自清倪涛《六艺之一录》卷二百七十九《宋周密论笔墨》：“王右军少年多用柴纸，中年用麻纸，又用张永义制纸，取其流丽，便于行笔。”可见，柴纸是晋代出现的练字用纸，可能不如麻纸和张永义纸光滑。应该是初学者的练习用纸。比较粗糙，有利于用笔沉着，加强笔力。这是根据纸张性质所取的名称。

我们认为，挍纸决非柴纸。其一，王右军少年虽用柴纸，并不代表谢安中年时也用。王献之寄给谢安的书信，也决不可能用粗糙的柴纸。其二，谢安收到王献之的书作，如果用作练习用纸的话，纸上已无多少空间书写，除非书写在反面。楼鉴明、洪丕谟释为“正反两面都书写的纸张”当是从此处推得的。但谢安身居高位，断不可能节俭到这个地步。即使是用作练习用纸，也无需将其撕裂。孙过庭《书谱》有载：“谢安索善尺牍，而轻子敬之书。子敬尝作佳书与之，谓必存录，安辄题后答之，甚以为恨。”“题后答之”指的是在来信后面仅有的一点空间上写回信，而不将来信收藏，以示轻慢之意。并不是两面书写。其三，“裂作挍纸”，当是用途上转作他用，“校纸”的称呼是以用途命名，而“柴纸”之名得自质地。

那么，“校纸”究竟为何物呢？唐窦臮《述书赋》在记叙谢安与献之事时这样记载：“（谢）安得献之书，时断作纸夹焉。”可见“校纸”即“纸夹”，但典籍中很少有“纸夹”的记载。清吴寿旸《拜经楼藏书题跋记》卷三《汲古阁刊书细目》中有“先君子有补遗一纸，夹书中。计王肃注家语、王逸注楚词”的记载，可想见，校纸可能是纸条夹于书中以备检校的，有点类似现今的书签，但上面又可写字。材料所限，此词如若得到确诂，尚祈来日。

亚

郗愔章草，亚于右军。——南朝齐王僧虔《论书》（P17）

又王僧虔《论书》：“郗超草书，亚于二王，紧媚过其父，骨力不及也。”潘运告将两个“亚”均译作“次”。按，这两例中的“亚”均非“次”义，而是“相同、相等”之义。如《三国志·蜀志·诸葛亮传》：“可谓识治之良才，管、萧之匹亚矣。”此例“匹亚”连文，足见“亚”即“匹”也。《太平御览》引《太平经》云：“郗愔善隶书，与右军相埒。”“相埒”即“相等”，亦即“匹亚”也。以“与右军相埒”来移笺“亚于右军”，甚是妥当。唐张怀瓘《书估》：“皇象、韦诞、钟会，度德比义，崔、张之亚也，可微劣右军行书之价。”张怀瓘《书断》：“（皇象）八分雄才逸力，乃相亚于蔡邕，而妖冶不逮，通议伤于多肉矣。”此二句，前言“亚”，后言“微劣”“不逮”，“亚”为“相等”之义可知，又张怀瓘《书断》言张昶“书类伯英，时人谓之‘亚圣’”，亦为其例。但“亚”字中古时也有“次”之义，庾肩吾《书品》：“文舒声劣于兄，时云‘亚圣’。”这里的“亚”才是“次一等”的意思，与“亚于右军”“亚于二王”的“亚”判然有别。

多少

陆机书，吴士书也。无以较其多少。——南朝齐王僧虔《论书》（P17）

多少，优劣之义。《三国志·魏志·胡质传》曰：“辽感言，复与周平。”裴松之注引晋虞预《晋书》曰：“（周）子陔，字符夏。陔及二弟韶茂，皆总角见称，并有器望，虽乡人诸父，未能觉其多少。”又唐韦述《叙书录》：“小王及张芝等亦各随多少，勒为卷帙。”《晋书·武陔传》作：“虽诸父兄弟及乡间宿望，莫能觉其优劣。”潘运告认为因吴士书珍贵，故无以较其多少。大误。吴士书乃指东吴之地的书风。葛洪《抱朴子》外篇卷二十六《讥惑》：“吴之善书，则有皇象刘纂、岑伯然、朱季平，皆一代之绝手，如中州之钟元常、胡孔明、张芝、索靖，各一邦之妙，并用古体，俱足周事。”盖吴地善书者众多，难一分优劣高下也。钱锺书《管锥篇》亦有证。

紧洁

谢综书，其舅云：“紧洁生起。”实为得赏。——南朝齐王僧虔《论书》（P18）

紧洁，潘运告认为是“紧凑整洁”。其后杨成寅等俱从之。王学雷认为指“书法字迹结体，笔画清净也”。又言乃六朝习语，非只指书画字体笔画。按，王说是。“紧洁”确多针对结体和笔画而言，“紧”当作“紧致”解，“洁”指笔画不拖泥带水。又唐颜真卿《颜鲁公文集》卷二十二《书评一》：“《千禄》则持重，《舒和坛记》则遒峻紧洁，似非一手所出。”也可指纸张的质地紧致光洁，虞和《论书表》：“凡诸思制，莫不妙极。乃诏张永更制御纸，紧洁光丽，辉日夺目。”

趣好

萧思话全法羊欣，风流趣好，殆当不减，而笔力恨弱。——南朝齐王僧虔《论书》（P18）

趣好，潘运告释为“情趣好尚”，杨成寅释为“有情趣”。

按，二说放在文中似也勉强说通，南朝宋羊欣虽然提出了“媚趣”的观念，但“趣”之成为书论之范畴，至唐代才始。唐孙过庭《书谱》云：“犹标坐隐之名；乐志垂纶，尚体行藏之趣。”其后，张怀瓘将之大加发扬，实承羊欣所说的“媚趣”，（张怀瓘《书断》：“（褚遂良）少则服膺虞监，长则祖述右军。真书甚得其媚趣。”）有“意趣”，［张怀瓘《书断》：“（（萧子云）诸体兼备，而创造小篆飞白，意趣飘然。”］有“合趣”，（张怀瓘《书断》：“万事无情，胜寄在我。苟视迹而合趣。”）但并无“趣好”一说。

通过搜索相关文献，我们发现，宋郑樵《通志》卷一百三十七《列传》也有相关记载：“萧思话书羊欣之影，风流趋好，殆当不减，笔力恨弱。”“趣好”在这里成了“趋好”；宋陈思《书小史》卷六《晋、宋、齐》云：“萧全法羊欣，风流媚好，殆欲不减，笔力恨弱。”此处则为“媚好”，清戈守智《汉溪书法通解》卷一《名人论书》和清孙岳颁《佩文斋书画谱》卷八《论书》的录文均从“媚好”。我们认为，当以“媚好”为是。首先，“媚好”一词，在王僧虔《论书》中就有论及：“至不重羊欣，欣亦惮之。书法有力，恨少媚好。”“媚好”是结体柔美可爱之义。其后书家多有阐发，张怀瓘《书断》：“薛稷，河东人，官至太子少保。书学褚公，尤尚绮丽，媚好肤肉，得师之半，可谓河南公之高足，甚为时所珍尚。”薛稷笔法绮丽，让人多见肤肉，可见也是柔美。宋叶廷珪《海录碎事》卷十九曰：“褚河南论书云：‘用笔如印泥画沙’。始不悟，后于江岸见沙地平净，以锥画字，媚好可爱。始信长史之言贵藏锋也。”遂成为一个重要的书法美学范畴。其次，王僧虔在《论书》是把“笔力”与“媚好”相关联的。其评谢综书为“书法有力，恨少媚好”，评萧思话为“风流趣好，殆当不减，而笔力恨弱”，“笔力恨弱”正是过于柔美，即“媚好”。再次，我们看相关书论对萧思话的评价，唐李嗣真《书品后》：“萧思话如舞女低腰，仙人啸树，亦则仙矣。”窦臮《述书赋》：“思话绵密，缓步娉婷。”无论是“舞女低腰”还是“缓步娉婷”，不全都是说的“媚好”的体态吗？最后，张怀瓘《书断》有类似的引文提到萧思话：“王僧虔云：‘萧令法羊欣，风流媚态，殆欲不减。笔力恨弱。’”“风流媚态”与“风流媚好”只差一字。综此，所有的论据皆指向“媚好”一词，当以此词为是。

蚕纸

子敬门生以子敬书种蚕，后人于蚕纸中寻取，大有所得。——南朝梁虞和《论书表》（P32）

蚕纸，潘运告注：“以书种蚕是用书写的纸垫在下面作蚕床。”按，潘说误。蚕床又叫蚕箔，是一种以竹篾或苇子等编成的养蚕器具。而蚕纸是承接蚕蛾产卵以留蚕种的纸。二者并非一物。蚕纸又名蚕连，元王祯《农书》卷二十：“蚕连，蚕种纸也。旧用连二大纸，蛾生卵后，又用线长缀，通作一连，故因曰连。”

细书

惟愿细书如《乐毅论》《太师箴》例，依仿以写经传，永存置题中精要而已。——南朝梁陶隐居《与梁武帝论书启》（P36）

细书，小字真书。《大词典》举南朝梁元帝《金楼子·聚书》例，稍晚。《书论辞典》则无此条。其实早在《淮南子·说林训》即已载：“明月之光，可以远望，而不可以细书；甚雾之朝，可以细书，而不可以远望寻常之外。”但此处的细书只是写小字，并不是小字真书，也当作动词解。

陶弘景所言《乐毅论》墨迹本今已不传，今存拓本可见为小楷书。张怀瓘《书断》载：“子敬五六岁时学书，右军潜于后掣其笔，不脱，乃叹曰：‘此儿当有大名。’遂书《乐毅论》与之。学竟，能极小真书，可谓穷微入圣。筋骨紧密，不减于父。”这也说明《乐毅论》是用“极小真书”

所写，即细书。

细书多用于抄写重要的文书和经典，故为检阅方便计，皆为小楷。如梁元帝《金楼子·聚书》中的“细书《周易》《尚书》《周官》《仪礼》《礼记》《毛诗》”等。故“细书”也称“细楷”。陶隐居《与梁武帝论书启》：“此书虽不在法例，而致用理均，背间细楷，兼复两玩。”从汉魏伊始，出现了一种以写小字为能的风气。卫恒《四体书势》云：“至灵帝好书，时多能者，而师宜官为最，大则一字径丈，小则方寸千言，甚矜其能。”其中《隶势》云：“其大径寻，细不容发，随事从宜，靡有常制。”张怀瓘《书断》赞叹王献之“能极小真书，可谓穷微入圣。”到了宋代，此风愈演愈烈，成了一门手工技艺，当时的佛经、道经多用细书抄写，以此见功底之举，并同时表达对宗教的虔诚之意。①《宣和书谱》卷六曰：“释法晖，政和二年天宁节以细书经塔来上，效封人祝万岁寿。作正书如半芝麻粒，写佛书十部。……自塔顶起以至趺座，层级鳞鳞，不差毫末。”这种类似后之微雕的技艺在宋代更多的时候被称为“细字”，与“细书”并不相同。宋祝穆《事文类聚》别集卷十二书法部：“应用善写细字，微如毛发，尝于一豆上写《心经》。又于粒麻上写‘国泰民安’四字。”李国钧认为“细书”即“细字”，恐未确。“细字”之技艺至明清未绝，明末魏学洢的《核舟记》一文中尚可见到：“其（核）船背稍夷，则题名其上，文曰：‘天启壬戌秋日，虞山王毅叔远甫刻’，细若蚊足，钩画了了，其色墨。”即此类也。

芒角

夫运笔邪则无芒角，执手宽则书缓弱。——梁武帝《与陶隐居论书启》（P38）

芒角，《书论辞典》未收，实即“笔锋”。此义当从植物的尖叶引喻而来。《风俗通·声音》引汉刘歆《钟律书》：“角者，触也。物触地而出，戴芒角也。”元盛熙明《法书考》卷三《笔法》引此语曰：“梁武帝云运笔

① 王元军，《六朝书法与文化》，上海书画出版社2002年版第278页。

斜则无芒锋，执笔宽则书缓弱。”此处将“芒角”录为“芒锋”。清冯武《书法正传》卷六《纂言·勒法异势》曰：“一此名鳞勒。鳞勒之中势存仰策而收，虽言仰收无芒角，芒角则失于遒润矣。钟王以下常用之。”亦其证。周汝昌在《永字八法——书法艺术讲义》一书中认为此处的芒角指“锋棱”，[①]《简明书法辞典》认为指“圭角”，[②]均不确。

体用

所学草书，宜以张融、王僧虔为则。体用得法，意气有余，章表牋书，于斯足矣。——梁庾元威《论书》（P44）

“体用”一词是中国哲学的重要概念，指事物的本质与现象，其语最早本于东汉魏伯阳《参同契》卷下：“春夏据内体，从子到辰巳，秋冬当外用。”《参同契》的“体”“用”是指卦象的内外二体，与庾元威《论书》中的“体用”并不相同，结合庾元威的思想，“体”当指“作字得体”，“用”指“轻重得宜”。冯亦吾认为指“字的本体与运用”，放在此处并不合适。

众中清闲法

反左书者，大同中东宫学士孔敬通所创，余见而达之，于是座上酬答，诸君无有识者，遂呼为众中清闲法。——梁庾元威《论书》（P49）

对“反左书”，历来说法不一，或指左手写反字，或指“左右书”（指正写反写）。[③]但无论是什么，“众中清闲法”的称呼都让人费解。清闲，多指清静悠闲的闲暇时间。但在这里显然说不通。王学雷认为，“众中清

①周汝昌，《永字八法——书法艺术讲义》，广西师范大学出版社2015年版第61页。

②上海书画出版社编，《简明书法辞典》，上海书画出版社2004年版第340页。

③ 参见范韧庵、李志贤，《书法辞典》，江苏古籍出版社1989年第607页，引近人马宗霍《书林纪事·公卿士庶》：“孔敬通能一笔书，一行一断，婉约流利，特出天性，当时莫有继者。又创为左右书，座上酬答，无有识者。庾元威见而达之。遂呼为‘众中清闲法’。”

闲法”当依此理解为：“众人所不知者。”[1]但“众人所不知”又与“清闲”何涉？也无怪《书法辞典》云此语“今世虽有学者，能解释者甚少”。

按，周一良《魏晋南北朝史札记》谈到“清闲”在魏晋南北朝可指“闲谈”；吴金华先生认为：汉魏以降，“清闲”之义是指没有第三者在场的单独谈话或秘谈。[2]《宋书·文九王传·始安王休仁》：“休祐于是输金荐宝，承颜接意，造膝之间，必论朝政，遂无日不俱行，无时不同宿，声酣聚集，密语清闲。”此例“密语”与“清闲”并列，其义自明。王云路认为后来可指一般的交谈、闲聊。

那么，“众中清闲法”与反左书又有什么关系呢？我们看到，此处“座上酬答，诸君无有识者”，当是在众人集会时所为，反左书为大多数人所不知，如有知者，不是如同在众人中二人私语吗？“众中清闲法”正是“众人中私聊法”，众人中可以私语，正是“众中清闲法”得名的妙处，也是“反左书”的赏玩性所在。“反左书”属于“杂体”，后文说“杂体既资于画”，所以终非真正意义上的书法，故南北朝之后鲜有人涉足其间了。

虚薄不伦

右逸少谓领军，“弟书不减吾”。吾观可有十纸，信佳作矣。体裁用笔，全似逸少，虚薄不伦，右军藻鉴，岂当虚发？盖欲假其名誉耳。——唐李嗣真《书品后》（P83）

虚薄不伦，萧元释为“浮浅和不伦不类”，潘运告注：“虚薄，光色清明；不伦，超凡脱俗。”二人释义竟截然相反，“光色清明”之说则更让人困惑。

按，逸少所说的“领军”是王导第四子王洽，清末杨守敬《评帖记》云：

王洽《仁爱帖》、《辱告帖》：洽为王导第四子。《仁爱帖》似世

① 苏州市传统文化研究会编，《传统文化研究》（第17辑），群言出版社2009年第63页。
② 吴金华，《世说新语考释》，安徽教育出版社1994年版第63-65页。

将，《辱告帖》似右军。洽中年逝，便已精道若此。右军云："弟书遂不减吾"，观此信非虚誉。而李嗣真《书品后》谓"虚薄不伦"，过矣。《快雪堂》刻此二帖，绝佳，胜《阁帖》十倍……曹勋《松隐集》称下笔有新意。①

可见，杨守敬认为王洽二帖"绝佳"，故李嗣真的评论"过矣"。所以李嗣真所说的"虚薄不伦"是对王洽之作的批评，而非褒扬。那么，"虚薄"又是指什么呢？我们看到，李嗣真前言"体裁用笔"，后言"虚薄"，故"虚薄"也当为书艺的某一技法，而绝非什么"浮浅"和"光色清明"。唐卢携《临池妙诀》云："把笔浅深在去纸遠近：遠则浮泛虚薄，近则揾锋体重。"②"虚薄"正指执笔太远、笔力浮泛，"不伦"谓不类也，"虚薄不伦"指王洽把笔太浅与王羲之不类。张怀瓘《书断》载：

王洽，字敬和，导第四子……书兼诸法，于草尤工。落简挥毫，有郢匠乘风之势。虽卓然孤秀，未至运用无方。而右军云："弟书遂不减吾。"饰之过也。

"虽卓然孤秀，未至运用无方"一语，正是对王洽最中肯的评价，王洽是羲之族弟，右军云"弟书遂不减吾"。有夸赞之意，本也在情理之中。李嗣真也无须有"右军藻鉴，岂当虚发？"之叹。

值得一提的是，其实李嗣真也认为王洽之作"信佳作矣"，只是功力与右军尚有差距而已，杨守敬也不必深以为怪。

遒竦

索（靖）有《月仪》三章，观其趣况，大为遒竦，无愧珪璋特达。——唐李嗣真《书品后》（P83）

遒竦，萧元释为"强健振作"；潘运告释为"强劲竦拔"，均不甚确。

① 转引自陈上岷主编，《杨守敬研究学术论文选集》，崇文书局2003年版第137页。

②《书苑菁华》载为"唐范阳卢雋《临妙诀》"，疑为五代人伪作。

按，“竦”有“高耸”义。晋葛洪《抱朴子·知止》：“且夫悬象不丽天，则不能扬大明、灼无外；嵩岱不托地，则不能竦峻极、概云霄。”中古书论中皆以形容高耸峻险之势，东汉崔瑗《草书势》云：“抑左扬右，兀若竦崎。兽跂鸟跱，志在飞移。”又西晋杨泉《草书赋》：“书纵竦而植立，衡平体而均施。”唐代张怀瓘《书断》也有“竦骨”的说法：“至若磔髦竦骨，裨短截长，有似夫忠臣抗直，补过匡主之节也。”并无作“振作”义者。

“遒竦”是李嗣真对索靖的评价，唐代张怀瓘《书断》评索靖书曰：“幼安（索靖）善章草书，出于韦诞，峻险过之。有若山形中裂，水势悬流，雪岭孤松，冰河危石，其坚劲则古今不逮。”“峻险”“坚劲”二词正是“竦”“遒”二字之脚注，这也是索靖书法的主要特色，无怪其以“银钩虿尾”称名于世。故“遒竦”义为“坚劲而高耸峻险貌”。此词《大词典》《书论辞典》均未收。

合兴

康乐往往惊遒，高帝时时合兴。——唐李嗣真《书品后》（P86）

合兴，萧元注为“内在的创作心理与外在的环境、感受相契合”；潘运告谓“书投合兴致而作”。按：潘说近是，“合”作“遇合”解，“兴”是“情兴”“意趣”“兴致”之意。兴致在书法创作中十分重要，正是孙过庭所说的“偶然欲书”（《书谱》），不需勉强而致，但当其到来之时，则会让创作发挥到极致。窦臮《述书赋》云：“达士逸迹，乃推无奕。毫翰云为，任兴所适。”故“合兴”正是兴致遇合之际，高帝能“时时合兴”，自是常人所不及，无怪其与王僧虔争书中第一。“合兴”更常见的形式是易序为“兴合”，张怀瓘《书断》：“至于行、草兴合，如孤峰四绝，迥出天外，其峭峻不可量也。”又张怀瓘《书估》：“如小王书所贵合作者，若藁行之间，有兴合者，则逸气盖世，千古独立，家尊才可为其弟子尔。”

“兴合”又与“兴会”同义。“兴会”先为一般词语，南朝宋刘义庆《世说新语·赏誉》：“王恭始与王建武甚有情，后遇袁悦之闲，遂致疑隙。

然每至兴会，故有相思时。”至唐时成为书法创作上的常用词了。张怀瓘《书断》：“有若通人君子。尤善运笔，或至兴会，则穷理极趣矣。”又：“偶其兴会，则触遇造笔，皆发于衷，不从于外，亦由或默或语，即铜鞮伯华之行也。”“触遇”二字，正揭“遇合”之义。

师骨

> 敬元（羊欣）则亲得法于子敬，虽时移而间出。手稽无方，心敏奥术。甯磅礴而不忘本分，纵横而粗得师骨。——唐窦臮《述书赋》（P152）

从“天”而生的是“天骨”，那么从“师”而得的则是“师骨”了。河内利治认为“师骨”是“宗师的骨法、骨力、骨气”，恐未确。我们发现汉语中“某类人+骨”的用法多是指某类人的骨相或气质，而与“骨力”无涉，如《汉书·翟方进传》：“小史有封侯骨，当以经术进，努力为诸生学问。”宋黄庭坚《刘邦直送早梅水仙花》诗之三：“仙风道骨今谁有？淡扫蛾眉篸一枝。”而羊欣的书法也与“骨力”相距甚远，梁袁昂《古今书评》中言：“羊欣书如大家婢为夫人，虽处其位，而举止羞涩，终不似真。”张怀瓘《书断》也评判他“婉似流风之雪”。因此河内利治的说法并不妥当，“师骨”也当是“从师所得的气质”，故而才被称赞为“不忘本分”。

磔髦竦骨

> 至若磔髦竦骨，裨短截长，有似夫忠臣抗直，补过匡主之节也。——唐张怀瓘《书断》（P184）

磔髦，河内利治释为“张开毛发”，“磔髦竦骨”是张开毛发见骨骼的样子，误。

“磔”有割截义，清舒位《感遇诗》之一：“黄金有绕指，不如寸寸磔。”“髦”为头发中的长毫，唐玄应《一切经音义》卷四：“髦，发中毫者也。”“磔髦”是截去长毫，正应下文“截长”。“竦”为“企立、拉长”

之义，《汉书·韩信传》："士卒皆山东人，竦而望归。"颜师古注："竦，谓引领举足也。""竦骨"为拉长身骨，与下文"裨短"相应，谓将以补短也。至于张怀瓘为何用"磔""竦"二字，而弃用常见的"截""引"等词，可能与"磔"为"永字八法"中的术语，"竦"也是书法风格的常用之词有关。

戏字

> 又纸书飞白章草二帙十五卷，并旃檀轴。又纸书戏字一帙十二卷，并书之冠冕也。——唐张怀瓘《二王等书录》（P117）

戏字，潘运告译为"戏写的字"，误。按，"戏字"实即戏学，乃字形相近而误。南朝梁虞和《论书表》论此事云："又纸书戏学一帙十二卷，玳瑁轴。此皆书之冠冕也。"又言："孝武撰子敬学书戏习，十卷为帙。传云戏学而不题，或真、行、章草，杂在一纸，或重作数字，或学前辈名人能书者。或有聊尔戏书，既不留意，亦殊猥劣，徒闻则录，曾不披简，卷小者数纸，大者数十。巨细差悬，不相匹类。是以更裁减，以二丈为度。亦取小王书古诗赋赞论，或草或正，言无次第者，入戏学部。其有恶者，悉皆删去。"

从文意可推，"戏学"应该是书作的一种。"戏学"即"戏习""戏书"，乃"学书戏习"的游戏或临习之作。由于不太正规，故不题名，各种字体的作品杂糅在一起。钱锺书认为"戏""学"分指，不确。"戏学"不仅在形式上不够认真，在内容上也多逻辑混乱，难称佳作。"既不留意，亦殊猥劣"，故后文即有云："言无次第者，入戏学部。其有恶者，悉皆删去。"由上可知，"戏学"或"戏学部"已经成为当时书作的一个重要的分类了。所以，"纸书戏学"与"纸书飞白章草"相对。"戏学"一词，《大词典》和《书论辞典》均失收。

密，谓际也

密，谓际也。——梁武帝《观钟繇书法十二意》（P34）

密，谓际也。有人认为是指“每一笔划皆自有起止，既独立又完整”；[①]也有人认为“指笔划与笔划的衔接”，[②]实际上“际”是靠近、接近的意思。“密，谓际也”指的就是笔画之间靠得很近。北魏郦道元《水经注·谷水》：“门内东侧际城，有魏文帝所起景阳山。”《北齐书·安德王延宗传》：“周军攻东门，际昏，遂入。”唐窦蒙《述书赋语例字格》解释：“间不容发曰密”，“间不容发”当然是近。颜真卿《述张长史笔法十二意》有专门的解答：“‘密谓际，子知之乎？’曰：‘岂不谓筑锋下笔，皆令宛成，不令其疏之谓乎？’”筑锋用力很重，笔画很粗，故间隙很近，“不令其疏”。

灵和

子为神俊，父得灵和。父子真行，固为百代之楷法。——唐张怀瓘《书估》（P113）

“灵和”一词，作为书法品评语中的重要概念，对之进行的解读有多种：潘运告认为是“和谐协调”；徐利明认为指“柔中寓刚”；[③]《书论辞典》认为是“中和之美”；金学智，沈海牧认为“灵和，也就是冲和的风格美”是“虚灵平和、冲淡蕴藉的品格”；[④]宋民认为是“以阴柔为基础的中和美”；[⑤]熊秉明主张是“一种中和与放逸的精神”。[⑥]按，前文有子（王献之）“然时有败累，不顾疵瑕，故减于右军行书之价”之语，可见，张怀瓘认为献之是大逊于其父的。故以“和谐协调”为评价羲之作品，并与

① 盛文林，《书法艺术欣赏》，北京工业大学出版社2014年版第82页。

② 孙德敦，《皇家藏书·书法离钩》，中国戏剧出版社2000年版第463页。

③ 徐利明，《中国书法风格史》，河南美术出版社1997年版第195页。

④ 金学智、沈海牧，《书法美学引论：新二十四书品探析》，湖南美术出版社2009年版第225页。

⑤ 宋民，《书法美的探索》，中国旅游出版社1997年版第14页。

⑥ 熊秉明，《书法与中国文化》，文汇出版社1999年版第241页。

献之的“神俊”相对，是有些说不过去的。其他几种说法也都有各自的不足，我们需要将“灵”与“和”分而述之，方能得到较为确切的解诂。

我们看到，“灵和”是与“神俊”相对的，在书论中不乏“灵”与“神”对文的情形，唐张怀瓘《书议》：“妙用玄通，邻于神化。……理与道通，必然灵应。”又《书断》：“及乎意与灵通，笔与冥运。神将化合，变出无方。”正如《文选·成公绥〈啸赋〉》中载：“玄妙足以通神悟灵。”张铣注：“神谓人之神思，灵谓人之精灵。”故神是精神，灵是心灵，二者联系紧密。《庄子·庚桑楚》：“不可内于灵台。”郭象注：“灵台者，心也。”唐张怀瓘《文字论》：“不由灵台，必乏神气。”灵是性情所由生之处，而“书道妙在性情，能在形质”（清包世臣《艺舟双楫》），故晋卫夫人《笔阵图》言：“自非通灵感物，不可与谈斯道。”“灵和”之“灵”也正是“通灵”之义。至于“和”字，“冲和”“冲淡”的说法显然与羲之的风格不相符合。灵和的“和”当是“中和”之义，王羲之的书法集“遒媚”与“劲健”于一身，正如唐李嗣真《书品后》所言：“右军正体如阴阳四时，寒暑调畅。”也正是这“中和”的意思。综此，“灵和”是一联合结构的词语，是“通灵中和”之义。

妍媚

> 二王书，献之始学父书，正体乃不相似。至于绝笔章草，殊相拟类。笔迹流怿，宛转妍媚，乃欲过之。——南朝梁虞和《论书表》（P31）

妍媚，笔法曲折美丽。河内利治注为“妍丽而光洁美丽”，《大词典》注为“美丽可爱”，《书论辞典》注为“妍美流便、婉媚娇娆、风姿绰约”，均误。潘运告注为“妍美媚好”，更是释义不明。宋黄庭坚《豫章黄先生文集》第二十九《跋东坡书帖后》：“苏翰林用宣城诸葛齐锋笔，作字疎疎密密，随意缓急，而字间妍媚百出。”从文中我们可以看出，“妍媚”在其中是指作书时的曲折顿挫的节奏感。明代张丑《清河书画舫》卷九：“山谷道人作真行二体，用笔过为顿挫，以取妍媚，盖出皇象遗法。”山谷用

“顿挫”来刻意表现的就是“妍媚”这种笔法曲折之美。孙过庭《书谱》：“则若枯槎架险，巨石当路，虽妍媚云阙，而体质存焉。”“枯槎架险，巨石当路”描写的也是这个形态。窦蒙在《〈述书赋〉语例字格》中说“逶迤并行曰妍”，说的正是此意。唐张怀瓘《书估》：“其杜度、崔瑗，可与伯英价等，然志乃尤古，力亦微大，惟妍媚不逮于张芝。”张怀瓘《书断》又对张芝的作品这样描述：“张芝变为今草，如其流速，拔茅其茹，上下牵连，或借上字之下而为下字之上。奇形离合，数意兼包。若悬猿饮涧之象，钩锁连环之状。”“悬猿饮涧”“钩锁连环”也正是对“妍媚”一词的最好脚注。

题检

天监中，敕朱异、徐僧权、唐怀允、姚怀珍、沈炽文析而装之，更加题检。——唐张怀瓘《二王等书录》(P118)

题检，本文为此词最早出处。“题检”是唐时装帙词语，但究竟所指为何，却并见明示。潘运告译为“审阅清理”。房弘毅在引用此句时进而判定：“可见，武帝时内府所藏名迹，多有其押署。”①房氏显然认为“题检”就是“押署”。按，二说皆误。押署是签名、画押。如唐韦述《叙书录》：“元悌等又割去前代名贤押署之迹，惟以己之名氏代焉。”唐谷神子《博异志·许汉阳》：“写毕，令以汉阳之名押之。展向前，见数首皆有人名押署，有名仲方者，有名巫者，有名朝阳者，而不见其姓。”那么，题检是不是签名、画押呢？其实，“检”是古时的封书题签，《说文·木部》：“检，书署也。”段玉裁注：“书署谓表署书函也。”王筠《句读》：“以木为函，复题署函上以禁闭之也。”朱骏声《通训定声》：“藏之而幖题之谓之检。”可见，题检是在检上所题之文，有幖识和封禁的作用。具体所题何文，我们从以下记载可窥一二。唐杜佑《通典》卷五十八《公侯大夫士婚礼》：“六礼文皆封之，先以纸封，表又加以皁囊，着箧中。又以皁衣箧，表讫，以大囊表之，题检文，言：‘谒箧某君门下，其礼物凡三十种。’”

① 房弘毅，《王羲之〈兰亭序〉十种》，北京体育大学出版社2012年版第70页。

可见还有名刺和礼单的作用。清顾文彬《过云楼书画记》卷五《魏子一仿宋元八家册》："自题检曰：'古意难复'。盖用赵文敏语。"可见，其内容还可记录收藏者心得。值得一提的是，宋代时则已通谓"印封"为"检"矣。《广韵·琰韵》："检，书检，印窠封题也。"宋李昉《太平御览》卷第六百七十八《传授》曰："捧赤玉箱二枚，青带络玉检文，题检一曰太上章，一曰太上文。"此词《大词典》《书论辞典》均未收录。

五、不明词法

有时对构词方法的误解也会导致对词义的误读。

要自标举

思光要自标举，盖无足褒；——唐李嗣真《书品后》（P88）

"要自"之"自"，当为附加词尾。也可为"高自标举"，唐刘知几《史通》卷七《曲笔》："魏收以元氏出于边裔，见侮诸华，遂高自标举，比桑干于姬汉之国。"亦可作"漫自标举"，明范凤翼《范勋卿诗文集》卷二《汤慈明诗序》："老来才尽，漫自标举者，则有参帷幕府，名冠于越。"故"要自"即"要"，求取之义。《孟子·公孙丑上》："非所以要誉于乡党朋友也。"朱熹集注："要，求。"方一新认为"要自"在中古有终归、终究义。其举《北齐书·平鉴传》："老公失阿刘，与死何异！要自为身作计，不得不然。"我们认为，《平鉴传》的"要自"也是"求"义。萧元释为"自我"，误。

"标举"为中古唐时词语，炫耀、赞扬之义。唐刘知几《史通·曲笔》："魏收以元氏出于边裔，见侮诸华，遂高自标举，比桑干于姬汉之国。"宋苏舜钦《杜谊孝子传》："不若古之士大夫，闻一善则称道而标举之，使为善者不怠。"

"思光"为张融之字。唐李延寿《南史》卷三十二："（张）融善草书，常自美其能。帝曰：'卿书殊有骨力，但恨无二王法。'答曰：'非恨臣无二王法，亦恨二王无臣法。’”从例中也可见，“要自标举”实即“邀誉”也，故李嗣真评“盖无足褒”以讥之也。

避地膺峭

（颜竣）薄首孔肩，体格惟肖。如惊弦履险，避地膺峭。——唐窦臮《述书赋》（P153）

膺峭，潘运告释为“内心严峻”，并认为“喻其书由几家混成之不自然也”。过于牵强。按，“膺峭”实即“膺峭阤”的略称，此语出自东汉马融的《长笛赋》。南北朝萧统《文选》卷十八马融《长笛赋》：“乃使鲁般、宋翟，构云梯，抗浮柱，蹉纤根，跋篾缕，膺峭阤，腹陉阻。”“峭阤”指峻峭的山坡，陉阻山石险峻断裂的地方。李善有注：“言以膺服于峭阤，而腹突于陉阻也。”“膺峭阤”指的正是山势险峻，伐竹者匍匐而上，以胸贴于石上的情形。“避地”犹言避世隐居。《后汉书·郅恽传》：“（郅恽）后坐事左转芒长，又免归，避地教授，著书八篇。”李贤注：“避地，谓隐遁也。”窦臮评颜竣书“避地膺峭”，正与“惊弦履险”相对，言其笔势如避世而居于极险之地也。

第四节　当释未释

在书论校释的丛书或选本中，我们常可以看到这两种情况：一是释读者避重就轻，将一些难解之处轻轻放过。二是貌似可通的地方实则另有他义，如不加以注释，势将曲解文义。

不详

罗晖、赵袭。不详何许人。——南朝宋羊欣《采古来能书人名》（P11）

不详，犹言不知。详有“知、悉”义。《采古来能书人名》前言“师宜官，后汉，不知何许人”，可互参。又晋陶潜《五柳先生传》：“先生不知何许人也，亦不详其姓字。”窦臮《述书赋》：“师资小王，深入阃域。安知逸气，未详笔力。”此处“知”“详”对言。“不详”亦犹“不审”。如陶弘景《与梁武帝论书启》：“是犹有存者，不审可复几字？……不审此例复有几纸？”李彤释“审”为“仔细观察”，误。“不审”或言“未审”。虞和《论书表》：“此书为桓玄所宝，高祖后得以赐王武刚，未审今何在？”“未审”亦“不详”义。梁庾肩吾《书品论》：“是以一画加‘大’，天尊可知；二‘方’增‘土’，地卑可审。”“审”“知”对举，其义甚明。潘运告释文将“不详”原文照录，显然并“不详”其义。

妍妙

子敬穷其妍妙，固其宜也。——南朝梁虞和《论书表》（P27）

妍妙，美妙之义，书论品评常语。《广韵·先韵》：“妍，净也，美也，好也。”张怀瓘《书断》：“点画之际，若有骞举。妍妙至极，难与比肩。”也可指纸张精美。张怀瓘《书断》载萧子良答王僧虔书云：“左伯之纸，妍妙辉光；仲将之墨，一点如漆；伯英之笔，穷神尽思。妙物远矣，邈不可追。”潘运告释文直录未释，不妥。

好书

谢安善书，不重子敬，每作好书，必谓被赏，安辄题后答之。——南朝梁虞和《论书表》（P32）

《大词典》有“好书”的词条，表示友好的书信。按，本例中指满意的书法作品。“作好书”即创作出满意的书法作品。唐徐浩《古迹记》：“时赵城仓督隐没公货极多，推案承伏，遂云有好书，欲请赎罪。”潘运告译为“作出好书”，实为当释未释，让人不知何谓。

治廉沥狸骨方

“给事黄门”一纸、“治廉沥”一纸。（凡二篇，并是谢安卫军参军任靖书。）后又“治廉沥狸骨方”一纸。——南朝梁陶隐居《与梁武帝论书启》（P40）

从文中可见，“廉沥”为一病名。张纲《中医百病名源》考载：“淋露之言露也，淋沥（廉沥）之言羸也，露与羸义皆谓瘦，而为羸之一声之转。故淋露、淋沥、廉沥之为传尸劳瘵之名者，本即以传尸劳瘵之为病，症现身体羸瘦而为言也。”“今谓‘淋露’者，本双声连语也。而连语者，以声见义，不拘字形。故‘淋露’之名，古或又作‘淋沥’“廉沥”矣。”①（日本）森立之撰的《本草经考注》中说：“岭南中瘴气，土人连历不差变成此病，不须治也。又作廉沥。”②可见，“廉沥”是个连绵词，“淋露”“连历”俱为同音之异形。古人认为是一种“中于鬼气”的“传

① 张纲，《中医百病名源考》，人民卫生出版社1997年版第113、111页。

② （日本）森立之撰，吉文辉、宋立人、张敏、李婷点校，《本草经考注》，上海科学技术出版社2005年版第351页。

尸”之疾。书中又云：“唐张彦远《法书要录》云：陶隐居梁武帝启云：治廉沥一纸，凡二篇，并是谢安卫军参军任靖书，后又治廉沥狸骨方一纸，是子敬书，亦似摹迹。所云廉沥，亦斥传尸也。《外台》引文仲治传尸方中用野狸头，又九十九疰方、崔氏金牙散二方中并亦有狸骨，可以征也。”可见羲之所言的“狸骨方”，正是药中所用的野狸头。潘运告对此均未有释。

刁斗出于古器

> 大上止传可尔，鬼书惟有业杀。刁斗出于古器，介畀由乎内典。——梁庾元威《论书》（P47）

“刁斗出于古器”一句，诸书无注。此当指铭刻在刁斗之上的文字，为将领记功之书。明陈继儒《妮古录》卷二：“张飞不特八分书，刁斗铭又有流江县有纪功题名。”明陈全之《蓬窗日录》卷八《诗谈》：“涪陵有张飞书刁斗，其铭文字甚工。”《书法辞典》曰：“涪陵《刁斗铭》及《流江县纪功题名》二碑，文字颇工，传为飞手书。张环诗‘称人间刁斗见银钩。’”清龚炜《巢林笔谈》卷三：“书法铭于刁斗，文集传于艺林，风雅又如此。”

登时

> 则天乃内出二王真迹二十卷，遣五品中使示诸宰相，看讫，表谢，登时将入。——唐徐浩《古迹记》（P95）

登时，立即、立刻。晋葛洪《抱朴子·释滞》：“又中恶急疾，但吞三九之气，亦登时差也。”《北史·祖珽传》：“至夜，珽忽令大叫，鼓噪聒天，贼众大惊，登时走散。”登时亦作“登”，《焦仲卿妻》：“登时相许和，便可作婚姻。”清翟灏《通俗编》：“所谓登者，盖即登时之谓。”疑“登”是“当”字之转。潘运告译文将“登时”原文照录，当释未释。

名额

其所不睹，空居名额，并世所传拓者，不敢凭推，一皆略焉。——唐窦臮《述书赋》（P141）

名额，即名位。窦臮言其所论书家，如果没见真迹，空居名位，就略而不评。此词首见《述书赋》，又唐陆贽《翰苑集》卷二十一《论裴延龄奸蠹书》：“属官者悉不任货卖，但存名额，虚挂簿书。”宋胡太初《昼帘绪论·御吏篇第五》：“名额视年劳而递升，廪给视名额而差等。”此义项《大词典》失收。潘运告释文直录“名额”一词，不妥。

第五节　疑难词语考

一、词语考释

由于词语表现形式的特殊性，让人对疑难词语的考释畏之如虎，多年来成果不多，一些词语诸家聚讼纷纭，难有定论。

攠扶柱桎、诘屈叐乙

今之学草书者，不思其简易之旨，直以为杜、崔之法，龟龙所见也。其攠扶柱桎、诘屈叐乙，不可失也。——东汉赵壹《非草书》（P2）

"攠（擡）扶拄挃，诘屈叐乙"两句，读音聱牙，字意难晓。这给我们阅读这篇著名的书论带来不小的困扰。《书苑菁华》录为"攠扶拄挃，诘屈叐乙"；[①]《墨池编》则多有不同："攡扶梏诘屈天乙"，益使疑窦转深。

我们先看"攠（擡）"字，潘运告亦释云："擡：《康熙字典·手部》：'擡，音义阙。'《大字典》：'擡，音义未详。'"嗣后，王有朋、孙小力在其《翰墨风致——书法艺术文粹》中注曰："擡：音、义皆不可考。"[②]李彤则阙而未释。

① 崔尔平校注的《书苑菁华校注》一书将"叐乙"录为"友乙"，误。范祥雍点校的《法书要录》也未据《书苑菁华》异文出校。

② 王有朋、孙小力，《翰墨风致——书法艺术文粹》，东方出版社1999年版第4页。

由潘注可知，“撘（攣）”字连《康熙字典》《大字典》（还有《中华字海》）等大型字典词书都释为“音义阙”“音义未详”，这就难怪今人作注时也无法给出答案。其实，“攣”字并非不可识。下面我们拟从几个方面对其予以破解。

先来看结构。“撘（攣）”是一个形声字，从手、蛮声。古代字书中有一个例子极有启发性。《广韵·删韵》：“鸞，似凫，一目一足一翼，相得乃飞，即比翼鸟也。”《集韵·删韵》：“鸞、鸞：《山海经》有鸟如凫，一翼一目，相得乃飞，名曰鸞。鸞或省。”这里声符“蛮”可以省去“虫”，而以“䜌”来表读音，其音义不变。春秋《秦公鎛铭文》也有“邵（昭）合皇天，以虩事䜌方”的句子，“䜌方”即“蛮方”。[①]同理相推，“撘（攣）”当然也可以由“攣”增“虫”旁而成为“攣”字。换言之，“攣”实际上正是“攣”之异构字。根据我们的考察，“攣”最早见于赵壹的《非草书》，他处未见用例。而“攣”字则首见于宋代，《集韵·桓韵》：“攣，聚也。择也。卢丸切。”“攣”是左右结构，按照异体字的通则换为上下结构，那岂不就是我们再熟悉不过的“挛”字？《说文·手部》：“挛，系也。从手䜌声。”“从手䜌声”为“挛”，当然也可以写作“攣”。这就正如在古代，“群”又可作“羣”，“峰”又可作“峯”，“期”又可作“朞”，“峨”作“峩”，“鵞”作“鹅”的关系一样。再如“孌”字就同“娈”，《正字通·女部》：“孌，俗娈字。”“孌”字对“娈”的改造则经历了部件“心”和缺失和“女”的移位，可为旁证。《集韵·桓韵》所说的“卢丸切”发“挛”音，但“聚也，择也”的词义却并无文献佐证。清黄生《义府》卷下《冥通记》：“‘于时子良攣屐，横在床前。’攣，洛官切，聚也，择也。此似是脱屐之意，用攣字不知何义，恐是二屐交搭故为聚意也。”可见黄生也对“聚也，择也”释义生疑。但“攣”当为“挛”应该是没有问题的。

再来看异文。我们检索了《非草书》中这几句话的所有相关异文，通过比较，也可以证明我们上述的观点。现排比如下：

① 陈双新，《两周青铜乐器铭辞研究》，河北大学出版社2002年版第123页。

1. 文渊阁四库全书本《法书要录》卷一后汉赵壹《非草书》：“其⿰扌蠻扶柱桎，诘屈叐乙，不可失也。”①

2. 民国翠琅玕馆丛书本、宋刻本《书苑菁华》卷十一《书论上》后汉赵壹《非草书》：“其⿰扌蠻扶拄挃，诘屈犮乙，不可失也。”

3. 清倪涛《六艺之一录》卷二百七十一后汉赵壹《非草书》：“其⿰扌蠻扶柱桎，诘屈叐乙，不可失也。”②

4. 清张玉书《佩文韵府》御定佩文韵府卷九十三之八：“柱桎：《法书要录》：‘今之学草书者，不思其简易之旨，直以为杜、崔之法，龟龙所见也。其⿰扌蠻扶~~，诘屈叐乙，不可失也。”③

5. 明梅鼎祚《东汉文纪》卷二十七《非草书》：“其擡扶柱桎，诘屈叐乙，不可失也。”④

6.《全上古三代秦汉三国六代文》全后汉文卷八十二《非草书》：“其⿰扌䜌扶柱桎，诘屈犮乙，不可失也。”⑤

7. 宋朱长文《墨池编》卷二汉赵壹《非草书》：“其⿰扌䜌扶桔，诘屈叐乙，不可失也。”⑥

8. 清孙星衍《续古文苑》卷二十清嘉庆刻本《非草书》：“其⿰扌䜌扶桔屈（夭乙，案二音旧皆误入正文，今改）不可失也。”

9. 清孙岳颁《佩文斋书画谱》卷五论书五后汉赵壹《非草书》：“其⿰木蠻扶柱桎，诘屈叐乙，不可失也。”⑦

据上可知，“⿰扌蠻”共出现了四次，“⿰扌蠻”还可作“⿰扌䜌”“⿰木蠻”二种写法。例6、例7和例8中作“⿰扌䜌”是异文中最直接证据，证实了我们以上的观点，“⿰扌蠻”字形中的“虫”可以去掉。例9中作“⿰木蠻”是由于雕本和刻本，

① 张彦远，《法书要录》，清文渊阁四库全书本第1页。
②《六艺之一录》（第六册），上海古籍出版社2006年版第718页。
③ 张玉书，《佩文韵府》，清文渊阁四库全书本第22004页。
④ 梅鼎祚，《东汉文纪》，清文渊阁四库全书本第509页。
⑤ 严可均，《全上古三代秦汉三国六代文》，中华书局1991年版第916页。
⑥《古画品录》，上海古籍出版社1991年版第644页。
⑦《佩文斋书画谱》，上海古籍出版社1991年版第177页。

甚至于俗写中“木”和“扌”相混用，例如汉代扬雄的“扬”字，也可写作“杨”。从“木”犹从“扌”，所以“欒”实际上即“攣”。总之，根据异文的情况判断，“攣”作“攣”是声符替换造字，在文献中也有例证。

那么，以上的推论是否合理呢？我们再联系文意。先说“挛”，“挛”有卷曲不展之义。《集韵·线韵》：“挛，手足曲病。”《慧琳音义》卷七十八引顾野王云：“挛，谓病体拘曲也。”《盐铁论·非鞅》“此所谓挛拘之知”，张之象注：“挛，手足曲也。”再看“扶”。《说文·手部》：“扶，左也。”《广韵·虞韵》：“扶，佐也。”本指扶助，后引申为附近、攀缘等。《释名·释言语》：“扶，傅也，傅近之也。”《国语·晋语四》：“侏儒扶卢。”韦昭注：“缘也。卢，矛戟之柲，缘之以为戏。”宋欧阳修《五代史记注》卷十四注云：“庄宗自为俳优，名曰‘李天下’，杂于涂粉优杂之间，时为诸优扑扶掴搭，竟为器妇悤伶之倾玷。”其中“扑扶掴搭”一语即打闹纠缠的意思，言唐庄宗混迹优伶之间，“扑扶掴搭”，大失国体。而“擡（攣）”与“扶”连用，形容草书笔划之彼此盘曲纠结在一起的情状。在赵壹的眼中，那些草书的狂热追随者“废仓颉、史籀，竟以杜、崔为楷”，使用“手足曲病”的“擡（攣）”字则形象地表达了自己对他们的厌恶之情。至于“拄挃”，李彤注：“《法书要录》作‘柱桎’。”潘运告则是这样解释的：

> 而“擡扶拄恎”之“拄挃”，乃讲草书忽起忽落之笔势。拄，通黈，犹黈点，指笔势下按的蹲点。挃，同揬，摘也。《集韵·屑韵》：“揬，摘也。”而摘，如钩也。《书苑菁华》卷十七吴融《赠詈上人草书》（潘本引文误，当是《赠詈光上人草书》）：“瞬目已留三五行，摘如钩，挑如拔。”这样，拄，犹黈，下落；挃，犹趯笔打钩，起也。后来晋索靖章草如《月仪帖》，就是这种忽起忽落的笔势。

潘氏认为“拄”和“挃”都是通假字，分别是“黈点”和“摘”的意思。其实不然，“拄”本有支撑之义。《集韵·噳韵》：“拄，撑也。通作柱。”而“挃”则有撞，击之义。《广韵·质韵》：“挃，撞挃。”至于“揬”

是“拴”的俗字。《集韵》：“搸拴，《博雅》擿也，或省形。”[①]亦省形为搸，《正字通·手部》：“搸，俗拴字。”《集韵》：“搸，抟也，通作拴。”也是“擣擅”之义。“拄”“拴”正如“搸（攠）”“扶”，也是近义词的连用，指草书笔划之相互依靠，彼此碰触在一起的样子。这四个字抟合在一起，其意显然是说杜度、崔瑗草书笔划之彼此盘曲缠附纠结的情状。至于“拄拴”，异文亦作“柱桎”，这是因为“木”旁和“扌”部常混用不拘，兹不烦举。正如上引《集韵》所说：“拄，通作柱。”二者属同字异写。

叐乙，《历代书法论文选》录作“犮乙”；《大词典》录为“犮乙”并引赵壹《非草书》：“谓随意书写无法度。”那么，究竟何者为是呢？“叐”字《字汇·又部》释为：“与拔同。”“拔”即“拔除”之义，离文义不啻千里。“犮”与“犮”只是一撇的长短之分，本是一字，“犮”字，《大字典》第二版注：“为‘犮’的旧字形。”《书苑菁华校注》录为“犮”。而“犮”也通“拔”，清朱骏声《说文通训定声·泰部》：“‘犮’，[②]假借为‘拔’。因此，”叐”“犮”可以互通。那么无论是“叐乙”还是“犮乙”，是不是《大词典》所说的“谓随意书写无法度”呢？显然不是，因为《非草书》中明明说“今之学草书者”，“直以为杜、崔之法，龟龙所见也”，正是谨守“杜、崔之法”的“守法”之士，又怎么会“随意书写”呢？

“叐乙”实为“夭乙”，清孙星衍《续古文苑》中《非草书》：“其攠扶桔屈（夭乙，案二音旧皆误入正文，今改）不可失也。”[③]孙氏录为“夭乙”，并在注中云“二音旧皆误入正文”，并在正文中加以删除。孙氏认为“夭乙”是注音的字，可见不识二字之义。

因“夭”也有“拔”义，故有录为“叐”者，《广雅·释诂》：“夭，拔也。”《墨池编》录为“天”，实形近致误。“夭”的本义是“弯曲”，《说文》：“屈也。从大。象形。”《段注》：“象首夭屈之形也。”“乙”也是“物屈曲生长貌。”《说文》：“象春艹木冤曲而出，阴气尚强，其出乙乙

① 潘运告将“擿”录为“摘”，误。

②《干禄字书·上声》：“犮，友：上俗，下正。”此处的“犮”是“友”的俗字，与本著所举例并非一字。

③ 清孙星衍，《续古文苑》卷二十清嘉庆刻本。

也。”徐锴《说文解字系传》《通释》卷二十八：“臣锴曰：申，束缚也；乙，屈也。”“夭乙”实即“夭屈”，为两个相同语素的复合词，为“弯曲”之义。《说文·竹部》“笑”字，宋徐铉案：“李阳冰刊定《说文》：从竹从夭。义云：竹得风，其体夭屈，如人之笑。”因此，“诘屈叐乙”四字曲尽草书萦回曲折之态。与“攨扶柱桎”合而言之，描述了摹仿杜、崔之法的浅薄之徒，不达草书之理，醉心草书之形，以至“今反难而迟，失指多矣”。故梁庾元威《论书》中云：“余见学阮研书者，不得其骨力婉媚，唯学挛拳委尽。”又颜真卿《述张长史笔法十二意》：“妙在执笔，令其圆畅，勿使拘挛。”

陈惊座

杜陵陈遵，后汉人，不知其官。善篆、隶。每书，一座皆惊。时人谓为“陈惊座”——南朝宋羊欣《采古来能书人名》(P9)

从文中看，“陈惊座”是陈遵的绰名，应该毫无疑问了，但我们进一步考察，情况却并没有这么简单。

“惊座”即“惊坐”，《大词典》释“惊坐”为“使在座者震惊”。潘运告译为“一坐皆吃惊”。以事理思之，杜陵陈遵既善篆、隶，每书之时，其书技高超本在意料之中。更不用“每书”皆惊。可见“惊坐”当另有别解。

《汉书·游侠传·陈遵》载：“时列侯有与遵同姓字者，每至人门，曰‘陈孟公’，坐中莫不震动，既至而非，因号其人曰‘陈惊坐’云。”看来，陈遵原为两人，二书中所载必有一个为误。

《汉书》乃常见之书，张彦远的《法书要录》在辑录《采古来能书人名》时定会有所疑虑。《墨池编》卷四录此文为《齐王僧虔答录古来能书人名》，中有夹注：

张彦远云：按前《汉书·游侠传》，陈遵，字孟公。此云后汉人，非也。哀帝时，以校尉击赵明有功，封嘉威侯。此云不知官，非也。

性任狭，贵戚皆敬重之。性又善书，时列侯有与遵同姓名者，每至，人问曰陈孟公，坐中皆震动，及见而非，因号“陈惊坐”。且其人并不因书得惊坐之名。此云每书则一坐皆惊，则又非也。僧虔录此一节事而有三端错谬。

朱长文所据张彦远的说法不知出于何处，但其指出此文中三处的错谬却大有道理，此名当和书法无关，也不可能是指陈遵一写字就让人震惊。

明代陈士元《名疑》卷四则明确指出了真伪：“两陈遵，《汉书》陈遵字孟公，豪侠。所在人怀之惟恐后。时列侯有同孟公姓名者，孟公每至，门人曰：‘陈孟公’。座中莫不振动，既至而非孟公在，号其人为‘陈惊座’。”后文又举“两陈蕃”“两陈夔”等。宋陈造《江湖长翁集》卷十五《凌晨复有惠急笔》有诗云：“小驻江干接隽游，渭清泾浊可同流。假真笑我陈惊坐，造妙推君赵倚楼。”清汤贻汾《琴隐园诗集》卷十七《戏柬西安尉徐雨生林》亦调侃道：“不知谁是陈惊座，却笑生同毛野人。”

两真假“陈惊座”的身份已验，但尚有一问，“惊座”是一种什么样的情形呢？唐骆宾王《春日离长安言怀》诗：“剧谈推曼倩，惊坐揖陈遵。”可见是从安坐中惊起长揖示敬，这个“惊”不是见其字而“惊”，而是闻其名而“惊”，不是在坐中“吃惊”，而是在坐中“惊起”。高椅在宋代才出现，汉代普通人坐席，尊者坐榻，无论是坐席还是坐榻，都是跪坐，要起身才能长揖。所以“惊坐”就是闻其名而从席榻上惊起，长揖行礼。①

假陈遵事为真，真陈遵事为假，这世间“书三写，鱼成鲁，虚成虎”的事，本来就不少，遂使一桩有关绰名的书论公案贻而至今。崔尔平编纂的《书法篆刻术语辞典》一书中，有“陈惊座”一条，例文却引南朝宋羊欣《采古来能书人名》，显然不妥。

黝黗点黕

或黝黗点黕，状似连珠，绝而不离。畜怒怫郁，放逸生奇。——

① 黄金贵，《古代文化词义集类辨考》，商务印书馆2016年版第729页，有详考。

西晋卫恒《四体书势》（Pa17）

此句出自《晋书·卫恒传》载西晋卫恒撰《四体书势》一卷，后四库本《墨薮》《墨池编》《书苑菁华》均有收录。此段文字实际引自崔瑗《草书势》。其中“䵹黈点⿰黑南”一语，《墨薮》《墨池编》《书苑菁华》俱为“黝黭⿰黑南黈”。但无论是“黝黭⿰黑南黈”，还是“䵹黈点⿰黑南”，用字都颇生僻，殊为难解。潘运告释此语为：“有的䵹黈点⿰黑南地下点笔势。”潘书将原文照录且语句晦涩难通，有强为解人之感。傅如明主编的《中国古代书论选读》注释为：“䵹黈，草书下笔的笔势。⿰黑南，草书笔势。䵹黈点⿰黑南：多指四点底，行草书多取联飞势或连波省点势，锋利势疾，一笔而就。”傅氏将此句进行了串讲，与上下文意也能互通，但从辞书释文的角度来看，这只能说是语用的释义，而不是语词的释义。这几个“黑旁”之字究为何意，还是让读者眼前一片“漆黑”。李彤则较为谨慎，在此词后只注：“《晋书》作䵹黈点⿰黑南。”又将问题抛给了读者。

看来，此语要得到完满的解释，必须先将字义逐一弄清。我们先从《晋书》所录的“䵹黈点⿰黑南”看起，《集韵·纸韵》：“䵹，䵹黈，草书势，崔子玉记。”《集韵》将“䵹”释为“䵹黈”，可见此字只是“䵹黈”一词的构词语素，而“草书势”实则指“崔子玉”，即崔瑗的同名作品，《大字典》未录入《集韵》“崔子玉记”四字，直接根据“草书势”三字将“䵹”释为“草书的笔势”，有些不妥。既然将“䵹”释为“䵹黈”，那么，“䵹”义为何，寻“黈”便得。“黈”字，《集韵·噳韵》：“丶或作黈。”而《说文》：“丶有所绝止而识之也。”就是古人读书时断句的句读之“读”。“黈”也可写作“柱”，徐锴《说文解字系传》通释卷十：“丶有所绝止，丶而识之也，凡丶之属皆从丶。臣锴曰：‘丶犹点柱之柱，若汉武读书止，辄乙其处也。’”[①]此处“乙”即句读之“点柱”，“点柱”也即“点黈”。“黈”又可写作“注”，清方以智《通雅》卷三十二：“《魏志》董绥问字指墨法

①《说文》：“乚，钩识也。”段玉裁《说文解字注》卷十二篇：“钩识者，用钩表识其处也。褚先生补《滑稽传》：‘东方朔上书，凡用三千奏牍。人主从上方读之，止辄乙其处，二月乃尽。’此非甲乙字乃正乚字也。今人读书有所钩勒即此。”段氏以“乙”为“乚”，与徐锴不同。

点注之间，注即黊。”句读之“丶”与笔划之“点”，形体并无不同，且文字产生伊始，笔划之“点”就相伴而生，后起的句读之“丶”与原有的笔划之“点”混而为一，本在情理之中。《广韵》：“黗，点义，与上同。”①指明“黊”即“点”义。因而“黝黊”之义也和“黊”一样，都是指“点”。由此，我们发现，“黝”总是相伴“黊”字出现，且没有单独成词的用例，《集韵·纸韵》之所以注“黝”为“黝黊。”是表明“黝黊”实际为一个联绵词。

“黝黊”还有多种同音形态，可写成“支注”“枝柱”等。《方言》卷十：“涟謱，拏也……可谓之支注。”汉扬雄《扬子云集》卷三曰：“涟謱，或谓之支注，或谓之詀谛，转语也。拏，扬州会稽之语也。”《说文·手部》：“拏，牵引也。”即“牵连不断”之义。《释名·释山》：“砾，料也，小石枝柱其间，料料然出内气也。”“枝柱其间”即牵连散布其间也。还有写作“指注”者，《魏书·西域传》：“自古帝王虽云即序西戎，有如指注，不能控引也。”“有如指注”即云“牵连不断”，以故“不能控引也”。所以“黝黊”不仅指“点”，还有“点”画“牵连不断”之义。

“黏”字，《集韵·忝韵》：“黏，点黏，草书势。”看来，“黏”即“点黏”，也即“点”意。张自烈《正字通》卷十二有：“乃忝切，念上声，书势黏，相连也。”将“黏”字解释得更为明确——“黏”是草书写“点”时，笔划相连的样子。清方以智《通雅》卷三十二亦云：“点而识之谓之黊；黏，相连也。”②我们可以看到，“点黏”即“黝黊”，也是联绵词，都是“点”画“牵连不断”的意思。“点黏”一词后来还可指代书法，宋苏辙有《寄张芸叟》诗云：“点黏旧无对，哦吟今与谁。”如此，“黝黊点黏”所说的正是草书“点”画相连的写法。《正字通》有释：“黝黊点黏，言状如连珠，绝而不离。”即认为《晋书》中的“状如连珠，绝而不离”之语正是对之最好的解释。

---

①“黊”也可写成“黗”。

② 清方以智《通雅》卷三十二：“楚词‘或黕點而污之’，智谓即黏点也……黵即黕。”虽无实据，可备一说。

我们再回视“黝黥黵黈”一语。“黝”字，《说文》：“微青黑色。从黑幼声。”“黥”字，《说文》释为：“果实黥黯黑也。”“黝”“黥”这两个同义语素又可组成一个复合词，意为“深黑貌”。元代刘祁《归潜志·游西山记》：“阑外石如掌平，其首骞，下窥，黝黥无底。”“黝黥黵黈”是“黝黈点黵”的异文，应该语义相近。但“黝黥”的“深黑”之义似与文义迥别。我们认为，此四字的真实之意断不能以常理思之。根据书论语言的形象化特点，考察之道有如下数法：其一，细观这八字，皆有四点，全涉黑旁，放眼望去，墨点淋漓，以之释点，岂不形象生动？其二，崔瑗《草书势》以赋体论草书，涉赋之文莫不辞藻富丽，音韵铿锵。“黝黈”二字双声，“点黵”二字叠韵，读之朗朗上口，如掷金石。“黝黥”亦为双声，只是这“黵黈”之“黵”为乃玷切，“黈”为之庾切，二字既非双声，也非叠韵，有点让人费解，但一看后文“状似连珠”四字，就疑冰顿泮了。为了与“珠”合韵，《墨薮》等书转录之时就弃而换“黈”了。其三，古人作赋，好集古字，以显朴厚拙重。古人也好把使用古字、冷僻字作为炫耀才华的手段。崔氏将表“点”意的生僻古字“黝黈黵”等拉入赋中，也正为此。其四，赋文喜敷陈其事，饾饤獭祭，不厌其繁。“为赋者，将以风也。必推类而言，极丽靡之辞，闳侈钜衍，竞于使人不能加也。”（《汉书·扬雄传下》）《草书势》“黝黥黵黈”“黝黈点黵”中各有四个“黑”旁字，鱼贯相从，字形整饬。刘勰的《文心雕龙·练字》称这种现象为“联边”：“联边者，半字同文者也。状貌山川，古今咸用，施于常文，则龃龉为瑕，如不获免，可至三接，三接之外，其《字林》乎。”①刘勰虽对这种偏旁相同的“联边字”的连用颇有微词，但也正说明其现象之普遍。其五，后世转录者，将“黝黥”等字换入，只是取二字音形，并非取其义。如以“深黑貌”求之，实胶柱而鼓瑟。“大赋用字，讲求甚深，或以方言异形，或以今古文之异，或以六国文字之遗，或以借声衍形，不一而足。”②“黝黥”实“借声形”以表义者。合此以观，“黝黥黵黈”即是

① 庄适等注，《文心雕龙》，崇文书局2014年版第76页。
② 易闻晓，《“赋亡”：铺陈的丧失》，《文学评论》2015年第3期。

“黝黓点黵”，崔瑗以音、义、形生动地阐释了书写墨迹中点画在草书里萦连的样子。

有趣的是，《书苑》引汪汝瑮按语云：“《法书苑》注云；‘一作点点翔顾’。”那么“翔顾”所指云何呢？元好问《中州集楚山清晓图》：“鸡声喔喔，林鸟翔顾。瞻曙色，开东方，清风宿雾。”清代黄中坚《蓄斋二集》卷六有：“乃扶杖步行，直登其巅，回翔顾盻，则三万六千顷尽入眼底。”从二例可见，“翔顾”即“回翔顾盻”。张怀瓘《玉堂禁经》释行书“下四点”的写法有云：“此名“联飞势（一作联飞热势），似连绵相顾不绝。”说的正是这种“翔顾”的写法，以此喻指“黝黓点黵”——草书点画顾盼萦连之状，不是生动而准确吗？

杜伯揵毒

绝笔收势，余綖纠结，若杜伯揵毒，看隙缘巇，螣蛇赴穴，头没尾垂。——西晋卫恒《四体书势》（Pa17）

此段文字实际引自崔瑗《草书势》，文中句义让释家疑而难决。文中论及，当书写收笔之时，笔锋如同余线一样回收，其形态如“杜伯揵毒，看隙缘巇”。此句佶屈聱牙，让人费解。李彤阙而未释，只将异文列出：“《书苑》作‘若山峰施毒，着隙缘巇’”。李氏所列的异文有误，《书苑》录为“若杜伯揵毒，看隙缘巇”，①《书苑菁华校注》在此语下有注：“汪汝瑮按语云：《法书苑》注云一作‘山峰施毒’。”潘运告和傅如明都据此录为“山蜂施毒”，并同释为：“山蜂施放毒气，沿着那罅隙进行。”“山蜂”会“施放毒气”，而且还是“沿隙进行”，应该说，这种生物已经超出了常识所理解的范围。更有甚者，冯亦吾认为，杜伯是周宣王大夫，“杜伯揵毒，看隙缘巇”是“复仇的杜伯，手拿毒箭，伺机铤而走险”。我们认为，要搞清如何“揵毒”，须先搞清“杜伯”是什么。

杜伯，非周宣王时期的大臣之名，乃是“蛪”的别称。清袁枚《随园随笔·物而人名》：“虫而人名者……蛪称杜伯。”《诗·小雅·都人士》有

①“巇”当为“巇”字之误。

“卷发如虿”一语，吴陆玑疏：“虿，一名杜伯。”而“虿”，则是一种蝎类的毒虫。《说文·虫部》：“虿，毒虫也。”《广雅·释虫》：“虿，蝎也。”《左传·僖公二十二年》：“君其无谓邾小，蠭虿有毒，而况国乎！”孔颖达疏：“虿，毒虫也……《通俗文》云：虿长尾谓之蝎。”杨伯峻注：“虿音瘥，毒虫也。长尾为虿，短尾为蝎。”

从上可见，这种毒虫虽然有长、短尾之别，但属于蝎一类的毒虫是确切无疑的。清王念孙《广雅疏证补正》则直引《草书势》，说得再明白不过了：“杜伯，蝎也。谓之蝎，下补崔瑗《草书势》云：‘绝笔收势，余綖纠结，若杜伯揵毒’”。[1]

我们再看“揵毒”，《大词典》有注：“揵毒，急速。”并引卫恒《四体书势》中此语为例证。但此注放在文中，语句窒碍，显非确诂。

按，“揵”是“举起、翘起”之意。汉司马相如《上林赋》：“揵鳍擢尾，振鳞奋翼。”《诗·小雅·都人士》“彼君子女，卷发如虿”汉郑玄笺：“虿，螫虫也，尾末揵然，似妇人发末曲上卷然。”陆德明释文：“揵，其言反。又音虔。《汉书音义》云：‘举也。’”“毒”即代指蝎之“毒刺”。“杜伯揵毒”则为“长尾的蝎虿举起毒刺”。蝎子在石缝中生活，“看隙缘巇”，沿着岩石的罅隙而行进。受到威胁时，就举起毒刺，做出攻击之态。后文所言、在洞穴中“头没尾垂”的腾蛇，也都有相同之态。这形态并皆喻指“绝笔收势”之形。空中飞行的山蜂如果也能在岩缝中举起毒刺，像“蝎子”一样，做出这种“高难度”动作，岂不诡异？

“蝎虿”之尾在书法中常喻作“收笔遒劲有力”，如写“乙”“丁”“亭”等字之末趯，须驻锋而后趯出，揵然上卷，如同虿尾。专用语中多有“银钩虿尾”“虿尾银钩”“虿尾书”等说法。唐张彦远《法书要录》卷一：“索氏自谓其书银钩虿尾，谈者诚得其宗。”宋黄庭坚《山谷外集诗注》卷十三《再次韵奉答子由》：“虿尾银钩，写珠玉剡藤蜀茧。”明顾起元《遯园漫稿·澹园先生挽诗二十八首》：“金翦螭头字，银钩虿尾书。”张怀瓘《玉堂禁经》称此为“虿毒法”，则更为贴切：“法以引过其曲，微

① 王念孙，《广雅疏证补正》，清光绪二十六年黄氏借竹宦刻本第82页。

以轻蹄其锋，又以徐收而趯之。不欲出，欲出则暗收，如芒刺为善。梁庾肩吾《书论》云‘欲挑还置’，谓驻锋而后趯也。”也有称为“虿毒势”者：“虿毒势，亦名凤翅，亦名大背抛（清戈守智《汉溪书法通解》卷四）。”正如唐蔡希综在《法书论》中所言：“夫始下笔，须藏锋转腕，前缓后急，字体形势，壮如虫蛇相钩连，意莫令断。”黄庭紧《论书》中有云：“张长史折钗股，颜太师屋漏法，王右军锥画沙、印印泥，怀素飞鸟出林、惊蛇入草，索靖银钩虿尾，同是一笔法：心不知手、手不知心法耳。”[①]其中的“惊蛇入草”和“银钩虿尾”，所说的正是“杜伯揵毒，看隙缘巇，臃蛇赴穴，头没尾垂”的草书笔势。

另外，古人“山蜂施毒”的异文应是受“蜂虿有毒”的俗语影响，加之“蜂虿”二字又常相连而用，因此转录中致误；《大词典》将“揵毒”释为“急速”，则与文义相距甚远矣。

弟书如骑骡，骎骎恒欲度骅骝前

子敬戏云：“弟书如骑骡，骎骎恒欲度骅骝前。——南朝齐王僧虔《论书》（P16）

此句潘运告释为：“弟书好比骑骡子，匆忙地总要图谋在骅骝前。”让人不知何谓。“骎骎”一词，《大词典》引此例，并释“骎骎”为“急促；匆忙”。潘运告从之，误。

按，“骎骎”确可作“匆忙”义，如姚华《曲海一勺·明诗》：“近着《曲名集解》，可为此篇作注。今方属稿，未能遽脱，终日骎骎，不敢自暇也。”但用在此句并不合适。此词乃“慢慢、逐渐”义，“骎骎”当即“浸浸”，盖因下文“骅骝”二字偏旁类化为“马”作“骎”矣，“浸浸”犹今语“渐渐”。《汉书·酷吏传·严延年》：“宾客放为盗贼，发，辄入高氏，吏不敢追。浸浸日多，道路张弓拔刃，然后敢行，其乱如此。”王闿运《丁文诚诔》：“时冉冉而多留，老浸浸其欺人。”用作两相比较的场合时，多用指水平或技艺“渐渐逼近”他人。宋《宣和书谱》：“方庆者家藏其祖

① 上海书画出版社编，《历代书法论文选》，上海书画出版社1979年版第356页。

父二十八人书迹，摹拓把玩，自此笔力益进，其行书骎骎稍能有丈夫胜气。”“骎骎”后接一“稍”字，其“逐渐”之义益明。明王锜《寓圃杂记》卷五：“作者专尚古文，书必篆隶，骎骎两汉之域，下逮唐宋，未之或先。”明王世贞《弇州史料》后集卷二十一《赞俞允文书法》云：“其小隶骎骎欧、柳而上登吴兴堂；行笔出入褚河南，稍纵之则米襄阳，八分自谓得《西岳碑》体。”“度”是“超越、赶超”的意思，《字汇・广部》：“度，过也。”非潘运告所谓“图谋”之义。

清王澍《淳化秘阁法帖考正》说得就更清楚了，其卷第二《晋司徒王珉书》：“小令……如琼枝玉树，风绝尘外，轧轧欲逼大令。大令云：‘弟书如骑蠃，骎骎欲度骅骝前’。盖易之亦畏之也。”“轧轧欲逼”即是“渐渐逼近”之义。《史记・律书》：“甲者，言万物剖符甲而出也；乙者，言万物生轧轧也。”《文选・陆机〈文赋〉》：“理翳翳而愈伏，思轧轧其若抽。”吕延济注：“轧轧，难进也。”《历代书法论文选续编》中黄伯思《东观余论》云：“王小令一帖尤可爱，清丽婉雅，将逼子敬。‘骎骎欲度骅骝前’非虚语也。”此后生可畏之语也。因此，“骎骎欲度”即是“慢慢逼近，将要超过”。

王澍所说的“盖易之亦畏之也”，分而析之，“骎骎”言其慢，故“易之”，“欲度”言其将要赶超，故“畏之也”。行动缓慢又为何能赶超？犹今语笨鸟先飞之意也。我们看到，南齐王僧虔《论书》中的“弟书如骑骡”，是针对前文“亡从祖中书令珉，笔力过于子敬。《书旧品》云：‘有四匹素，自朝操笔，至暮便竟。首尾如一，又无误字。’”的表述说这番话的，王珉从早上到晚上，书写四匹素，前后一致，毫无错字，可谓刻苦认真，故喻之“骑骡”，并不是如潘运告所说“常以喻庸才”，而是如骡子一样可负重致远。王澍将“骑骡”录为了“骑蠃”，逐使“欲度骅骝”完全成了讥笑之言，其误甚明。甘中流认为王珉是“工夫”型的，王献之是“天然”型的，可谓深得其旨。而子敬“弟书如骑骡”的戏称也正是指此。

但“欲度”终究是“未度”，故此语也常用来表示未达某一境界的委婉之语。宋赵构《翰墨志》中云：“蔡襄、李时雍体制方入格律，欲度骅骝，终以骎骎不为绝赏。”清何焯《义门先生集》卷三曰：“其志甚勇，笔端亦高，虽未造成熟，往往欲度骅骝。”

匆匆不暇草书

张伯英者，而转精其巧，凡家之衣帛，必先书而后练之。临池学书，池水尽墨。下笔必为楷则，常曰：“匆匆不暇草书”。寸纸不见遗，至今世尤宝其书。”——晋卫恒《四体书势》(PA16)

“匆匆不暇草书”一语，南朝宋羊欣《采古来能书人名》亦有载：“每书云：‘囱囱，不暇草书。’人谓为‘草圣’。”囱囱，同“悤悤”“怱怱”，皆“匆匆”的异写。宋陆游《读胡基仲旧诗有感》：“囱囱去日多于发，不独悲君亦自伤。”对此语之释义，后之学者聚讼纷纭，各执己说。要之，皆因此句的断句可有两种，语义遂分为数端，田炜总结历代之不同理解，列为八种，可谓细致矣。但最有争议的无非这两种说法：

第一种观点是，“匆匆不暇草书”当断句为““匆匆不暇，草书”，谓时间仓猝，只好使用草书。

此说最早见于苏轼。他在《评草书》中说：“书初无意于嘉乃嘉尔。草书虽是积学乃成，然要是出于欲速。古人云：‘悤悤不及草书。’此语非是。若“悤悤不及”，乃是平时亦有意于学。”苏轼《补注东坡编年诗》卷二十五《题王逸少帖》：“为君草书续其终，待我他日不怱怱。”也是此义。后之学人附合不少，清杭世骏《订讹类编》卷一《悤悤不暇草书》：“草书自无不速者……以悤悤不暇为句，草书为句，言因悤悤不暇之故，所以不为楷书而为草书，似更直捷。”

第二种观点是，“匆匆不暇草书”当断句为“匆匆，不暇草书”，义为因事务匆忙，故无暇草书。黄庭坚不赞同东坡的看法：“元符三年七月二十三日，余将至青衣，吾宗子舟求余作草。拨忙作此，殊不工。古人云：‘匆匆不暇草’。端不虚语。”（黄庭坚《山谷题跋》卷八《书自草李潮八分歌后》）明彭大翼《山堂肆考》卷一百三十三《草书》：“郭忠恕《法书苑》：‘凡章草小草點画皆有法，不可率意辄书。’谚云‘信速不及草书，家贫不办素食’。言其难卒置也。”

清袁枚《随园随笔》卷十七《辨讹类》：“古人称‘匆匆不及艹书’者乃起艹稿之艹，言匆匆故不及先起艹稿也。若今之行艹乃正是匆急所书，有何不暇之有？”认为“草”非为草书，乃是“草稿”的意思。此说则是欲调和二者分歧的说法，并不足驳。

当今学术界多以第二种观点为是，我们也认可这种观点，并提出以下补证：一是判定观点正误，当以较早文献为是，并结果上下文，揣摩情理得之。晋卫恒《四体书势》中“匆匆不暇草书”是“张伯英”语，其“下笔必为楷则”，故草书虽然书写迅速，但作为天下之草圣，决不会如常人轻易落笔。东汉赵壹《非草书》中有“私书相与，庶独就书，云‘适迫遽，故不及草’”。可为之脚注，“不及草”正是“不暇草书”，也解释了为什么“草本易而速，今反难而迟”的原因。二是可从其他类似的上下文中推寻文义，此语宋代已有记载，宋江少虞《新雕皇朝类苑》卷五十《草书》：“谚云‘信速不及草书，家贫不办素食’，言其难卒置也。然小草尤难。”宋李之仪《姑溪居士集》也有记载，在当时已称为谚语，说明此词产生当更早。在谚语中，如两句对应并且是并列关系的话，其文法结构和文意都相类似，如“千里不贩樵，百里不贩籴。”“日出早雨淋脑，日出晏晒杀雁。”（明杨慎《古今谚》）“信速不及草书”之义实可从“家贫不办素食”中推寻，“家贫不办素食”可断为“家贫，不办素食”，如“家贫不办，素食”就决不成句矣。谚语前后句结构对应，故前句也当是“信速，不及草书”，田炜反复论证“不暇”与名词性成分的搭配关系，本不必烦。因家庭贫困，素食也不能够马上办好；因太仓猝，“下笔必为楷则”，故来不及草书。

劳辱

轻薄之徒，锐意摹学，以茅屋漏汁染变纸色，加以劳辱，使类久书。真伪相糅，莫之能别。——南朝梁虞和《论书表》（P28）

按，“劳辱”一词，《大词典》释为“犹劳苦。亦指劳苦之事。”如

《韩非子·孤愤》："惑主败法，以乱士民，使国家危削，主上劳辱，此大罪也。"潘运告也将本文的"劳辱"释为"劳苦"，但放在文中，显然不通。"劳辱"在此当谓反复磨损使之变旧。二王墨迹世所珍贵，一些轻薄之徒就用摹写之作造伪，其法是用"茅屋漏汁"污染纸色，加以"劳辱"，即频繁地磨损，使之看上去像旧书。我们发现在虞和《论书表》中又有"劳茹"："孝武使徐爰治护，随纸长短，参差不同，且以数十纸为卷，披视不便，不易劳茹，善恶正草，不相分别。"那么这两个词是什么关系呢？宋陈思《书小史·李怀琳》："李怀琳，洛阳人，工临写，善草隶，好为伪迹。尝效王书，大急，就两本各十纸，言词鄙下而尾分明。徐唐沈范，踪迹烜赫，劳茹装背，持以质钱。"在这个例子中我可以清楚地看到，李怀琳善于摹写王书，就为"伪迹"，再"劳茹装背"做旧以卖钱。可见，"劳茹"即"劳辱"。但"劳"和"辱"又为何义呢？张薇薇认为"辱"同"溽"，湿润，此处用漏汁染纸，为"污损、弄脏"之义。实强为通假。

通过考察可以看到，"劳茹"和"劳辱"出现在两种情况之下，一是做伪，一是使用和保存。唐张彦远《历代名画记》卷二："图画岁月既久，耗散将尽，名人艺士，不复更生，可不惜哉。夫人不善宝玩者，动见劳辱；卷舒失所者，操揉便损；不解装褫者，随手弃捐。遂使真迹渐少，不亦痛哉。"从中可见，当"劳辱"发生在保存环节之时，那些"不善宝玩者，动见劳辱"之人，并未用汁液污损，而是"卷舒失所者，操揉便损""随手弃捐"。《论书表》中徐爰以数十纸为卷，虽然披视不便，但不易劳茹，指纸张较厚不易揉损。所以"劳溽"是说不通的。分而析之，"劳"指"污损"之义。此义项在中古产生，南北朝萧统《六臣注文选》卷五十七："屡睹遗文，有造有写，或草或真，执玩周复，想见其人，纸劳于手，涕沾于巾。"谓反复把玩，纸张污损。再如《全唐文》卷九百三《致慧净法师书》："徘徊吟讽，循环卷舒，蕴蓄怀袖之中，不觉纸劳。"指纸张常怀袖中，致污损。"辱"也是"污损"的意思。"劳辱"是同义语素连言。《广雅·释诂三》："辱，污也。"《仪礼·士昏》"今君子辱"，郑玄注："以白造缁曰辱。"

“劳辱”在中古的“污损”义，当从上古的“劳苦”义引申而来，清代俞樾就注意到了这一点，其在《群经平议》卷二十七中按云：“《广雅·释诂》曰：‘辱，污也’污为辱，故亦为劳。《礼记·檀弓篇》郑注曰：‘勤，劳辱之事也。’是劳辱同义。《成九年传》大夫勤辱。勤辱犹勤劳也，污者辱事，即为劳事。”

至于“茹”字，为日母遇摄字，“辱”字为日母通摄字，音相近。加之“茹”又有“杂糅”义，宋罗泌《路史》卷四曰：“辰放氏作时，多阴风，乃教民搮木茹皮以御风霜。”《广韵·语韵》曰：“茹，杂糅也。”与“辱”义相近，故二字相代。《大词典》未收“劳辱”和“劳”的“劳损”之义项，也未收“劳茹”一词，当补。

有意

羲之作书与亲故云：“子敬飞白大有意。”——南朝梁虞和《论书表》（P32）

有意，有意味、有意趣。“有意”有“有企图”“故意”等义项，但用在此句皆不合适。《书论辞典》引晋代王羲之《自论书》曰：“点画之间皆有意，自有言所不尽，得其妙者。”认为：“‘有意’与‘无意’相对。指书家创作构思时，遵守成规法则，专心致志，认真写好每一个字。”按，《书论辞典》的解释有误。书论中确实有跟“无意”相对的“有意”用法，表示有意图、有构思。如清王澍《论书剩语》：“然欲自然，先须有意；始于方整，终于变化。”但此处的“子敬飞白大有意”，却是不错、很好的意思。这在中古汉语中并不少见。《右军书记》：“君学书有意，今相与草书一卷。”南齐王僧虔《论书》：“张澄书，当时亦呼有意。”“有意”前可加上副词，表示时间、程度等。虞和《论书表》：“子敬为吴兴，羊欣父不疑为乌程令，欣时年十五六，书已有意，为子敬所知。”唐蔡希综《法书论》：“其次有琅琊王绍宗、颍川钟绍京、范阳张庭珪，亦深有意焉。”

“深有意”亦同“大有意”，犹今语“很不错”。也可以说成“小有意”，萧子显《南齐书》卷三十三曰：“范皐与萧思话同师羊欣，后小叛，既失故步，为复小有意耳！萧思话书，羊欣之影，风流趣好，殆当不减，笔力恨弱。”萧思话学羊欣而“笔力恨弱”，故“小有意”乃“尚可”的意思。

画论中也常常以之用于对画作的品评，《历代名画记》曰：“戴嵩，韩晋公之镇浙右署为巡官。师晋公之画，不善他物，唯善水牛而已。田家川原亦有意。”前言“不善”“唯善”，后言“亦有意”，其义显为“也不错”。值得强调的是，“有意”并非最好，有“还可以”的语义在。窦蒙《述书赋》语例字格释“有意”为：“志立乃就，非工不精。”即指达到了期望，但尚未“精、工”。“子敬飞白”，据唐李约《壁书飞白“萧”字赞》言：“二王飞白古法，妙绝冠时。”水平已超“精、工”之等，羲之言“子敬飞白大有意”，乃给亲故写信的谦词耳。

此语在史传、诗文中也常可见到。陈寿《三国志》卷十五《魏书》十五：“（司马朗）‘愿明公监观往事，少加三思。即荣名并于日月，伊、周不足侔也。’卓曰：‘吾亦悟之，卿言有意！’朗知卓必亡，恐见留；即散财物以赂遗卓用事者，求归乡里。”司马朗向董卓进谏，董卓虚与敷衍：“吾亦悟之，卿言有意（我也考虑到了，你说得好）！”这样，司马朗知道意见不被采纳，这才“求归乡里”。牛思耀校注的《三国志（文白对照）》将“卿言有意”释为：你说的话很有意义。①显然有误。自唐及宋，此义项的使用一直未绝。白居易《白氏长庆集》卷第八《过骆山人野居》：“拳石苔苍翠，尺波烟杳眇。但问有意无，勿论池大小。”“但问有意无”犹言“只问好不好”。宋蔡梦弼在给《杜工部草堂诗笺》卷三十《驱竖子摘苍耳》中“寄语恶年少，黄金且休掷”一句所作的笺注云：“饥荒之际，下民有不得其食者，而恶年少有如荆轲者，以金抵蛙，岂不谬哉！甫之摘苍耳以供食，其亦有意也欤！”“亦有意也欤”言在荒年有苍耳可供食，也算不错了。

“有意”的这个义项在明代也还可以见到，明李化龙《平播全书》卷十二《来副使》中载：“逆酋又差人来具文，盖为伪檄所吓耳。此何人所

① （晋）陈寿著，牛思耀校注，《三国志》（文白对照），金盾出版社2010年版第321页。

为，亦大有意！”盖赞叹檄文作者也。明王世懋《王奉常集》卷十六曰：“君于文好古调，于诗不能成家，而皆有意。”此义项《大词典》失收。

单郭

余条并非用惟叔夜、威辇二篇是经书体式，追以单郭为恨。——南朝梁陶隐居《与梁武帝论书启》(P39)

此词《大词典》未收，潘运告认为“单郭”是单张外皮。让整句义不可晓。靳永认为，“单郭”当即“单廓”，用单线条钩摹出笔划。与双钩廓填相比，用这种方法制作的法书复制品质量要差得多，因此陶隐居“追以单郭为恨”。[①]按：靳永此说大有道理。但“郭”字与“单廓”并无甚联系。“郭”字本指外城，后引申为“物体的外框、周边”。《史记·平准书》曰：“三铢钱轻，易奸诈，乃更请诸郡国铸五铢钱，周郭其下，令不可磨取鋊焉。”故钱币也有单郭、重郭之分。“郭”字本无需通“廓”，“单郭”确指单线条钩摹。宋黄伯思《东观余论》卷下《跋黄庭经后》曰：“仆顷在洛见承直郎李鹏举家畜此帖一卷，乃唐褚令摹单郭未填，笔势精善。”《与梁武帝论书启》又有言：“臣比郭摹所得，虽粗写字形，而无复其用笔迹势。”可见“单郭”确为摹写而设，陶隐居并将此法称为“郭摹”。《东观余论》卷下《跋章草急就补亡后》又载“陶隐居谓之填郭书，近世谓之双钩书”。填郭又叫郭填，“郭”可填，必是“重郭”，较“单郭”为胜。从黄伯思的语气中，我们还可推得陶隐居是“填郭书”的命名人，甚至可能陶氏就是填郭之法的发明人。想必“（单郭）虽粗写字形，而无复其用笔迹势”，故陶隐居“追以单郭为恨”。

陶隐居之所以很重视填郭，是跟其本就是道教中上清派的领袖人物大有关系，道家画符多用此法，《真诰》卷二〇《翼真检第二》“孔躁贱时条”，注：“至庚午岁（齐武帝永明八年）（陶）隐居入车阳道，诸晚学者渐效为精。时人今知摹二王法书，而永不悟摹真经，经正起隐居手尔。亦

① 靳永，《书法研究的多重证据法：文物、文献与书迹的综合释证》，齐鲁书社2008年版第13页。

不必皆须郭填，但一笔就画，势力殆不异真，至于符无大小，故宜皆应郭填也。”双钩填墨到隋唐大行。唐太宗在喜得王羲之的《兰亭》手迹以后，就曾招虞世南、冯承素等人双钩填墨，摹得数本，遍赐群臣。

《坐右》作“午畺”字

余少值明师，留心字法，所以坐右作午畺字，不依羲、献妙迹，不逐陶、葛名方。作莼羹，不斆《晋书》，不循《韵集》，爰以浅见，轻述字府。——梁庾元威《论书》（P46）

坐右作午畺字，《墨池编》作“座右作干姜字”，《书苑》作“坐石作干畺字”。范校本疑是“干畺”。《全上古三代秦汉三国六朝文》录为：“所以坐右作午，畺字不依羲、献，妙迹不逐陶、葛。”[①]（清代严可均辑《全梁文》录为：“坐右作午疆字”，[②]卒不可读。

按，要解决以上的校勘问题，需要作如下工作，第一，“坐右”指的是什么？从上所见，“坐右作午畺字”一句，无论是文字还是断句，意见纷然。“坐右”同“座右”，不烦改，“坐右”当指庾元威的作品，《书苑》作“坐石”，显然是错了。庾元威曾有《座右方》三卷，在王齐洲、毕彩霞编著的《〈新唐书·艺文志〉著录小说集解》一书中有详细的考证，[③]兹引如下：

姚振宗《隋书经籍志考证》引《法书要录》载元威论书语，谓：“或即自言撰《座右方》之大略也欤？”实为猜测之辞。考《资暇集》引庾元威辨夔戎事，则《座右方》非仅论书可知。《座右方》，《隋志》小说类著录八卷，题庾元威撰，《通志略》同。《旧唐志》小说家著录三卷；《新唐志》亦三卷，题作《坐右方》。可见唐宋时有八卷和三卷两种版本，有《座右方》和《坐右方》两种题名。《郡斋读书志》《直

①严可均辑，《全上古三代秦汉三国六朝文》（第七册），河北教育出版社1997年版第704页。

②严可均辑，《全梁文》（下册），商务印书馆1999年版第753页。

③王齐洲、毕彩霞，《〈新唐书·艺文志〉著录小说集解》，岳麓书社2009年版第144页。

斋书录解题》《文献通考》《宋志》均不载。明《国史经籍志》著录同《隋志》，或为抄录。疑其书在南宋时已佚，今未见佚文。

因此，庾元威《论书》所言的“坐右作午薑字”，当指《座右方》中的内容，但鉴于《座右方》“未见佚文”，其内容只能从一些零星的记载中窥得一二了。唐李匡乂《资暇集》卷中谈到：“庾元规著《座右方》，所言蹙戎者，今之蹙融也。”“蹙融”是古代弈戏之一，《酉阳杂俎》中也说到：“《座右方》云：白黑各六棋，依六博棋形，颇似枕状。又魏戏法，先立一棋于局中，余闻白黑围绕之，十八筹成都。”[①]可见《座右方》的内容并非什么严肃的作品，与书法的关系也并不大。有人认为《法书要录》有此语，“据此本书似与文房四宝传闻有关”，显然不妥。[②]

《座右方》又被编入《隋志》小说类，日本人高侨稔所著《中国说话文学之诞生》一书认为，《杂书钞》《座右方》《座右法》等是有关家庭杂书和家庭医学类书，并且还收录了《世说新语》等后世所说的志人类小说等。[③]高侨稔的说法不知何据，但如果真是“家庭杂书”“家庭医学类书”的话，结合前面所谈及的“蹙融”之戏，我们可以说《座右方》是一本讲述家居生活杂事的笔记类作品。

“午薑”何意？范校本“午薑”疑为“乾薑（姜）”。“姜”确实可以写为“薑”，元罗天益《卫生宝鉴》卷九《半夏茯苓天麻汤》“干姜”即写成“干薑”。

而“乾”“干”古可相假借。清朱骏声《说文通训定声·干部》：“干，假借为乾。”《释名·释饮食》：“干饭，饭而暴干之也。”《座右方》既然是一本家居百科笔记，“乾姜”作为中药的一味，范校本的说法似乎有些道理。与之相应，“莼羹”出现在这本“百科笔记”中也就在情理之中了。

“不依羲、献妙迹，不逐陶、葛名方”又是什么意思呢，“羲、献妙迹”指王羲之和王献之的书法作品，“陶、葛名方”指陶弘景、葛洪的药

①(唐)段成式撰，曹中孚校点，《酉阳杂俎》，上海古籍出版社2012年版第151页。
② 石昌渝，《中国古代小说总目·文言卷》，山西教育出版社2004年版第692页。
③(日)高侨稔著，申荷丽译，《中国说话文学之诞生》，商务印书馆2013年版第17页。

方，陶弘景著有《肘后百一方》《本草经集注》等，葛洪则著有《金匮药方》百卷和《肘后备急方》四卷。黄惇、李彤《艺术中国·书法卷》认为，[①]“羲、献”的作品和“陶、葛”的药方（名方）中有许多俗字，“不依羲、献妙迹，不逐陶、葛名方”就是不学他们书法中的俗字。结合庾元威“留心字法”的说法，黄惇、李彤的观点是值得重视的。

但鉴于没有更多的材料支撑，“午畺”二字，《法书要录》津逮本、学津本、四库本又均同，我们认为，将此句断为“坐右作午畺字”，并将“坐右”加上书名号、“午畺”加上双引号恐怕是最为稳妥的办法了。

庾肩吾

庾肩吾书如新亭伧父，一往见似扬州人，共语便音态出。——梁袁昂《古今书评》（P59）

四库本作“庾肩吾”。津逮本作“施肩吾”，范校本从之，并附有校注“御览作‘施吴兴’。”在萧衍《古今书人优劣评》中，此处的“庾肩吾”变成了“吴施”，但六朝并无“施肩吾”“施吴兴”或“吴施”的书家。唐代倒有一位诗人叫施肩吾，元和十五年（820年）进士。不待授官，即离京东归，后隐居洪州（今江西南昌）西山修道以终。与袁昂相距数百年。明梅鼎祚《梁文纪》卷九《上武帝古今评书启》也认为：“武帝《评书》作吴施。鼎按，施肩吾乃唐人，此必庾肩吾之误也。”除此之外，梅鼎祚似乎也没有更为有力的证据。我们也未查到六朝时有与此同名的书法家。而“庾肩吾”为南朝梁人，《隋书·经籍志》载有《梁度支尚书庾肩吾集》十卷，《法书要录》收录其《书品论》一篇。但即使如此，我们也不能就此断言六朝决无叫“施肩吾”“施吴兴”或“吴施”者。

按，我们可以从书论中各种对“庾肩吾”的评判来找寻答案。我们先看“如新亭伧父，一往见似扬州人，共语便音态出。”一句的表面文义，潘运告译为：“如新亭粗鄙的北人，一时遇见与扬州人一起说话，便现出本色语音神态来。”南北朝时，南人对北人的蔑称“伧人”“虏父”。《宋

① 黄惇、李彤，《艺术中国·书法卷》，南京大学出版社2016年版第86页。

书·沈昙庆传》："时殿中员外将军裴景仁助戍彭城，本伧人，多悉戍荒事。"宋陆游《老学庵笔记》卷九："南朝谓北人曰'伧父'，或谓之'虏父'。""新亭"在建康西南，在这里显然指居于其间的北方人。

从东晋至梁，北人侨居江南者日多，衣冠南渡，北人皆以自己的正统身份为傲。故虽居吴地，与当地人语，未免拿腔作态。周一良认为，袁昂独以扬州人为喻，是因为扬州为都城所在，这种侨吴混合语音也最盛。①但袁昂此语的隐喻之义是什么呢？

唐代窦臮《述书赋》这样评论庾肩吾："肩吾通塞，并乏天性。工归文华，拙见草正。"又："庾中庶失品格，拘以文华。"可见"文华"太盛，反而掩盖了他的"天性"。唐张怀瓘《书断》则总结最为到位："庾肩吾……变态殊妍，多惭质素，虽有奇尚，手不称情，乏于筋力。文胜质则史，是之谓乎！"我们再回头看"新亭伧父，一往见似扬州人，共语便音态出"，不正是"文"之太过，反而弄巧成拙吗？其文章也与书法一样，"文华"太盛。其在南朝梁时，与子庾信和徐摛、徐陵父子，诗文绮艳，当时称为"徐庾体"。这个"庾肩吾"又在后人传写的过程中，与唐时的"施肩吾"、下文的"吴兴小儿"辗转杂糅，遂炮制出数种名称。

综上以述，"施肩吾""施吴兴"或"吴施"皆是误衍，诸本当以"庾肩吾"为是。

充悦

王子敬书如河洛间少年，虽有充悦，而举体沓拖，殊不可耐。——梁袁昂《古今书评》(P59)

充悦，潘运告说是"欣喜自得貌"，乔志强认为是"精神焕发"。但这又与后文"举体沓拖"的说法不合。按，"充悦"当为丰腴貌。此词最早见于汉代的医书，华陀《中藏经》卷中《论肉痺》第三十六："久不治则为肉痺也。肉痺之状：其先能食而不能充悦，四肢缓而不收持者是也。""能食而不能充悦"就是能吃却不长肉。唐玄奘《阿毗达磨大毗婆沙论》

①周一良,《魏晋南北朝史论》,辽宁教育出版社1998年版第103页。

卷第二十三《杂蕴第一》："又如经说先见女人形容端正，少壮充悦，次复见彼衰老羸瘦。""少壮"对"衰老"，"充悦"对"羸瘦"，其"丰腴"之义可知。宋褚伯秀《南华真经义海纂微》卷六十五《田子方第二》则说得再明白不过了："饭牛而肥，谓百里奚虽处贱躬耕而乐道忘贫，四体充悦，非谓牛肥也。""肥"与"充悦"互文见义。"充悦"指丰腴，是因为"充"字本来就中"肥壮"义，《仪礼·特牲馈食礼》："宗人视牲告充。"郑玄注："充，犹肥也。"

"充"可以组成"充盛"一词，指"丰润"之义。汉班固《白虎通·嫁娶》："女二十，肌肤充盛，任为人母。"还可以与"肥"组成"肥充"一词，北魏贾思勰《齐民要术·养牛马驴骡》："服牛乘马，量其力能；寒温饮饲，适其天性：如不肥充繁息者，未之有也。""悦"则是指气色好，因此"充悦"表达的"丰腴"多是气色好而肤色润泽的丰腴，故有时词义即指健康的气色或润泽的肤色。如唐张鷟《朝野佥载》卷三："其何婆士女填门，饷遗满道，颜色充悦，心气殊高。"此言肤色。元赵道一《历世真仙体道通鉴》卷二十三《王廓》："自此充悦无疾，渐猒五榖。乃入名山学道去。"清蒋薰《留素堂诗删》卷五《陇头草》："日因世故多，自觉道心少。神气不充悦，形容亦枯槁。""充悦无疾""神气充悦"皆指健康的气色。明抱瓮老人《今古奇观》卷十四《宋金郎团圆破毡笠》："今日财发身发，肌肤充悦，容采光泽，绝无旧日枯瘠之容，寒酸之气。"并言"肌肤"，又言无"枯瘠之容，寒酸之气"，故此处的充悦既指气色好，又指身体丰腴。"充悦"的"丰腴"义，《大词典》未收。

"河洛间少年"乃世家富贵儿的代称，这些富家子弟养尊处优，自然体肉丰腴，不免有行动迟缓之累。举体沓拖，喻子敬书笔力稍肥，妍媚有余。文论中也有这种丰腴研媚的说法，清卢文弨《抱经堂文集》卷第七《补题辞》："文之体裁无一不备：有高古简质者，有华腴充悦者。""华腴"即"充悦"。

"充悦"在唐代还衍生了"喜悦自得"的义项。释道宣《续高僧传》卷二《译经篇》："求既不遂，劳弊转增。专诵观世音咒，夜雨忽降，身心充悦。”清包世臣《艺舟双楫》卷八《汤氏墓志铭》：“时严寒而孺人棉衣未具，语次充悦，略不及贫难状。”

沓拖

王子敬书如河洛间少年，虽有充悦，而举体沓拖，殊不可耐。——梁袁昂《古今书评》（P59）

沓拖，范校本校《御览》作“蹉跎”，《大词典》释有“相重貌”和“拖拉，不利落。”两个义项。潘运告认为“沓拖”是“水波重叠貌，谓有一种奔腾的活力”。曹得华、乔何赞成潘说，又进一步说“子敬书有一种感发人喜爱的艺术魅力，叫人按捺不住”。荆子洋认为“沓”更像词缀，“拖”当取纵义，言“文字形体的自由放纵”。

按，清王夫之《夕堂永日绪论外编》中例：“学八大家者，‘之’‘而’‘其’‘以’，层累相叠，如刈草茅，无所择而缚为一束；又如半死蚓，沓拖不耐，皆贱也。”王夫之在这里是谈论的文学创作，其“沓拖不耐”的说法显然是从《古今书评》中来的。但书论中的“沓拖”却并非“拖拉，不利落”之义，明安世凤《墨林快事》卷七《豊稷永明寺记》：“此碑始显，玩之几不忍释手，开大而不沓拖，谨密而不拘曲。”又卷八《黄此君轩》：“其不拘束而自合矩度。然学之者多至于沓拖无骨，不相称架。”“沓拖”的笔法较为“开大”。明李日华《味水轩日记》卷二：“余平生见苏书皆肥褊沓拖，此独精紧快利，神明焕然。”“肥褊”“沓拖”连言，又明汪砢玉《珊瑚网》卷二十四《王元美艺苑评》：“饿隶之与沓拖，子弟一瘦一肥，毋乃太相牴牾欤？……第结法虽沓拖多卧势，不能作山阴内擫笔，然圆熟轻俊不妨张翼之乱真也。”从中可见，“沓拖”者形体较肥扁，体势开张多卧势。清孙岳颁《佩文斋书画谱》卷四十《徐贲》：“徐幼文楷笔秀整端，慎不为沓拖自恣。”“沓拖”者不够“整端”，缘其“自恣”也。

综上以观，“沓拖”当指笔法开张自恣，多卧势而显肥扁。王子敬的“一笔书”也正有此态，而“河洛间少年”率性自恣，以此为喻，不亦宜乎？“沓拖”实为一联绵词，荆子洋分而析之，虽近其义，但辨析之法显然有误。

书者，如也

书者，如也；述事契誓者也；字者，孳也，孳乳浸多者也。——唐虞世南《书旨述》（P68）

许慎《说文解字·叙》：“著于竹帛谓之书，书者，如也。”其后，“书者，如也”又成为书学中重要的美学观点。比拟动词后没有宾语，从修辞上说，没有喻体和喻底。这给人们的解读带来许多想象的空间，而不同的释读也揭示了书法美学的许多特征。

需要指出的是，许多的分歧，不是来自“如”，而是来自“书”，虞世南《书旨述》说“书”，是“述事契誓者也”，是“书写”，并不是书法，也并未指出“如”的真正义涵。其后张怀瓘《书断》（并序）作了进一步的阐发：“书者，如也，舒也，著也，记也。著明万事，记往知来。名言诸无，宰制群有。何幽不贯，何往不经。实可谓事简而应博，岂人力哉！”张氏所言也着重在“著明万事”，“舒也”当为蔡邕《笔论》中所说的“书者，散也”的“散怀抱”，至于“如”的喻体也并未揭示。明清以后才渐次加以阐发开来，大略有以下几种说法：

1. 如其意。明王维桢《槐野先生存笥稿》卷十三策：“书者，如也。谓写其言，如其意意：在千里则言远，意在咫尺则言近。”清王鸣盛《蛾术编》卷十五《说字》一；“书者，如也。写其言，如其意，得展舒也。”

2. 如其象。清皮锡瑞《师伏堂骈文二种》卷一《仓帝史皇氏颂》：“书者，如也。取譬而竹帛著玉山册府，循而通明，宝爻经函，绍以阐绎。”清嵇璜《续通志》卷九十二六《书略》：“书者，如也。徐锴曰：凡六书之义起于象形，则日月之属是也。”清乔松年《纬捃》卷二《尚书纬》：“上天垂文布节度。书者，如也，如天行也。”

3. 如其言。清毛奇龄《经问》卷三：“书者，如也。如其所言而记之。”

4. 如其事。明徐一夔《明集礼》卷四十七《字体》：“书者，如也。如者如其事也。”

5. 如其人。刘熙载《艺概》：“书者，如也。如其学，如其才，如其志，总之曰如其人而已。”刘熙载的说法虽貌似从虞世南而来，实则是对晚唐司空图、北宋欧阳修和苏轼的“书如其人”说的承继。

颇值一提的是，“书”与“写”义近，“书如其人”的说法，在清末又与“写有二义”说相互发明，清周星莲《临池管见》中说：“写有二义：《说文》，‘写，置物也。’《韵书》，‘写，输也。置者，置物之形；输者，输我之心。两义并不相悖。所以字为心画。若仅能置物之形，而不能输我之心，则画字、写字之义两失矣。”“写”的二义，正对应“书者如也”的“如其象”和“如其意”。

特健乐

> 驸马武延秀久践虏庭，无功于此，徒闻二王之迹，强学宝重，乃呼薛稷、郑愔及平一评其善恶。诸人随事答，为上者登时去牙轴紫褾，易以漆轴黄麻纸。褾题云特健乐，云是虏语，其书合作者。时有太宗御笔于后题之，叹其雄逸。——唐武平一《徐氏法书记》(P91)

“特健乐”一词，四库本《墨薮》和《墨池编》录为“特健药”。无论是“特健乐”还是“特健药”，皆为难解，冯亦吾就径直解释：“一种隐语，使外人不能明其意者。”还有人认为是“书画的别称”。[①]《书法辞典》“特健药”条录清缪日藻《寓意录·宋克题赵孟頫兰亭十三跋》文，却并未给出解释；《书法篆刻术语辞典》“特健药”条引元陶宗仪《南村辍耕录》文，也未能释义。

有意思的是，一方面注家不能索解，另一方面，“特健药”一语在现代书画家手上使用甚勤，许多人在作品上题此三字，以喻书画有药石之用，刘曦林著《二十世纪中国画史》载吴昌硕画跋云：“予素不知画，衰病，多睡虑伤脾，时以作篆之笔，横涂直抹，丑态毕露。人谓似孟皋，似

① 明朱有燉著，朱仰东笺注，《朱有燉〈诚斋录〉笺注》，中国文联出版社2016年版第509页。

白阳，似清湘僧，予故应之曰：‘特健药而已，奚画为？’”[①]甚至多有在文章中以此谈书画之疗效者。[②]我们反观《徐氏法书记》中，驸马武延秀云此三字是“虏语”，即北方少数民族之语，当然不是“特健药”三字的字面之义，更与药石了不相涉。

唐以后的学者对此语多有论及，元陶宗仪《南村辍耕录》卷之十二：“‘特健药’云是虏语，其书合作者。时有太宗御笔于后题之，叹其雄逸云云。及考之《书苑菁华》，‘特健药’作‘特健乐’恐是锓梓者之误耳。”陶宗仪认为“特健乐”应该作“特健药”，此误当是“锓梓者”即“雕板刻工”的手误。陶宗仪没有说出自己的根据，而“特健乐”的用法非唯《书苑菁华》一书使用，《法书要录》诸刻本也均如是，故陶氏所言并未足信。除非我们知道“‘特健药’云是虏语”，到底是何种虏语，其义为何。

“虏”是中国古代对北方外族的贬称，《后汉书·郑众传》：“众至北庭，虏欲令拜，众不为屈。”“虏语”当即是北方少数民族之语。元陆友仁《研北杂志》卷下：“‘特健药’三字按武平一《徐氏法画苑》云中宗附马武延秀家法书，漆轴，黄麻纸。标题云‘特健药’，云是北语。”看来虏语即北语是基本上没有什么问题的。清顾文彬《过云楼书画记》卷三《书类》之三《俞紫芝临定武稧帖并诗卷》曰：

> 《辍耕录》引《墨薮》载《徐氏书记》云；题云“特健药”，是虏语，其书合作者辨之。余按，特健药三字本唐太宗旧题，二王真迹皆有之，故《研北杂志》云颜鲁子侍郎之孙家，有钟绍京书《黄庭经》，纸尾题“特健药”三字，为钟所见，《黄庭》有此之证。此子中所临稧帖亦必是宋拓定武出于汤普彻者，故与宋仲温家藏本同。仲温跋云“特健药”乃梵语云合作耳。

按顾文彬所言“特健药”是梵语，但梵语是古印度语，说它是“北语”，倒有点“南”辕“北”辙了。清梁章钜《浪迹丛谈》卷九《特健药》

① 刘曦林，《二十世纪中国画史》，上海人民美术出版社2012年版第177页。

② 参见“酣高楼”在《大美术》2004年11期《时尚入眼，经典在心》一文。

条提供了另一说法："往见收藏家于旧书画之首尾或题'特健药'字，亦有取为篆印者。考《法书要录》载武平一《徐氏法书记》曰：'驸马武延秀阅二王之迹，强学宝重，乃呼薛稷郑愔及平一评其善恶，诸人随事答，称为上者题云'特健药'，云是突厥语'其解甚明，乃《辍耕录》不喻其义而《香祖笔记》又以字义穿凿解之益误矣。"梁章钜说"特健药"是突厥语，并且"其解甚明"，但又没有更多的解释，让我们愈发不明了。唐徐浩《古迹记》还有这么一段记载：

安乐公主婿武延秀在坐，归以告公主曰："主言承恩，未为富贵。适过宗令，别得赐书。一席观之，辍餐忘食。"及明谒见，颇有怨言。帝令开缄，倾库悉与之。延秀复会宾客，举柜令看，分散朝廷，无复宝惜。太平公主取五帙五十卷，别造胡书四字印缝，宰相各三十卷，将军驸马各十卷，自此内库真迹，散落诸家。

太平公主在武延秀之后"取五帙五十卷，别造胡书四字印缝"，在六朝时"胡书"指胡人的文字。北齐颜之推《颜氏家训·省事》："天文、画绘、棋博、鲜卑语、胡书、煎胡桃油，炼锡为银，如此之类，略得梗概，皆不通熟。"也可指科斗书。南朝梁任昉《述异记》卷上："陶唐之世，越常国献千岁神龟，方三尺余，背上有文科斗书，记开辟以来。帝命录之，谓之龟历。伏滔述帝功德铭曰：'胡书龟历之文。'"唐窦臮《述书赋》载："太平公主武氏家玉印有四胡书，今多墨涂，存者盖寡。又云'三藐毋驮'四字也。"可见非科斗书，此处的"胡书"是胡人之书，胡人乃北方边地及西域各民族的泛称，与《徐氏法书记》中的"虏语"相比，所指更加广泛了。

清永瑢《四库全书总目》卷一百二十二《香祖笔记十二卷》有案语云："案《唐书》称延秀尝质于突厥，解其国语。《法书要录》所载太平公主'三驮藐提'四字印亦突厥语也。"

"特健药"为驸马武延秀所书，延秀尝质于突厥，自然解其国语，故为突厥语的可能极大。但永瑢所说的"三驮藐提"似乎并不是突厥语，

“三驮藐提”也应为“三藐毋驮”。[1]唐张彦远《历代名画记》卷三：“太平公主驸马武延秀玉印胡书四字，梵音云三藐母驮。”《历代名画记》所说的“太平公主驸马武延秀玉印”一语当有误，此印为太平公主所有，武延秀是安乐公主的驸马。但“三藐母驮”是梵音的说法是正确的。梵音犹梵语，指古印度的语言。唐黄滔《灵山塑北方毗沙门天王碑》：“夫毗沙门，梵音，唐言多闻也。”承载认为“三藐毋驮”是“三藐三菩提”的对音，[2]很有见地。按，三藐三菩提是梵语的译音，义为正等正觉，即真正平等之觉悟的意思。宋谢维新《事类备要》卷四十八《释教门》：“梵语佛陀或云浮屠，或云部多，或云毋驮，或云没陀，皆是五天竺语。楚夏并译为觉，今略称佛也。”而佛陀也译成“菩提”，故毋驮即“菩提”，“三藐毋驮”是“三藐三菩提”缩略的译法。

至于为什么要缩为四字，这是当时印章的形制要求的。窦臮《述书赋》说这种收藏印：“金镌篆字，少能全一，多不越四。”正是这“多不越四”的用字规则让太平公主只好取“四字胡书了”。“三藐毋驮”显然是胡文音译，“特健药”也正类此。但要说“特健药”是梵语的音译，是以和太平公主、武延秀的关系而想当然耳，远没有清永瑢据《唐书》记载所推断的“突厥语”一说更为可信。

对于这三个字的意思，清王士祯《香祖笔记》卷十二有自己颇为得意的解释：“《辍耕录》言或题画曰‘特健药’，不喻其义。予因思昔人如秦少游观《辋川图》而愈疾，而黄大痴、曹云西、沈石田、文衡山辈皆工画，皆享大年。人谓是烟云供养，则‘特健药’之名，不亦宜乎？”王士祯云“特健药”即“烟云供养”，服此“药”可“享大年”。从字面之义来看，王士祯所言似乎很有道理，但此三字虏语显然是音译而不是意译，要不然武延秀也不会对众人解释一番了。也难怪《四库全书总目》卷一百二十二《香祖笔记十二卷》上曰：“明士祯乃以字义穿凿殊为失考。此非僻

① 永瑢所言的“三驮藐提”应为“三藐毋驮”。《中国书法史绎》(卢辅圣主编，王元军、王亚辉著，上海书画出版社2014年版第356页)中谈到，2003年故宫购得的《出师颂》墨迹就有“三藐毋驮”四字印。

② (唐)张彦远撰，承载译，《历代名画记全译》，贵州人民出版社1999年版第187页。

事，殆耄而忘乎然?”“老糊涂”都快用上了，可见王士祯所见之谬。虏语不可晓，我们只有从上下文揣其文义了。

我们从“特健药”的上下文看到，此语是说“其书合作者”，“合作”乃书论中常语，由“合意之作”引申“上乘之作”之义。

元陆友仁《研北杂志》卷下：“‘特健药’三字按武平一《徐氏法画苑》云中宗附马武延秀家法书漆轴黄麻纸标题云‘特健药’。云是北语，其书合作者。一云宋以之标法书上品。洪景卢诗云；‘会有高明标健药’。盖用此语。”陆友仁“二云”云云，显然不知“合作”即“书上品”“特健药”——“上乘之作”。

“特健乐”为虏语记音之词。乐，《广韵》：“喜乐，又五角、五教二切。”属疑纽觉韵字；药是以灼切，属以纽药韵字，二者字形相近，药韵与觉韵可以相协。自不必作“特健药”，引后人无穷的“药石”之想了。

至此，尚有一个问题求解，“特健乐”或“特健药”究竟是梵语还是突厥语呢？刘铭恕先生在1944年《说文月刊》载有《美术辞典中之外来语特健药》一文，给我们提供了很大的帮助，据刘先生言，他看到在《蒙藏月报》第十三卷第五期姜康撰写的《维吾尔语与国语的关系》一文，在“国语曾采用维吾尔语译音的字”一节中，曾列有“特健药”，言“特健药”即回语之译音，意为顶好。如此，我们的疑惑涣然冰释！维吾尔族语，属阿尔泰语系的突厥语族，“顶好”不正是“合作”之义吗？在这里，似乎问题都已经迎刃而解了，但具体说来，“特健”指什么，“药”又是何义呢？岑仲勉在《突厥集史》一书中为我们提供了非常可信的说法：“特健”是“特勤（tegin）”的异写，这是突厥人对其子弟或女婿之称呼，“药”与“yaq-”相当，是“欢喜”之义。“特健药”者，即“特勤所欢喜”。我们再考虑到武延秀尝质于突厥，后又为驸马，这样刻鉴赏收藏之印，不亦宜乎？这样看来，作品“特健药”的“顶好”之义是从鉴赏者的“欢喜”引申出来的。

其实“特健药”一语，唐后之人也并非全然不懂，清戴熙《习苦斋集》诗集卷七《横山草堂图为张受之题》：“思得文翁特健药，每逢感旧一闻看。”从文中可感知，戴熙应该已经知道“特健药”乃“得意之作”“上乘之作”的意思了。当我们厘清了“特健乐”“特健药”和“合作”的关系后，我想当今书画界以此三字题署己作以表修身之道的风气似乎可以告一段落了，否则自我标榜为“上乘之作”，怕又要让永瑢从坟中起而骂之了。

砻斫主

且得于书法，失于背古。是知难与之浑朴言，可以为砻斫主矣。——唐窦臮《述书赋》（P148）

砻斫，《墨池编》《书苑》作“斫磨”，潘运告从之。并释：“斫磨，雕凿摩拟。磨，用同摩。”按，潘运告作“斫磨”误。释文也显为不妥。“砻”亦作“礲”，是磨砺的意思。《说文·石部》：“砻，䃺也。”段玉裁注：“谓以石䃺物曰砻也。”《玉篇·石部》：“砻，磨砻也。”“砻斫”即磨砺、打磨之义。宋魏仲举《五百家注昌黎文集》卷八注韩愈《纳凉联句》：“砻斫，谓磨砻也。”宋真德秀《文章正宗》卷二十《梓人传》：“有梓人款其门，愿佣隟宇而处焉。所职寻引，规矩绳墨，家不居砻斫之器。”“砻斫之器”即打磨工具。凡器之粗陋为朴，待打磨而精致，故“砻斫”与“朴”常相对应，唐刘禹锡《刘梦得文集》卷第二《犹子蔚适越戒》：“汝之始成人，犹器之作朴。是宜力学为砻斫，亲贤为青黄，睦僚友为瑶金。”“砻斫主”即“主砻斫”，犹“浑朴言”即“言浑朴”，“主”是“决定”之义。窦臮认为那些在书法上“背古”的人，是不能与之谈“浑朴”的，只可以与之讨论、决定“雕琢”“打磨”这些表面浮华的事情罢了。

其实，窦臮是想把“砻斫”设为一个书论美学专用范畴的，其兄窦蒙在《〈述书赋〉语例字格》有解释：“质朴，天仙玉女，粉黛何施；砻斫，错综雕文，方申巧妙。”与“质朴”相对，“砻斫”指“错综雕文”的刻意雕琢。但在后世书论中，因“工夫”与“天然”概念的流行，这一对范畴并没使用开来，也导致此词被后人误释。

冠柤梨之下果，怯鸾凤之珍禽

太宗（明帝）徽音，用壮之心。遗弃鄙野，不无高深。快突俗工，匠古邻今。冠柤梨之下果，怯鸾凤之珍禽。——唐窦臮《述书赋》（P151）

“冠柤梨之下果，怯鸾凤之珍禽”，潘运告释为：“书的品格如冠于山楂和梨以下的水果，畏惧鸾凤一类的珍禽。”让人如坠云雾。按，柤，即“樝”字，也作“楂”。《说文·木部》：“樝，果似梨而酢。”桂馥义证：“樝，字又作楂。”《广韵·麻韵》：“樝，似梨而酸。或作柤。”清瑞辰《毛诗传笺通释》卷二十七《召缗》：“‘柤’即‘樝’字之省。……《内则》作‘柤梨’，今本通作‘楂梨’。”但这个“柤”是不是潘氏所言的“山楂”呢？《大字典》释：“柤，同‘樝（楂）。’木名，即山楂。”似乎印证了潘氏的说法。我们再看《广雅·释木》：“樝，梨也。”王念孙疏证：“樝，亦作楂。……王氏《农书》云：樝似小梨，西山唐、邓间多种之，味劣于梨，与木瓜而入蜜煮汤，则香美过之。”从中可见，“樝”是一种较酸的梨，与我们现在的山楂并不相像。南北朝贾思勰《齐民要术》卷十《柤》：“《风土记》曰：柤，梨属，内坚而香。”

“内坚而香”的梨又怎么是山楂呢？《本草纲目·果部·樝子》的描述与山楂更加不同了：“樝子乃木瓜之酢涩者，小于木瓜，色微黄，蒂、核皆精，核中之子小圆也。”似木瓜且“色微黄”，更与山楂相距甚远矣。因此，“柤”决非现今的山楂，《大字典》有误。倒是《大词典》较为谨慎，只是解释为“果木名”。

那么，“柤”究竟是何物呢？清张之洞《（光绪）顺天府志》卷三十三中在罗列了上说后，认为：“樝，今顺天人呼之铁梨。……《尔雅义疏》即今铁梨，黄赤而圆，肉坚酸涩，煮熟则甜滑。今顺天人呼之铁梨。”此说与以上描述皆合，笔者家乡也有这种铁梨，较酸涩，多煮熟食之，煮熟后软烂而味香，常称为面梨。但此果口感一般，现在已经很少看到了。“柤”与“梨”常常合而称之，庄周《庄子·内篇·人闲世》第四：“夫柤梨、橘柚、果蓏之属，实熟则剥，剥则辱，大枝折，小枝泄。”《世说新语·品藻》：“樝梨、橘柚，各有其美。”至于山楂，古亦称为“山樝”或“山查”，与“柤梨”并不相同，宋杨士瀛《仁斋直指》卷八就载有用“山楂子”“枳实”等配伍的药方。《本草纲目·果部·樝子》与《本草纲目·果二·山楂》各为两物论之，也可以说明这点。

我们再看“冠柤梨之下果，怯鸾凤之珍禽”的语意，“柤梨”口味平常，所以可为果之下品，以此喻平庸之人；“鸾凤”为禽中之珍，以此喻高才之人。此句言太宗书法虽未尽美，但“不无高深”，可以技压庸人，也让高才之人有所忌惮。

濩落

濩落风规，雄壮气力。播清誉而祖述，屡见赏于有识。如曲圃鸿飞，芳园桂植。——唐窦臮《述书赋》(P163)

濩落，《大词典》释：“原谓廓落。引申谓沦落失意。”《唐五代语言词典》释：“空廓，廓落无用。引申指落魄、失意。”徐时仪在《〈慧琳音义〉所释方俗词语考》一文认为，“濩落”有言辞宽泛虚玄义，又据慧琳引郭注《尔雅》和郑注《礼记》所释，“濩”有沦义和困迫失志皃，“濩落”由“宽旷不着边迹”义引申又有“落拓失意”义。

按，以上诸说虽然在各自所引文献中于义甚安，但放在“濩落风规，雄壮气力”一语中就扞格不通了。此语是窦臮评王绍宗书法的品评语，“雄壮气力”“屡见赏于有识。如曲圃鸿飞，芳园桂植”俱是褒赞之辞。其能“祖述子敬，钦羡柬之”（张怀瓘《书断》），“播清誉而祖述”正是指此，又何来“落魄、失意”可言？潘运告释为“宽弘、豁达”，似乎于义可通。但又言“原谓廓落”，显然是从《大词典》释义而来，“宽弘、豁达”就显得毫无根据，未免有随文释义之嫌。我们认为，要找到合理的解释，就要追溯此词的来源。

《庄子·逍遥游》：“剖之以为瓢，则瓠落无所容。”梁简文帝云：“瓠落，犹廓落也。”司马彪云：“瓠．布护也。落．零落也。”“瓠落”为空而大皃。南北朝萧统《六臣注文选》卷二十六谢灵运《永初三年七月十六日之郡初发都》："空班赵氏璧，徒乖魏王瓠。"司马彪注："瓠，布濩。落，零落也。枵然大貌。喻庄子之言大也，若巨瓠之无施也。一瓠落，大貌。"司马彪注所揭有二：第一，布护即布濩，[1]故瓠落可为"濩落"。唐柳宗元《增广百家补注唐柳先生文集》卷一《处士段弘古墓志》曰："段处士弘古读纵横书，刚峭少合，尤濩落，不事産。人或交之，度非义辄去。以故年五十不就禄。"其下有注："孙曰：濩落，大貌。《庄子》作瓠落，与濩落同。"第二，瓠落之义固然有"大而无所施展"一途，但也可指大貌。由"大无所施"进而引申为"落魄、失意"，此例甚多，唐韩愈《赠族姪》诗："萧条资用尽，濩落门巷空。"宋曹勋《松隐集》卷九《王正道再遇竹冠》："媿我大匏真濩落，乃今漂流如无何。"但需要指出的是，"濩落"的大貌义，在中古又引申出"放达"之义，唐韦应物《韦刺史诗集》卷五《送豆卢策秀才》："古来濩落者，俱不事田园。文如金石韵，岂乏知音言。"又唐白居易《白氏长庆集》卷五十二《问秋光》："老伴无如鹤，自适颇从容。旁观诚濩落，身心转恬泰。"观人"自适"，自心也放达起来，故曰"转恬泰"。窦臮评王绍宗"濩落风规，雄壮气力"正谓其书法风度放达，气势雄健也。只是此义项在近代汉语中已经很少出现，故诸词典未收。

"濩落"由"大貌"，这个"瓠"的性质进而指代"瓠"本身，宋陈思《两宋名贤小集》卷二百二《戏呈虞君明》曰："请观五石大瓠种，且以濩落浮江湖。"此词的理据已不为后人所晓，故常被人以联绵词视之，中古以后，辗转有多种形式，胡卢、胡芦、壶卢、葫芦皆其别名也。

---

[1]"布濩"是遍布、布散、笼罩之义。《史记·司马相如列传》曰："鲜枝黄砾，蒋芧青薠，布濩闳泽，延曼太原。"《文选·张衡〈东京赋〉》曰："声教布濩，盈溢天区。"薛综注："布濩，犹散被也。"

二、书论词语的特殊研究方法

书论著作，文体多四六骈文，语言繁华富丽，加之书法理论独特的话语系统，校释工作自与他文不同。我们认为，就疑难词语的考释而言，除了传统的训诂手段以外，尚需在研究的方法论方面作如下考量：

六朝书论骈体四六之句俯拾可得，多为铺陈品物之文，往往将几个偏旁的字相连使用，当无字可用时，有时甚而“随文造字”，也称为“义符类化”。清方以智《通雅》卷三十二曰：“‘䵹黈点黼’，因书势而造也。”显然，方以智已经意识到了这种“随文”“因境”造字的现象。“䵹、黼”二字，历代辞书示例只有《草书势》一个，也正说明此二字是崔瑗“随文所造”。“攣”“攩”字的造字机理亦同于此。这“是文学表现与文字发展之间彼此作用的结果。对于文学表现而言，它考虑到欣赏者的视觉接受，突出整齐划一的同类排列。在大赋中它醒目地按所铺排事物的属性（如山、水、草、木、鱼、鸟等）在文章中划分出不规则的板块，使个体汉字间意义差异淡化，而整段文字的共同形象强化，促成了‘繁类以成艳’的效果。”①因此，如果当此类僻字他书未见时，以此法思之，或可另开一条生路。

对此类书论词语词义的辨析也要别具法眼。法国语言学家葛兰言（Marce Granet，1884—1940）说：“中国人所使用的语言是特别为描绘而造的，而不是为分类而有的；一个特为唤醒特殊感觉而不是为着下定义或下判断而有的语言。”“对概念的抽象的表达来说是不大方便的。”②作为“原始思维说”的忠实拥护者，葛兰言的学说已被公正客观的语言研究理论所抛弃，但其对汉语词汇的认识不无合理之处。从考释可见，中国传统书论以“意象”语言为主要叙述方法，对一些专业语的描述也打上了这种“意

① 易敏，《〈文选〉汉大赋用字中的义符类化现象》，《北京师范大学学报（人文社会科学版）》2002年第4期。

② 张志毅、张庆云，《词汇语义学与词典编纂》，外语教学与研究出版社2007年版第106页。

象化”烙印，“蜂虿”“螣蛇”“枯木”“坠石”等莫不奔赴笔下。至如“韦诞书如龙威虎振，剑拔弩张；萧子云书如危峰阻日，孤松一枝”（萧衍《书评》）等语，更是只可意会，难与言传。对之进行考察时，不仅要使用传统的训诂方法，还要“唤醒”这些“意象”所描写的“特殊感觉”。不明乎此，则难得其门而入矣。

但需要指出的是，还有一些特殊的专业品评语，多以形容词的形式出现，且呈线状分布。由于词义之间差别细微，用传统训诂方法是很难得确诂的，如遒美、遒迈、遒丽、遒劲、遒逸、遒健、遒密、遒拔、遒婉、遒熟等，必须放在一个平面上共同考察才能得到其确切的语义特征。如能引入语义场的考察方法，对其特征进行一一比较，或许更为有效。

第四章　文本校笺

宋人彭乘《续墨客挥犀》在卷七“校书如扫尘”条曾说：“校书如扫尘，一面扫，一面生，故有一书每三四校，犹有脱谬。”[①]中古书论虽然大多已有勘校，但所遗问题仍然很多，且笺证也大为不足。有些问题在书法理论界辗转流传，影响甚远。对中古书论的进一步精校与笺证显得尤为必要。

①《历代史料笔记丛刊》，中华书局2002年版第496页。

第一节　关系未明

正确的点校需要厘清前后文的关系、对话关系甚至是文中各人物的关系。

弟书遂不减吾

亡曾祖领军洽与右军书云："俱变古形，不尔，至今犹法钟、张。"右军云："弟书遂不减吾。"——南朝齐王僧虔《论书》（P16）

范校本"不尔"后无逗号。《墨池编》为："亡曾祖领军洽，与右军俱变古形，不同尔，至今犹法钟、张。右军云：'弟书遂不减吾。'"《墨池编》未有"书云"二字。且"不同尔"一语不可解。《书苑》"与右军书云"前有"尝"一字，又将"弟书遂不减吾"录为"而书遂不减吾"，又出校注云："四库本此条作'亡曾祖领军洽与右军书云：'弟书遂不减吾'变古制今唯右军领军，不尔，至今犹法钟张。'"《历代书论选注》标点为："亡曾祖领军洽与右军俱变古形，不尔，至今犹法钟、张。右军云：'而书遂不减吾。'"至此，问题集中到两个问题：第一，"俱变古形，不尔，至今犹法钟、张。"是不是王洽与右军书中所言？第二，由"弟"变成"而"是怎么回事？

我们先看第一个问题。南北朝萧子显《南齐书》卷三十三《列传》第十四："亡曾祖领军书，右军云'弟书遂不减吾'。变古制今，唯右军、领军；不尔，至今犹法钟、张。"[①]在这里，"变古制今，唯右库、领军；不尔，至今犹法钟、张"显然都是书中陈述之语，并不是王洽与右军书中所

① 耿相新、康华，《标点本二十五史》，中州古籍出版社1996年版第99页。

言。宋陈思《书小史》卷五："王僧虔云洽与右军书俱变古形，不尔，至今犹法钟、张。"也认为是王僧虔作者自语。我们又看到，《法书要录》"亡曾祖领军洽与右军书云"与"俱变古形，不尔，至今犹法钟、张"是语义上衔接不畅的，故"王洽与右军书"有误。宋陈思《书小史》卷五："王僧虔云：'洽与右军书俱变古形，不尔，至今犹法钟、张。'"于文义最长。

我们再看第二个问题。宋姜夔《绛帖平》卷五云："王领军敬和，丞相第三子，右军之从兄也。"王洽成了右军的从兄，这让"弟书"没有了着落，可能《书苑》正是感觉到了这个"弟"的矛盾之处，改用"而"则要好得多。实际是，王洽确是王导第三子，但王羲之的父亲王旷是王导从弟，王洽（323—358）小王羲之（321—379）两岁，当为从弟无疑。清孙岳颁《佩文斋书画谱》卷八《论书》八中对这种关系反复强调："王洽晋中书令、领军将军，众书通善，尤能隶、行。从兄羲之云：'弟书遂不减吾'（恬，弟也）。"

综此，此段话当减一"云"字，标点如下："亡曾祖领军洽与右军书俱变古形，不尔，至今犹法钟、张。右军云：'弟书遂不减吾。'"

末年遒美之时

> 羲之为会稽，献之为吴兴，故三吴之近地，偏多遗迹也。又是末年，遒美之时中世宗室诸王尚多素嗤，贵游不甚爱好，朝廷亦不搜求。——南朝梁虞和《论书表》（P28）

此段洪校本断为："羲之为会稽，献之为吴兴，故三吴之近地，偏多遗迹也——又是末年遒美之时。中世宗室，诸王尚多，素嗤贵游，不甚爱好，朝廷亦不搜求。"《书苑菁华校注》将破折号改为句号，其余从之。范校本断为："羲之为会稽。献之为吴兴。故三吴之近地。偏多遗迹也。又是末年遒美之时。中世宗室诸王。尚多素嗤。贵游不甚爱好。朝廷亦不搜求。"①

① 范校本引文中的句号实为句读符号。

武周本标点为："羲之为会稽，献之为吴兴，故三吴地偏多遗迹。又是末年遒美之时，中世宗室诸王尚多素骄贵游，不甚爱好，朝廷亦不搜求。"

《墨池编》何校本为："羲之为会稽，献之为吴兴，故三吴之近地，偏多遗迹也。又是末年遒美之时，中世宗室诸王尚多素骄贵游，不甚爱好，朝廷亦不搜求。"①

按，诸校本的点校于文义皆不堪推寻。如洪校本，既是"末年遒美之时"，为何"不甚爱好"？"诸王尚多"与"素嗤贵游"有何关联？范校本的"尚多素嗤"又是何意？武周本"末年遒美之时"也与"尚多素骄贵游"扯不上关联。

我们认为，诸校本的问题皆在于没有理清相关词语的涵义和前后的关系。文中言王羲之作过会稽内史，献之作过吴兴太守，故三吴附近，二王的遗留的书迹较多。关键是"末年"一语，诸本未知何意。"末年"即"老年""晚年"之义，《庄子·齐物论》："昭文之鼓琴也，师旷之枝策也，惠子之据梧也，三子之知几乎，皆其盛者也，故载之末年。"成玄英疏："皆少年盛壮，故能运载形智至于衰末之年。"宋黄伯思《东观余论》法帖刊误卷下引此文为"暮年"，"末年"指"老年"之义甚明。潘运告认为是指"晋代末年"，误。那么，王羲之的晚年之书有何不同呢？我们看陶隐居与梁武帝《论书启》中的记载：

> 逸少自吴兴以前诸书，犹为未称。凡厥好迹，皆是向在会稽时永和十许年中者。从失郡告灵不仕以后，略不复自书。皆使此一人，世中不能别也。见其缓异，呼为末年书。逸少亡后，子敬年十七八，全倣此人书，故遂成与之相似。

这就是书坛上王羲之代笔人的典故，晋代王羲之末年与王述有隙，后王述任高官，去检察王羲之任郡守的会稽郡时，故意刁难。羲之以之为耻，于是称病辞官，在父母墓前发誓不再为官，从此也很少为人作书。不

① 素嗤，《墨池编》为"素骄"，范校本未出校。

得已时，也多由代笔人书写。

从道理上来说，“人书俱老”之时，方是作品最为高妙之时。《论书表》有言：“羲之书在始未有奇殊，不胜庾翼、郗愔，迨其末年，乃造其极。”孙过庭《书谱》也说：“是以右军之书，末年多妙。”但代笔人的介入，使得真伪难辨。故从作品收藏的角度来看，“略不复自书”则真迹甚少，故王羲之晚年的书法作品并不被人看好。更需指出的是，即使是羲之创作最为鼎盛之时，即所谓“遒美之时”，大为时人所推崇，也远无后世声名之隆。因为在宗室诸王中尚多素嗤（不以之为然）者。宗室之外的许多书家，也有许多认为可以与之齐名的。如：“庾征西翼书，少时与右军齐名。右军后进，庾犹不忿。在荆州与都下书云：‘小儿辈乃贱家鸡，皆学逸少书。须吾还，当比之。’”“桓玄书，自比右军，议者未之许。”（王僧虔《论书》）甚或献之对父亲的书法也有微词，说自己之书“故当胜”。余嘉锡《世说新语笺疏》引李慈铭曾云：

> 晋宋六朝膏粱门第，父誉其子，兄夸其弟，以为声价。其为人子者，则务鄙父兄，以示通率。交相伪扇，不顾人伦。世人无识，沿流波诡，从而称之。

综此以观，正因为在“遒美之时”宗室内尚有人并不特别推崇右军之书。到了末年之书，被别人捉刀的时候，对他作品的热情就更为减少了。[①]此处的“贵游”，指无官职的王公贵族。亦泛指显贵者。《周礼·地官·师氏》：“掌国中失之事以教国子弟，凡国之贵游子弟学焉。”郑玄注：“贵游子弟，王公之子弟。游，无官司者。”“贵游”二字当归下，“贵游不甚爱好”正对“朝廷亦不搜求”。贵游（权贵）既然“不甚爱好”，朝廷又不搜求，故而羲之的作品流落民间者很多。正如后文所言“人间所秘，往往不少。”唐张怀瓘《二王等书录》云：“二王书中多有伪迹。好事所蓄，尤宜精审。傥所宝同乎燕石，翻为有识所嗤也。”也正谓此。因此，本句

①刘涛在《书法丛刊》2001年第3期的《王羲之书法的分期问题》一文中说，王羲之四十岁至五十三岁（即公元356年以前）为其全盛期，在356年至361年中则多是代笔书。

应当断为："羲之为会稽，献之为吴兴，故三吴之近地，偏多遗迹也。又是末年，遒美之时中世宗室诸王尚多素嗤，贵游不甚爱好，朝廷亦不搜求。"

那么，末年代笔之人究竟是谁呢？梁章钜《浪迹丛谈》卷十《任靖》载："纪文达师曰：右军杂帖多任靖代书。盖靖学书于右军，后大令又学书于靖也。"梁庾肩吾《书品论》也早就有"任靖矫名"的说法。但《陶弘景与武帝论书启》中，所列王羲之书三十三件，陶弘景指出的伪作就有十四件之多，除任靖外，代笔者有谢安、王珉、张澄等数人，虽说这些伪作不一定都是王羲之让其代笔的，但有一点是可以肯定的——代笔者不是一人。

善效　孤生

张翼善效。宋帝、康昕、希秀孤生。——梁庾肩吾《书品论》（P55）

此句洪校本断作："张翼善效宋帝。庾昕、希秀孤生。"《墨池编》《书苑》从之。

按，当从"效"字断句，"宋帝"归下。南朝宋羊欣《采古来能书人名》即有言："晋穆帝时有张翼，善学人书。"唐张怀瓘《二王等书录》亦云："张翼及僧惠式效右军，时人不能辩。"又言："张翼善隶书，尤长于临仿。"（张怀瓘《书断》）"长于临仿"即"善效"，潘运告认为"效"是"报效"之义，"宋帝"应该指"晋穆帝"，并说是因其遵穆帝诏，仿写右军自书表。辗转附会，曲为之说。

"孤生"一词，《大词典》有两个义项：一为自谦；一为孤独的人。皆与此处文意不合。其实"孤生"在中古时还有"特立独行"的意思。南北朝萧统《六臣注文选》卷第五十七《陶征士诔并序》："其词曰物尚孤生，（五臣本作特生）人固介立。六臣注：瓒曰：介，特也。济曰：特，独也。"又唐李德裕《李文饶别集》卷第三《题奇石》；"蕴玉抱清辉，闲庭日潇洒。块然天地间，自是孤生者。"唐李嗣真《书品后》云："宋文帝有子敬风骨，超纵狼藉，翕焕为美。”胡人康昕“与南州惠式道人，俱学二王，转以己书货之，世人或谬宝此迹，亦或谓为羊。”（唐张怀瓘《书断》）而徐希秀“正则谨促有度，草则拘捡靡伸。如俭德君子，清朝士人”（唐窦臮《述书赋》）。我们看到，无论是“超纵狼藉”，“以己书货之”，还是“清朝士人”，都可以称为特立独行了。此正所谓“孤生”。

朴略

至若程邈隶体，因之罪隶以名其书，朴略微而历禩增损，亟以湮沦。——唐虞世南《书旨述》（P69）

洪校本断为“至若程邈隶体，因之罪隶，以名其书朴略，微而历禩增损，亟以湮沦。”按，隶书之名因“罪隶”而成句，并非因其“朴略”，故“朴略”当归下句。“朴略”一词，范校本为“补略”，不知何据。“朴略”实为中古出现的词语，义为质朴鄙野、质朴简约。如《文选王延寿〈鲁灵光殿赋〉》：“伏羲鳞身，女娲蛇躯，鸿荒朴略，厥状睢盱。”张载注：“朴，质也。略，野略也。”但“朴略微”对“历禩增损”，疑有脱文。《书苑》“微”字后有一“奥”字，似可从。

我小司空，韦公曰述

我小司空，韦公曰述。职该艺府，才同史笔。——唐窦臮《述书赋》（P170）

此句，洪校本标点为：“我小司空韦公曰：‘述职该艺府，才同史笔。’”潘运告从之。按，唐御史大夫习称大司空，工部侍郎习称小司空。韦公指韦述，其官工部侍郎一职。“韦公曰述”指“韦公名曰述”之义，非韦公自言也。后文有“遇此公而其德唯新”，既言“此公”，亦可证此句断不是韦述自言。

第二节　名物未审

与书法相涉的各种器物如工具、材料乃至典籍等事物都会影响到对之正确点校。

书旧品

亡从祖中书令珉，笔力过于子敬。《书旧品》云："有四匹素，自朝操笔，至暮便竟。首尾如一，又无误字。"子敬戏云："弟书如骑骡，骎骎恒欲度骅骝前。"——南朝齐王僧虔《论书》（P16）

范校本"书旧品"之"书"归上句，范校本虽是以旧式句读断句，但显然认为"旧品"是书名，《历代书论选注》也标点为"书《旧品》"。洪校本标点为：

亡从祖中书令珉，笔力过于子敬。《书旧品》云："有四匹素，自朝操笔，至暮便竟。首尾如一，又无误字。子敬戏云：'弟书如骑骡，骎骎恒欲度骅骝前。'"

洪氏显然认为，"子敬戏云"等等是《书旧品》中内容。按，王僧虔提及的书论著作已经失传，这给正确标点带来了麻烦，但我们仍然可以较为可信地从一些论据中得到接近事实的结果。六朝时书论品评文章皆以"书品""书评""书品论""书论"等为名，没有将书名称为什么"旧品"或"新品"的。六朝书论中，评人即是评书，本无须在人名后加一"书"字，故其书名当为《书旧品》，而非《旧品》。日本学者今道友信就谈到了指出虞和的《论书表》相当于《书旧品》的可能性。[1]至于“子敬戏云”句，我们认为，书论这一写作形式的发展初期就是在六朝，《南齐书》《南史》在谈到“子敬戏云”时，均未提《书旧品》，因此，此句出自那本书的可能极小，还是以不将此句列入《书旧品》内容为宜。

棐床几

欲以书相报，见有一新棐床几，至滑净，乃书之，草正相半。——南朝梁虞和《论书表》（P31）

“棐”通“榧”。木名。即香榧。清高翔麟《说文字通·木部》：“棐通榧，古谓文木也。”其木可制几桌，因亦代称几桌。宋蒋捷《满江红》词：“问如何清昼，倚藤凭棐。”以榧木做几，取其光滑有花纹。故做成练习书法的板子也是上好的材质。后文曰“谢为说右军书甚佳，而密已削作数十棐板，请子敬书之。”羲之见到棐床几，联想到了书板。那么，“床几”为何物呢？《法书要录》诸本“床”后有“一作材”三小字，“床”字明抄本《书苑菁华》作“林”，《墨池编》无。

按，“材”“林”当为“床”之误。“床”“几”本为二物，《说文·木部》：“床，安身之几坐也。”《玉篇·几部》：“几，案也。”“床”是未使用椅子之前的坐具，而“几”是可以在坐时凭靠的小案。但“床”“几”连为一词则可以只是偏义复合的结构，指坐具——床。

唐李涪《刊误》卷上《压角》：“两省官上事日，宰相临焉。上事者设床几面南而坐，判三道案。宰相别施一床，连上事官床坐于西隅。谓之压角。”先言“床几”后言“床”，其义显明。宋李昉《太平广记》卷四百四十《柴再用》：“即起逐之，鼠乃去。而厅屋梁折，所坐床几尽压糜碎。”“所坐床几”四字更是意思显豁。《论书表》中还提到：“谢奉起庙，悉用棐材，右军取棐书之满床，奉收得一大箦。”这是将棐板放床上书之。而本条所说的故事则是羲之直接书在“新棐床几”上了。而对于爱整洁的人来说，在客人走后，将坐具洗干净是常有的事。李延寿《南史》卷三十五

[1] 今道友信，《东方的美学》，三联书店1991年版第58页。

《列传》第二十五中就记载一个让人尴尬的例子："（仲文）性好洁，士大夫造之者，未出户辄令人拭席洗床。"这样看来，门生的父亲等其子与羲之道别时，将床几上的字刮洗干净就在情理之中了。故"床几"为坐具，潘运告将"床几"译为"茶几"就更为不妥了，盖东晋时品茗并不多见，甚至有"水厄"之讥，也断未有专门的"茶几"了。

乌丝缥首，紫玺露面

则有乌丝缥首，紫玺露面。好丹时更，悲素色变。——唐窦臮《述书赋》（P172）

乌丝缥首，潘运告释为"乌丝栏格子的笺纸淡青色的边"。按，潘说似是实误。"缥"在此处非"淡青色"之谓也。据《中国书籍制度变迁之研究》一文记载："缣帛或纸之一端既卷入轴内，而他端则以其他材质黏连之，裹于卷外，以防护之，今俗称包首，古谓之缥。缥字之本义为领袖之缘饰；此装于卷端，故亦称为缥。缥首系丝识品以缚之，其名谓之带。"[①]故"乌丝"指缥首的丝带，"乌丝缥首"谓缥首以乌丝带相系。

紫玺，《墨池编》《书苑》作"紫茧"。潘运告从之，并释为"紫色的茧纸"，但"露面"又如何解释呢？潘氏认为："指白色露出上面，此纸细而白，大概染色成紫，上端仍留白色，似人露出脸面。"按，潘说纯粹想象之辞。"茧纸"古确有之，但并未有"紫茧纸"的记载，《墨池编》《书苑》误改。"紫玺"实即"紫泥玺书"的略称。紫泥，诏书所用紫色封泥，《汉旧仪》曰："皇帝六玺……皆以武都紫泥封。""玺书"则是古代以泥封加印的文书。《国语·鲁语》曰："襄公在楚，季武子取卞，使季冶逆，追而予之玺书。"韦昭注："玺书，印封书也。""紫泥玺书"也可称为"紫玺书"，《元和郡县志》卷三九《陇右道武州》曰："武州有紫水，泥亦紫。汉朝紫玺书用紫泥，即此水之泥也。"故"紫玺露面"谓以紫泥封玺书，其露在外。与"乌丝缥首"一尾一首，正相呼应也。

---

① 张锦郎、乔衍琯编，《图书印刷发展史论文集》，文史哲出版社1982年版第13页。

第三节　典实未明

对典故、史实的不察也会给点校带来许多的舛误。

右军书货

康昕学右军草，亦欲乱真。与南州识道人作右军书货。——南朝齐王僧虔《论书》（P18）

洪校本做“右军书赞”，王学雷在《中古书法史论词语考释》中认为是“书货”无误，只是疑有脱文。陈子善断此句作：“康昕学右军草，亦欲乱真，与南州识道人作右军书，货。”并说康昕是胡人，同和尚一起共同作伪，拿去卖钱。[①]

按，洪校本“赞”字不知从何来，当揣己意而改之。王学雷所说不误。唐代张怀瓘《书断》曰：“康昕与南州惠式道人，俱学二王，转以己书货之，世人或谬宝此迹。”可为旁证。

吴兴二笺

如献之吴兴二笺，足为名法。——南朝梁虞和《论书表》（P28）

“吴兴”二字，洪校本有书名号。王献之曾为吴兴太守，吴兴二笺是指其在吴兴时所作的两幅作品，加上书名号，显为不妥。《论书表》又有“子敬为吴兴，羊欣父不疑为乌程令”的记载，显然是指在吴兴当官。

① 陈子善编，《台静农艺术随笔》，上海文艺出版社2014年版第52页。

谢安卫军参军任靖书

“治廉沥”一纸，（凡二篇，并是谢安卫军参军任靖书。）——南朝梁陶隐居《与梁武帝论书启》（P40）

洪校本和武周本皆将“谢安”后加一顿号，让人理解为二篇中谢安、任靖各作一篇，但这使“并是”一语没有着落。任靖实是谢安手下的卫军参军，顿号不烦加。清梁章巨《浪迹丛谈》卷十《任靖》：“纪文达师曰；‘右军杂帖多任靖代书’。盖靖学书于右军，后大令又学书于靖也。事见陶弘景与武帝《论书启》，今尚在隐居集中。此事人多不知，即历代书家传记亦佚其名，盖不幸而湮没耳。”可见，任靖学书于右军，又能代其书。谢安则绝无此事矣。

字林

而《字林》《韵集》《方言》《广雅》，凡录字者十有四家。——梁庾元威《论书》（P46）

四库本有“字林”二字，津逮本无“林”字；《书苑》录“字”为“自”，而无“林”。范校本疑脱“林”字，惜其未见四库本。洪校本作“而《字韵》集《方言》《广雅》”，误。武周本为“而字《韵集》《方言》《广雅》”，何校本《墨池编》作“而《字韵集》《方言》《广雅》”，均误。

按，《字林》乃晋吕忱所著字书，其书亡佚，《魏书·江式传》提及“吕忱上《字林》六卷”，庾元威当指此。

鸿都

师宜官鸿都为最，能大能小。——梁庾肩吾《书品论》（P52）

鸿都，洪校本、武周本俱加书句号，“鸿都”实非具体作品名称，乃是“鸿都门学”的简称。鸿都门学是东汉灵帝光和元年所建的学校，范晔《后汉书》卷六十《蔡邕传》有详载，兹不赘言。张怀瓘《书断》中载：“师宜官，南阳人。灵帝好书，征天下工书于鸿都门，至数百人，八分称宜官为最。大则一字径丈，小乃方寸千言。”“师宜官鸿都为最”当理解为“师宜官在鸿都门学时的作品写的最好”，因“大则一字径丈，小乃方寸千言”，故称“能大能小”。洪校本、武周本所加的书名号均误。

潜润

元帝讳睿，字景文，东朝中兴之主。当东迁，谣曰：“五马浮渡江，一马化为龙。”即其人也。今见潜润正书具姓名一纸，七行，兼杂批约有十处。——唐窦臮《述书赋》（P144）

潜润，《墨池编》作“潜渊”。潘运告将“潜润”释为“深深沾惠”，让人不知何谓。

按，《墨池编》“潜渊”有道理，“润”字乃形近而误。“潜渊”是“鱼潜在渊”或“龙潜在渊”的略语。喻隐居不仕或深藏以待时。对君王来说，有时则指未登基之时。《诗经·鹤鸣》：“鱼潜在渊，或在于渚。”正义曰：“毛以潜渊喻隐者。”《易经》干卦有“或跃在渊”之语，元吴澄《易纂言》卷一注：“言龙潜在渊，或其时可以飞而上天，则跃而出也。”元帝司马睿袭封琅邪王，曾经参与讨伐成都王司马颖的战役；但是由于作战失利，司马睿便离开洛阳，回到封国。晋怀帝即位后，司马睿才被封为安东将军、都督扬州诸军事。“潜渊”当指回到封国之时，或亦泛指未登帝位之时。“潜渊”还可易序作“渊潜”，《后汉书·崔骃传》曰：“故士或掩目而渊潜，或盥耳而山栖。”元陈旅《安雅堂集》卷十三《恭跋文宗皇帝御书保宝二字》：“监察御史臣保宝际遇文宗皇帝于渊潜之时，上为书‘保宝’二字赐之。既临御，又识以两玺。”“既临御”可推知，“渊潜之时”正是文宗皇帝未登基之时。

如拔枫柳，抑亦杞梓

（褚渊）彦回无节，笔翰亦尔。决利不拘，足用而已。如拔枫柳，抑亦杞梓。——唐窦臮《述书赋》（P154）

“如拔枫柳，抑亦杞梓”，《墨池编》《书苑》作“如垂枝枫柳，抑叶杞梓”。《书法辞典》“抑亦”录作“仰叶”。潘运告（认为“枫柳”指“枫人”，“喻其书不讲法则也，因拔木助长不成，抑以他木亦不成也，何况抑良材耶?”按，“如拔枫柳，抑亦杞梓”与“垂枝枫柳，抑叶杞梓”文字相差很大，《法书要录》误录的可能较小。“垂枝枫柳，抑叶杞梓”虽然较为易懂，但与前文的“不拘”“足用”似无关系，也解释不了为何独选“枫柳”“杞梓”为喻。我们认为，潘氏说“枫柳”指“枫人”，此说出自清人笔记，清代陆烜《梅谷偶笔》曰：“枫柳人，星卜家挟之有奇验。岭南枫木之老者或生瘿瘤，遇雷雨暴长一枝如人形，谓之枫人。”而陆烜的说法也有所本，晋嵇含撰《南方草木状》有云：“枫人，五岭之间多枫木，岁久则生瘤瘿，一夕遇暴雷骤雨，其树赘暗长三五尺，谓之枫人。”但嵇含文中并没有“枫柳”或“枫柳人”的说法，盖“枫瘤”之误传也。所以清俞樾《茶香室丛钞·枫柳人》中就曾批评：“世俗知有樟柳人，不知有枫柳人。然如陆氏之说，则柳字仍无义意者，当为樟瘤人、枫瘤人乎?”潘氏拿清人视为妄谈的“枫柳人”之说去解释唐人作品，至为可笑。

其实“枫柳”在此处与“枫人”“枫瘤”皆无关，而是借指徒有风姿而无甚大用之人，《晋书·孙绰传》载：“（孙绰）所居斋前种一株松，恒自守护，邻人谓之曰：‘树子非不楚楚可怜，但恐永无栋梁日耳。’绰答曰：‘枫柳虽复合抱，亦何所施邪!’”《世说新语》亦有类似记载。枫柳虽有风姿，但“虽复合抱，亦何所施”。“杞梓”即杞树和梓树，二木皆良材，比喻优秀人材。《晋书·陆机陆云传论》曰：“观夫陆机、陆云，实荆衡之杞梓，挺珪璋于秀实，驰英华于早年。”南朝梁江淹《杂体诗·效卢谌〈感交〉》曰：“自顾非杞梓，勉力在无逸。”清刘大櫆《祭邵开府文》曰：“如斯人者，国之杞梓。”“拔枫柳”之“拔”当即“拔萃”之义。“如拔枫柳，抑亦杞梓”喻褚渊之才“无节”，但也可“足用”，如同于枫柳之木中选拔出来也堪为杞梓之用也。

第四节 语法不通

词语间的语法关系、书论句式的特殊表达方式和句式的倒装等也会影响到校勘工作。

观其送靖书

“给事黄门”二纸为任靖书，观其送靖书，诸字相附。近彼二纸，靖书体解离便，当非靖书，要复当以点画波撇论，极诸家之致。——梁武帝《与陶隐居论书启》(P40)

此段文字，诸校本差异较大，计有如下数种：

洪校本将“给事黄门”分作“给事”“黄门”，其后标点作：“观其‘送’‘靖’‘书’诸字相附近，彼二纸，靖书体解离便，当非靖书。”

范校本：“观所送靖书诸字相附近。彼二纸。靖书体解离。便当非靖书。”

武周本：“观其送靖书，诸字相附近，彼二纸，靖书体解离，便当非靖书。”

《墨池编》：“观所送静书，诸字相附。近彼二纸静书，体解离便，当非静书。”

《书苑》：“观所送靖书，诸字相附，近彼二纸。靖书体，解离，便当非靖书。”

按，“给事黄门”不当分作“给事”“黄门”，“给事黄门”是官职之名，汉班固《汉书》卷十九上《百官公卿表》：“黄门有给事黄门，位从将大夫，皆秦制。”《论书启》中有“给事黄门”一纸的说法，可为其证。洪校本将“给事黄门”分作“给事”“黄门”，盖受后文“二纸”影响所致，“纸”在六朝时已经可以作量词，作“张”义，不一定指作品的件数。《北齐书·魏收传》：“初夜执笔，三更便成，文过七纸。”

《墨池编》《书苑》均将“观其送靖书”录为“观所送靖书”，范校本从之。可见“送靖书”非如洪校本所认为的是独自提到的墨迹中三个字，“附近”虽可作动词，跟在“相”字之后。如：《〈书〉序》：“序所以为作者之意，昭然义见，宜相附近。”但却为“接近、靠近”之义，放在文中显然不通。“相附”其实指“给事黄门”二纸与任靖书相符合。其义盖陶弘景判断：“因送靖书，诸字相附。故给事黄门二纸”为任靖书无疑。故此段文字当点断为：“观其送靖书，诸字相附。近彼二纸，靖书体解离便，当非靖书，要复当以点画波撇论，极诸家之致。”“诸字相附”后语意已足，当标为句号。而近彼二纸，并非“给事黄门”二纸，因“体解离便”，故“当非靖书”。“体解离便”当为“宁体便人”的反义，即字形支离、使人反感之义。

倚刀欠尺，验于成字

抽丝散水，定其下笔；倚刀欠尺，验于成字。——梁庾肩吾《书品论》（P51）

“倚刀欠尺，验于成字”，《墨池编》录为“倚刀较尺于字中”，《书苑》录作“倚刀较尺，验于字中”，范校本疑“欠”是“交”字形讹。

按，范说是。“欠”当是“交”字的形讹，“交”通“较”。“交”“较”相通是古代汉语的常见现象。汉桓宽《盐铁论·世务第四十七》曰：“天下宾服，莫敢（受）交也。德行延及方外，舟车所臻，足迹所及，莫不被泽。”白兆麟注译“交通较”；[1]曾良《敦煌文献字义通释》还有专条——“交”通“较”例。[2]“倚刀较尺”实为“倚较刀尺”，“倚较”又可写成“猗较”，是古人车舆两侧的横木，其上多美饰。《诗经·卫风·淇澳》曰：

① 白兆麟注译，《盐铁论注译》，安徽大学出版社2012年版第211页。

② 曾良，《敦煌文献字义通释》，厦门大学出版社2001年版第70页。

“如金如锡，如圭如璧。宽兮绰兮，猗重较兮。”明曹学佺《诗经剖疑》卷六释：“以质会弁，以文倚较。”清郝懿行《诗问》卷一《国风》：“猗，叹辞，又倚也。式上横木曰较，与式重叠故言重较。凭式则容俯，倚较则不俯不仰，得其中也。”“刀尺”本为裁剪工具，在此喻指法式规矩。又前蜀贯休《上缙云段使君》诗：“活民刀尺虽无象，出世文章岂有师。”“倚较”则“得其中”，“倚刀欠尺，验于成字”谓在写好的字上看其字形的美妙，此句与上句也正好相应，以“抽丝散水”（两种笔法）来“定其下笔”可否。另外，“倚较刀尺”分拆为“倚刀较尺”也是为与“抽丝散水”两个动宾结构的词语相对应的。

篇笔靡伦

王崇素绘靡篇书笔，传于里闾。——梁庾肩吾《书品论》（P55）

此句四库本、津逮本俱作“王崇素绘靡伦书篇笔传于里闾”。《墨池编》《书苑》作“王崇素靡伦，篇笔传于里闾”。范校本认为此句应与上文“陶隐居仙才翰彩，状于山谷”对举，定有误衍，故改为：“王崇素靡伦篇笔，传于里间。”范说很有道理，此句当与上文对举，但“靡伦”即无比之义，[1]多与名词构成主谓词组，我们也没发现跟在人名后的例子。如唐黄滔《黄御史集》卷五《丈六金身碑》曰：“梁武帝之隆释氏，今古靡伦。奚报应之昧乎？”宋欧阳修《五代史记注》卷十三《梁家人传》曰：“友珪克平凶逆，厥功靡伦。”故将“靡伦”“篇笔”易序，标点校改为：“王崇素篇笔靡伦，传于里间。”其义更妥。

丛悴

阮研书如贵胄失品次，丛悴不复排突英贤。——梁袁昂《古今书评》（P59）

范校本“丛悴”归下，洪校本与之相同。“丛悴”在副词“不复”前，佶屈聱牙，并不通顺。《书苑》录为：“阮研书如贵胄失品次，丛悴不复能

① 潘运告认为“靡伦”是“华美过人”，误。

排突英贤。”加一“能”字；萧衍《古今书人优劣评》：“阮研书如贵胄失品，不复排斥英贤。”并未有“丛悴”二字。既“失品”又“不复排斥英贤”，文意难通。

按，萧衍的评论始见于宋《淳化秘法帖》，正如清王澍《淳化秘阁法帖考正》卷五云：“袁评品次下有‘丛悴’二字，此帖无之。”丛悴，众多杂乱的样子。清陈梦雷《松鹤山房诗文集》卷二十《梦游》：“触绪忽忽而难忘兮，思丛頳以如结。”王澍虽疑“丛悴”为衍，但以“丛悴”来形容阮研的书法却非常适合。“丛悴”二字可能并不是衍文，“排突”是“失序冲撞”义，正当与“丛悴”相对，如将“不复”“排突”互易，“丛悴排突，不复英贤”其义顿明，谓杂乱冲撞而“失品次”，遂不复称为英贤。清王铎《拟山园选集》卷五十二《与梦范》云：“白日自约，丛悴排突，英贤不当按剑击筑，直当举大白长笑取琴，弹《龟山操》亦足自豪。”“英贤不当”即“不复英贤”，王铎明显是化用袁昂《古今书评》之语。

雅劲

右自王、崔以降，更无超越此数君。梁氏石书雅劲于韦、蔡、皇、卫，草迹殆亚于二王。——唐李嗣真《书品后》（P83）

洪校本标点为：“右自王、崔以降，更无超越，此数君书雅劲于韦、蔡、皇、卫，草迹殆亚于二王。”雅劲，《墨池编》作“虽劲”，并在“书”前有“梁氏石”。《法书要录》四库全书本、《书苑》在“书”前也有“梁氏石”三字。

按，“雅劲”如无主语，则于义不通。洪校本以“此数君书”为“雅劲”的主语，句法似乎说得通，但文意经不住推敲了。李嗣真列上中品七人于右首，分别是蔡邕、索靖、梁鹄、钟会、卫瓘、韦诞、皇象，韦、蔡、皇、卫本属其中，故“此数君书”当归上句。我们发现“雅劲”前文有韦、蔡、皇、卫，后文又论及索靖、钟会，中品七人独缺“梁鹄”，依《墨池编》《书苑》等，“书”前加“梁氏石”即可补全。宋洪适《隶释》卷十九举梁鹄的《魏修孔子庙碑》曰：“魏隶可珍者四碑，此为之冠。甚有石经《论语》笔法。”“梁氏石书”当指此。

我们再看“雅劲”，“雅劲”为清雅劲健之义，明宋濂《宋学士文集》卷第六十《元故翰林待制柳先生私谥文肃议》曰：“方之德发而为文，则沈雄而雅劲；见之于行，则端重而遂直。”如果是这样，本文中的“雅劲”后加“于”所领的介词短语，在文法上却又说不通。“雅劲于”与后文“殆亚于”相对，“殆”是副词，故“劲”前也为副词。“雅”与“虽”形近，若依《墨池编》所录，“雅劲”当为“虽劲”，但“劲”字又没法说得通。这让人有点无所适从。

张怀瓘《书断》中有一句话给我们一个启发：“梁氏石书雅敬于韦、蔡。以梁比蔡，岂不悬绝。”显然，“雅劲”当为“雅敬”之误。“雅”是副词，为平素、平常的意思。“雅敬于韦、蔡”即“平素为韦、蔡所敬重”。故此句当点校如下：“右自王、崔以降，更无超越此数君。梁氏石书雅敬于韦、蔡、皇、卫，草迹殆亚于二王。”言自二王和崔瑗以后，后之书家就没有超越他们的了。梁氏石书平素为韦、蔡、皇、卫所敬重，草书与二王相亚。

往无邻几

汉王作献之气势，或如舞剑，往无邻几。——唐李嗣真《书品后》（P85）

往无邻几，《墨池编》、《书苑》并作“往往邻几”；萧元据此释为“往往接近”，释义不明。按，“邻几”为接近、靠近之义。《尔雅·释诂》曰：“几，近也。”唐窦众《述书赋》：“行仁靡杂，唯钟是师。悦端闲于高轨，能终始于清规。虽带偏薄，亦能邻几。”此处谓虽有不足但也接近“高轨”“清规”。明陈镐《阙里志》卷十一曰：“贤哉子渊，惟仁是好。如愚屡空，邻几睹奥。”[①]“邻几睹奥”谓接近道艺之深。在《书品后》中，汉王元昌喜摹仿王献之的作品气势，如果说往往接近（献之的气势），似乎也说得通。但书论的品评语中，一旦设喻，其基本结构是：本体＋喻词＋喻体＋

①《大词典》举清代魏源《〈孝经集传〉序》例，太晚。

喻体状况（兼指本体）。如梁袁昂《古今书评》："殷钧书如高丽使人，抗浪甚有意气，滋韵终乏精味。""抗浪甚有意气，滋韵终乏精味"是对高丽使人的品评，又喻指殷钧书。本例"往无邻几"可指"作献之气势"，却并不能与"舞剑"相联系。

张怀瓘《书断》评论汉王的作品："皇朝汉王元昌，神尧之子也。尤善行书，金玉其姿，挺生天骨，襟怀宣畅，洒落可观。艺业未精，过于奔放，若吕布之飞将，或轻于去就也。""过于奔放，若吕布之飞将"正是指其气势勇猛的风格。李嗣真评汉王如舞剑，"往无邻几"，应当是指这种让人不敢接近或靠近的勇猛，"逼利剑之锋芒。肃然危然，方知草之微妙也"（唐张怀瓘《书议》）。

汉王与其所效仿的王献之的风格十分相近。唐张怀瓘《六体书论》评献之有云："子敬不能纯一，或行草杂糅，便者则为神会之间，其锋不可当也，宏逸遒健，过于家尊。""其锋不可当也"不正是"往无邻几"——"往往无法靠近"吗？

吴人酣畅

右孙皓，吴人酣畅，骄其家室，虽欲矜毫，亦复平矣。——唐李嗣真《书品后》（P86）

洪校本、萧元、潘运告标点为"右孙皓，吴人，酣畅骄其家室，"，范校本断为"右孙皓吴人酣畅。骄其家室。"，《墨池编》标点为："右孙皓，吴人酣畅，骄其家室，"。按，《墨池编》标点有道理。孙皓虽吴人，但二者并非同位语的关系，而是设喻中本体与喻体的关系。元盛熙明《法书考》卷一《书谱》吴孙皓下有小注："李云中下品如吴人畅酣，骄其家室。"一"如"字，可知其下为设喻。酣畅，萧元注为"感情饱满"，潘运告注为"痛快"，皆误。"酣畅"乃六朝时出现的常语，为"畅饮"之义。南朝宋刘义庆《世说新语·任诞》曰："阮宣子常步行，以百钱挂杖头，至酒店，便独酣畅。"每当畅饮之时，往往在家人面前呈骄横之气，"骄其家室"一语其实是用典，盖出自《孟子·离娄章句下》，文中言："齐人有一妻一妾而处室者，其良人出，则必餍酒肉而后反。”“施施从外来，骄其妻妾。”皆言酒后无行也。故《书品后》“酣畅”当归上。“酣畅”近代汉语又可易序作“畅酣”，清黄宗羲《明文海》卷二百五十七《自序诗集》曰：“或放情广座，醪醴以之畅酣。”

幼齿结构，老成天然

> 南平休玄，笔力自全。幼齿结构，老成天然。比夫鸟在彀，龙潜泉。符彩卓尔，文词粲然。——唐窦臮《述书赋》(P151)

“幼齿结构，老成天然”一语，潘运告释为“幼龄能结构字体，成年有自然的的风致情趣”。不知潘氏“结构字体”是谓何意？潘运告认为其成年后达到“自然”的境界，但又与“鸟在彀，龙潜泉”的比喻并不相符。

按，“南平休玄”是南平穆王刘铄，据唐李延寿《南史》卷一《宋本纪》载：“南平穆王铄，字休玄，文帝第四子也。元嘉十六年，年九岁，封南平王，少好学，有文才，未弱冠，《拟古》三十余首，时人以为亚迹陆机。”但刘铄不久中毒去世，年仅二十三岁，可谓英年早逝，“老成天然”云云似乎有点牵强。其实，“幼齿结构，老成天然”是倒文的修辞手法，所指是“幼齿老成，结构天然”，指其少年即笔法老到，结构有天然之趣，故后文“鸟在彀，龙潜泉”喻其少年，“符彩卓尔，文词粲然”指其“老成”“天然”。

第五节　词义未明

词义未明包括没有正确理解古义、时义、俗语义和比喻义的用法，也包括对一些特殊的词类如联绵词的误读以及不明书论词语的特点等，这些都会给点校带来不小的困难。

守令

于是后学之徒，竞慕二贤，守令作篇，人撰一卷，以为秘玩。——东汉赵壹《非草书》（P1）

潘运告将“守令”作一词，指地方官员，遂使上下文义不通。李彤未注。按，“守”当为“请求”义。《左传·昭公二十七年》：“鲁君守齐，三年而无成。”《汉书·外戚传上·孝昭上官皇后》：“数守大将军光，为丁外人求侯，及桀欲妄官禄外人，光执正，皆不听。”颜师古注：“守，求请之。”《后汉书·窦融传》曰：“融于是日往守萌，辞让巨鹿，图出河西。”李贤注：“守犹求也”。令，使。盖求而使书也。

但工夫少，自任

孔琳之书，放纵快利，笔道流便，二王后略无其比。但工夫少，自任，故未得尽其妙，故当劣于羊欣。——南朝齐王僧虔《论书》（P18）

洪校本作“但工夫少，自任。故未得尽其妙，故当劣于羊欣。”《墨池编》无“故未得尽其妙”，并将“自任”归上，作“但工夫少自任”；《书苑》作：“但工夫少，自任过，当劣于羊欣。”脱“故未得尽其妙”，加一

“过”字；潘运告本从之，且把“自任过”释为“自信太过”。

按，本段录文当从《墨池编》，标点当为：“二王后略无其比。但工夫少，自任，故当劣于羊欣。”“自任”有太过自信，刚愎自用之义。北齐颜之推《颜氏家训·文章》：“慎勿师心自任，取笑旁人也。”《隋书·李德林传》：“少以才学见知，及位望稍高，颇伤自任。”王僧虔《论书》还有一段论及孔琳之：“孔琳之书，天然绝逸，极有笔力。规矩恐在羊欣后。”“工夫少，刚愎自用”正是“规矩”不到。张怀瓘《书断》也提及：“王僧虔云：‘孔琳之放纵快利，笔迹流便，二王已后，略无其比。但工夫少，太自任，故当劣于羊欣。’”在张怀瓘的理解中，“工夫少，太自任”正是“劣于羊欣”的原因，而“自任”加一“太”字，加重了语气。至于《书苑》“自任过”的说法，将程度副词“过”单独置于动词后，却是不符合文言文法的。再则，有“故当劣于羊欣”一句，“故未得尽其妙”已显多余，可从《墨池编》《书苑》将之删去。

乞

再诏寻求景和时所散失及乞左右嬖幸者，皆原往罪，兼赐其直。——南朝梁虞和《论书表》(P28)

诸校本多标点为：“再诏寻求景和时所散失。及乞左右嬖幸者，皆原往罪，兼赐其直。”

究其原因，恐怕多跟潘运告一样，认为“乞”是“乞求”之义。但(宋明帝)君王怎么会“乞求”左右嬖幸之人呢？“景和”是前废帝的的年号，那时（465年）刘宋宗室发生内乱，皇室所藏名书多有散失，也有不少赐与左右亲信之人的。“乞”在此读去声，有“给予”意，《集韵·未韵》：“乞，与也。”《正字通·乙部》：“乞，凡与人物亦曰乞。”《汉书·朱买臣传》：“妻自经死，买臣乞其夫钱，令葬。”唐杜甫《戏简郑广文兼呈苏司业》诗：“赖有苏司业，时时乞酒钱。”明帝为了广集名书，就下诏征求那些散失的前朝赐予近臣的作品，不仅赦免其罪，而且赏赐金钱。所以“再诏寻求景和时所散失”与“及乞左右嬖幸者”不当有句号。

科简

及三年之初，始玩宝迹。既科简旧秘，再诏寻求景和时所散失。——南朝梁虞和《论书表》（P28）

科简，衡量简择。《北史·循吏传·张华原》："州狱先有系囚千余人，华原科简轻重，随事决遣，至年暮，惟有重罪者数十人。"唐张怀瓘《二王等书录》："于玄武门西长波门外科简，内出右军书相共参校，令典仪王行真装之。"此词《历代书法论文选》录为"料简"，王学雷认为《历代书法论文选》录为"料简"非无可能，并认为"料"和"简"一样，有"择取"之义。

按，《论书表》最早见于《法书要录》，而《法书要录》诸刻本与校本均录为"科简"，后文还有"淮南太守孙奉伯科简二王书"的说法，故决不至误。再者，从《法书要录》到《墨池编》《书苑菁华》《佩文斋书画谱》都无录成"料简"者。《历代书法论文选》显有误。"科简"当为同义复合词，"科"本有"择取"义，《三国志·吴志·孙休传》："（孙）谞先是科郡上手工千余人送建业，而察战至，恐复见取。"又《三国志·吴志·孙亮传》："又科兵子弟年十八已下十五已上，得三千余人，选大将子弟年少有勇力者为之将帅。"唐张彦远《历代名画记》卷一："南齐高帝，科其尤精者，录古来名笔，不以远近为次，但以优劣为差。""科"的"择取"义项当从本义"品级"引申而来，要确立品级，就要先行"择取"，《说文》："科，程也。从禾从斗。""简"有"择取"之义，书中常见，兹不赘举。"简"字后在明清小说中又写作"拣""捡"等。故王学雷另立"料简"一说，大可不必。

值笔廉断

若抑扬得所，趋舍无违，值笔廉断，触势峰郁，扬波折节，中规合矩。——梁武帝《与陶隐居论书启》（P38）

值笔，《书苑菁华》汪氏振绮堂本为"随笔"，四库本为"值"；"廉"

字，汪氏振绮堂本录为“连”，并有汪汝瑮按语云：“《法书苑》注云：‘廉，一作连。今据改。’”[1]潘运告从之，并将“连断”释为“动笔中的连接与间断”。

按，“值笔”无误，“值笔”即执笔。“值”字本有执持义。《诗·陈风·宛丘》曰：“无冬无夏，值其鹭羽。”毛传：“值，持也。”孔颖达疏：“鹭羽，执持之物，故以值为持。”“廉断”非“连断”，观后文“触势峰郁”，“峰郁”即像山峰一样高耸，《文选·曹植〈赠徐干〉诗》曰：“文昌郁云兴，迎风高中天。”李善注引《广雅》：“郁，出也。”张铣注：“言高如云起，过在天中也。”与之对举，“廉断”也是状中结构，言“如廉而断”。廉，屋角。《汉书·贾谊传》曰：“故陛九级上，廉远地，则堂高；陛亡级，廉近地，则堂卑。”颜师古注：“廉，侧隅也。”“廉断”言如运笔如屋角一样斩钉截铁。

逞泄

今奉此论，自舞自蹈，未足逞泄日月。愿以所摹，窃示洪远、思旷。——南朝梁陶隐居《与梁武帝论书启》（P41）

逞泄，潘运告释云：“逞泄，谓快心发泄。”李彤的解释与之相近：“逞泄，快意发泄。逞，快意。”冯亦吾则释为：“逞泄：表露出来。此句是说自己的高兴。”同时，李彤、潘运告和冯亦吾将“日月”录为“冒”字归下，并以“冒愿”为谦敬之词。

按，“冒”字，《法书要录》诸本与《墨池编》、《书苑菁华》明善堂本俱为“日月”，独《书苑菁华》汪氏振绮堂本为“冒”，且《书苑菁华》后出，“冒”字当为“日月”上下连属而误。明正统道藏本陶弘景《华阳陶隐居集》则无此“日月”或“冒”字。疑正为此二字无从安放而删。“逞”的“快意”义在先秦即已常见，如《左传桓公六年》曰：“今民馁而君逞欲。”“泄”即“逞”，也是“和乐”之貌。《左传·隐公元年》曰：“姜出而赋：‘大隧之外，其乐也泄泄。’”杜预注：“泄泄，舒散也。”“日月”

① 引自《书苑》校注。

则指时令；时光。《诗·小雅·小明》："昔我往矣，日月方奥。""逞泄日月"谓快意地消磨时光。盖陶隐居得子敬数纸墨迹，不满足于独享，欲以所摹，窃示洪远、思旷二人。宋文同《丹渊集》卷十八《景逊以诗招棊因答》："待阙官期逺，侨居客思多。许时闲日月，愿与局中磨。"与此语义相类。

弥遵

隶既发源秦史，草乃激流齐相。跨七代而弥遵，将千载而无革。——梁庾肩吾《书品论》(P51)

弥遵，法书要录诸本均为"弥遵"，《墨池编》《书苑》为"弥尊"，潘运告从之，释为"更加尊崇"。按，"弥遵"实为"更加遵从"之义。从后文"将千载而无革"来看，"无革"当与"弥遵"对文。皆言隶、草之传习长久也。《墨池编》等本录为"尊"字，显为不妥。

抗浪甚有意气

殷钧书如高丽使人，抗浪甚有意气，滋韵终乏精味。——梁袁昂《古今书评》(P60)

抗浪，粗犷貌。明安世凤《墨林快事》卷十《山之桂辞》："其字则谨恪绵密，绳趋尺步，全无伧父抗浪之容。"明屠隆《由拳集》卷十六《与孙以德》；"偶遭天下寥廓士不堪，时露抗浪，非敢云英雄本色，亦端为习气未除。""伧父"之容必"粗犷"无疑。《书苑》录为"跳浪"，当误。《大词典》收明王世贞《艺苑卮言》例，太晚。"意气"指艺术作品中的气势。《大词典》收宋欧阳修《黄梦升墓志铭》例，亦较晚。

鲁、卫，楚、夏

而文字与兄，便是鲁、卫；音读楚、夏，时有不同。——后魏江

式《论书表》（P65）

范校本断句为："而文字与兄。便是鲁卫音读。楚夏时有不同。"误。"鲁、卫"喻接近，"楚、夏"喻殊异。此句言二人文字相近，读音相远。故"音读"当归下句。

趣况

索有《月仪》三章，观其趣况，大为遒竦，无愧珪璋特达。——唐李嗣真《书品后》（P83）

趣况，萧元释为"意趣"，潘运告释为"风致情形"。

按，萧元的说法为是，潘运告书后出，却未能采用此说。"趣况"一词，始见于唐文。唐释窥基与李嗣真为同时代人，其《成唯识论述记》卷六有："今言见趣者，趣谓意趣，或是所趣，或谓趣况。"可见"趣况"即"意趣"。宋何梦桂《潜斋集》卷五《唐月心诗序》："少陵所见又如彼二子之诗，其趣况不同，相去远甚。"《墨池编》录为"趋况"，误。

毚兔

欧阳草书，难与竞爽。如旱蛟得水，毚兔走穴，笔势恨少。——唐李嗣真《书品后》（P83）

毚兔，《法书要录》诸刻本及校本俱为"馋兔"，《墨池编》《书苑》为"毚兔"。按，《法书要录》当误。《诗·小雅·巧言》曰："跃跃毚兔。"毛传："毚兔，狡兔也。"孔颖达疏："《仓颉解诂》曰：'毚，大兔也。'大兔必狡猾，又谓之狡兔。"兔有三窟，以"毚兔走穴"喻草书之迅疾也。

刚健有余，便媚少俦匹

至于卫、杜之笔，流传多矣。纵任轻巧，流转风媚，刚健非有余，便媚少俦匹。——唐李嗣真《书品后》（P85）

"刚健非有余，便媚少俦匹"，《书苑》《墨池编》并作"刚健有余，便娟详雅，谅少俦匹”。

按，“便媚”与“便娟”似乎都说得通。这两个词语的使用都很早，且都有轻盈柔美之义。《淮南子·修务训》曰：“今鼓舞者，绕身若环，曾挠摩地，扶旋猗那，动容转曲，便媚拟神。”《楚辞·大招》曰：“丰肉微骨，体便娟只。”我们认为，取“便媚”更为合适。其一，“便”有轻捷意。此文中“纵任轻巧”的笔法当然是轻盈之貌。“媚”是书论品评语中的重要理论，常与刚健、遒劲等范畴相对举，此处也正好与前文“刚健”相对。其二，从后世书论对此二词的使用情形来看，也以“便媚”较为合适，在书论中，“便娟”一词只出在《墨池编》《书苑》《宣和书谱》中，且都是使用在此一句中，清孙岳颁《佩文斋书画谱》收录的李嗣真《书品后》，此句采用了《书苑》和《墨池编》的录文，唯将“便娟”录作“便媚”。显然，孙岳颁并不认可“便娟”的说法，清包世臣《艺舟双楫》亦有云：“及会稽晚出，始尚《太公望》，极于韩史，益趋便媚。”他也把“便媚”而不是“便娟”看成了书法的风格特征。其三，从《法书要录》的诸刻本来看，没有录作“便娟”者，因此，“娟”字当是与“媚”字形近而误，应以录作“便媚”为是。

我们再看“刚健非有余”一句，这种表述并不合语言习惯，如是否定“刚健”，只须说“刚健不足”或“乏于刚健”即可。不用“有余”而“非”。但如是“刚健有余”，又似乎与“便媚”相左。这是怎么回事呢？“卫、杜之笔”指卫恒与杜预的书法，从对他们书法风格的相关评价中，我们或许可以得到一些线索。张怀瓘《书断》记载：“卫恒，字巨山，瓘之仲子，官至黄门侍郎。瓘尝云：‘我得伯英之筋，恒得其骨。’”张怀瓘《书断》曰：“卫恒兼精体势，时人云得伯英之骨，并居第四，仍与汉王同流。”宋《宣和书谱》评杜预曰：“其作草书尤有笔力，当时士大夫以家世比卫瓘父子。”卫恒以骨力取胜，杜预“尤有笔力”，可知二人书作皆有刚健之风。但《宣和书谱》又评卫恒云：“卫恒字巨山，河东人也。官至黄门侍郎。博雅不凡，作四体书，曰草、曰章草、曰隶、曰散隶。然见于世者多其草字，论者以谓如插花美人，舞笑鉴台。”显然是柔媚一派，虽然

《宣和书谱》也列出了“恒得其骨”的说法，最后还是得出了一个有点矛盾的结论：“是其便娟有余，而刚健非所长也。”那么，卫恒的书法到底是“刚健有余”还是“便娟有余”呢？我们认为，“恒得其骨”的说法早已是书家共识，梁袁昂《古今书评》中早有“卫恒书如插花美女，舞笑镜台”的说法，二说应该都有所据。卫恒传世书迹有《一日有恨帖》一纸，也可见刚柔相济之美。其实在书论中，“刚健”与“妩媚”并不矛盾，书论中有不少品评词语就是由两个反义语素结合而成的，如“遒媚”指用笔苍劲而妩媚。唐何延之《兰亭记》曰：“用蚕茧纸、鼠须笔，遒媚劲健，绝代更无。”又有“雄媚”一词，指雄健有力而妩媚。唐颜真卿《述张长史笔法十二意》曰：“岂不谓趯笔则点画皆有筋骨，字体自然雄媚之谓乎？”这种相反的两个语素复合而成的词语，也正体现了古人刚柔相济的辩证思想。故“刚健非有余，便媚少俦匹”一句，删去“非”字，作“刚健有余，便媚少俦匹”即可。

委巷

智果颇似委巷之质。虞绰锋颖迅健，亦又次之矣。——唐李嗣真《书品后》（P88）

委巷，《法书要录》诸本作“委章”，四库本《书苑》作“委草”，《墨池编》作“委巷”，其后之选本多从之。萧元释“委巷”为“终难登大雅之堂”，潘运告言“谓其粗俗”。按，与“委章”“委草”不同，委巷谓僻陋曲折的小巷，借指民间。《礼记·檀弓上》曰：“小功不为位也者，是委巷之礼也。”郑玄注：“委巷，犹衔里，委曲所为也。”但“民间”放在《书品后》之文中也不太妥帖。

我们来看相关文献对智果的记载。窦臮《述书赋》曰：“智永、智果，禅林笔精。天机浅而恐泥，志业高而克成。或拘凝重，萧索家声。或利凡通，周章擅名。犹能作缁门之领袖，为当代之准绳。并如君子励躬于有道，高人保志而居贞。”从“天机浅而恐泥”“或利凡通，周章擅名”的评价中可知，窦臮评之并不甚高。又张怀瓘《书断》曰：“隋永兴寺僧智果，会稽人也，炀帝甚喜之。工书铭石，甚为瘦健，尝谓永师云：‘和尚得右军肉，智果得右军骨。’夫筋骨藏于肤内，山水不厌高深。而此公稍乏清幽，伤于浅露。若吴人之战，轻进易退，勇而非猛，虚张夸耀，毋乃‘小人儒’乎？”“伤于浅露”“虚张夸耀”，乃至“小人儒”的称呼，无不表明，智果书作太过浅露凡庸，窦臮评其“天机浅”也正是此意。综此，“委巷”释为“凡庸、凡俗”为妥。此义当是从“委巷”的“民间”义引申出来的。

萧散

右军蝉联美胄，萧散名贤，雅好山水，尤善草隶。——唐何延之《兰亭记》（P99）

萧散，犹萧洒。形容举止、神情、风格等自然，不拘束；闲散舒适。《西京杂记》卷二：“司马相如为《上林》《子虚》赋，意思萧散，不复与外事相关。”有人录为“兰散”，并释为“懒散”，穿凿过甚。[1]

章健草逸，发体廉棱

回则章健草逸，发体廉棱。若冰释泉涌，云奔龙腾。——唐窦臮《述书赋》（P146）

“回则章健草逸，发体廉棱。”一句，《法书要录》诸校本、《墨池编》、《书苑》校本的录文及标点均同，似乎无可争议。但“发体”一词却让人困惑，潘运告释为“创制的形体”，与上下文意扞格。通过检索，我们发现另外几种表述：倪涛《六艺之一录》卷一百三十五《法帖论述五》和清孙岳颁《佩文斋书画谱》卷八十九《淳化法帖》中“章健”作“卓健”。而宋刻本《书苑》“发体”之“体”作“骵”，明汪砢玉《珊瑚网》卷二十一《淳化阁帖十跋》曰：“评者谓方回章健逸发，骵髀廉棱，独表光绝，览之故当尔尔。”少一“草”字，“体”作“骵髀”。明王世贞《弇州四部

① 董乃斌、黄霖等编撰，《古代小说鉴赏辞典》（上册），上海辞书出版社2004年版第265页。

稿》卷一百三十三《文部》则作“骫骳”。

按，当以“章健逸发，骫髀廉棱”义较长。首先，“卓健”当作“章健”，“卓健”不词，它处也未见如此用者。《述书赋》中的“回”是方回，是郗愔的字，张怀瓘《书断》记载：“郄愔，字方回，……尤长于章草。纤能得中，意态无穷，筋骨亦胜。王僧虔云：‘郄愔章草，亚于右军。’……方回章草入妙，草、隶入能。”可见其书法以“章草”为最。故“卓健”当是“章健”形近而误。其次，“发”字当归上，“逸发”谓神情超逸。南朝宋颜延之《赭白马赋》：“异体峰生，殊相逸发。”“冰释泉涌，云奔龙腾”也正喻此。再次，“体”作“骫髀”义较胜。“骫”是骨弯曲。《玉篇·骨部》：“骫，骨曲也。”宋刻本《书苑》“发体”之“体”作“骫”，应当较为可信。“髀”是大腿骨，“廉稜”即廉棱，棱角之义。如《礼记·聘义》曰：“廉而不刿”，唐孔颖达疏：“言玉体虽有廉棱，而不伤割于物。”“骫髀廉稜”言其如髀骨弯曲转折之处笔方而有角，笔方则劲，正与“章健”相应。而“骫骳”是“委靡无风骨”之义，如《汉书·枚皋传》曰：“其文骫骳，曲随其事，皆得其意。”与“章健”意迕，当是形音相近而误。

盈惬

> 粉署之敦阅。（蔡希寂，济阳人，金部郎中。习学润身，假借盈惬。）——唐窦臮《述书赋》（P170）

盈惬，《墨池编》《书苑》为“盈箧”。按，“盈箧”虽较“盈惬”常用，但放在此处，于义未安。我们发现，窦臮《述书赋》所列唐人各书家，先以一句形容词谓语句总括其书，后接几句详注，多是对正文中的形容词进一步的解释，如“欣给事之道弘”，后接“族兄绍，给事中，志弘雅道，不倦虚求”。“道弘”即“志弘雅道，不倦虚求”。它如“韩生委输”，后接“韩滉，颍川人，给事中，委质虑远，推诚道博”，“委输”对“委质虑远，推诚道博”，兹不烦举。故“习学润身，假借盈惬”亦当是对“敦阅”的解释。

“敦阅”亦作“敦悦”“敦说”，“尊崇爱好”之义，《后汉书·郑兴传》曰：“窃见河南郑兴，执义坚固，敦悦《诗》《书》。”《晋书·潘尼传》：“留精儒术，敦阅古训。”

因此“盈惬”是充实欣悦之义。“假借盈惬”正指蔡希寂多方习学，充实欣悦。因“假借”而盈，因“润身”而“惬”，正与“敦阅”之义相合。“盈惬”后也作“满惬”，宋李昌龄《太上感应篇》卷十八《破人之家取其财宝》曰：“妻大喜。妻亦满惬其意，于是相欢，旦暮不舍。”故当录作“盈惬”为是。

伊他

取迷伊他，贻笑鄙贱。则有乌系缥首，紫玺露面。好丹时更，悲素色变。——唐窦臮《述书赋》（P172）

伊他，《墨池编》《书苑》录为“伊地”，潘运告从之，并释为“此地”。按，前说皆误，“伊”犹“彼”也。《字汇·人部》：“伊，又彼也。”《世说新语·方正》：“江家我顾伊，庾家伊顾我。”“他”亦犹“彼”也。《正字通·人部》：“他，彼之称也。”晋干宝《搜神记》卷三：“坐者语曰：‘适来饮他酒脯，宁无情乎？’”唐杜审言《戏赠赵使君美人》：“罗敷独向东方云，谩学他爱作使君。”

故“伊他”即“伊彼”，皆“彼”之义。唐刘禹锡《刘梦得文集》卷二《山南西道新修驿路》：“公谈私咏溢于人，听伊彼金其牛而诱之以利。”又“伊他”例，宋张齐贤《洛阳搢绅旧闻记》卷一《泰和苏揆父鬼灵》：“某姓苏，有男名揆，叨忝登第，在泰和知县，暂去相看，伊他更别无亲识。”明青山高士《盐梅记》卷上《插梅嘱月》：“今尊将伊他许后日，我总到极品随朝，那时也不能与你相见。”《述书赋》“取迷伊他”即“被彼所迷”之义。“伊他”与“鄙贱”相对，“鄙”即“贱”义，故“伊”即为“他”。“伊他”实不烦改。“伊他”“伊彼”《大词典》俱失收。

第六节 文字未明

校勘中文字未明的问题大致可以分为两类：一是对异体字、通假字、古今字、俗体字这些文字现象的失察；二是形近误字、音近误字带来的舛误。

疢

昔西施心疢，捧胸而颦。众愚效之，秖增其丑。——东汉赵壹《非草书》（P2）

"疢"字，范校本从津本作"疢"，洪校本作"疹"。按，《玉篇·疒部》："疢，俗疢字。"《集韵·稕韵》："疢，或作疢。"《说文·疒部》："疢，热病也。"徐铉注："今俗别作疢，非是。"《字汇》："疹，与疢同。"三字可通，今写作"疹"，故洪校本为是。

箦

右军取棐书之满床，奉收得一大箦。——南朝梁虞和《论书表》（P32）

"箦"字，《历代书论选注》释为"丛聚"，但"箦"与"一大"相组合，明显是物量词。释为"丛聚"说不通。潘运告释为"床垫"，更为不伦。《墨池编》作"匮"，方为正解。因"匮"可同"篑"。《汉书·王莽传上》："纲纪咸张，成在一匮。"颜师古注："《论语》云：'譬如为山，未成一匮。'"今本《论语·子罕》作"篑"。"箦"字乃"篑"形近之讹。《玉篇·竹部》："篑，土笼也。"即盛土的竹筐。"一大篑"实即"一大箕”，言收得一大筐也。

寘

惟愿细书如《乐毅论》《太师箴》例，依倣以写经传，永存寘题中精要而已。——南朝梁陶隐居《论书启》（P36）

“寘”字，《书苑菁华》汪氏振绮堂本为“具”，明善堂本、四库本和《墨池编》均作“宜”。何立民点校为：“依倣以写，经传永存，宜题中精要而已。”按，“寘”即“置”。“题”特指在书札的封口上签押。如汉班婕妤《捣素赋》：“书既封而重题，笥已缄而更结。”盖陶隐居欲仿写王羲之名作，得以作品“置”于“精要”之列也。细书多用于抄写重要的文书和经典，故为辨认计，皆为真书。故何立民本点校不妥。

分镳

伯儒兼叙隶草，子邑分镳梁邯。——梁庾肩吾《书品论》（P54）

“镳”字，四库本和津逮本俱为“镰”，范校本和武周本从之。《墨池编》《书苑》俱录为“镳”，洪校本以之为是。按，“分镳”犹分道，实比“分镰”更合文义，“子邑分镳梁邯”，言左子邑与梁宣、邯郸淳书风不同。张怀瓘《书断》下即有载：“左伯，字子邑，东莱人。特工八分，名与毛弘等列，小异于邯郸淳。”

但“镳”“镰”二字如何相混的呢？实际上，这其中另有一“鑣”字，与“镰”只一画之差，为“镳”的误字。《龙龛手鉴·金部》：“鑣误，镳，马衔也。”“镰”当与“鑣”形近而误录，其本字皆为“镳”。

奔趍

县吏寻觉，遽而奔趍，妪乃惊惧，投之竈下，香闻数里，不可复得。——唐徐浩《古迹记》（P96）

趍，是“趍”字的俗体。《字鉴》：“趍，俗作趍。”《六书正讹》：

"趁，俗作趂，非。"潘运告录为"趋"，误。"趂"乃追赶之义。《梁书》卷九《列传·曹景宗》："常与少年数十人泽中逐獐鹿，每众骑趁鹿，鹿马相乱，景宗于众中射之。""奔""趂"连言，指"奔跑追赶"。宋李昉《太平广记》卷十四《许真君》："俄顷，果见黑牛奔趁黄牛而来。""趁"还可组成"赶趁""趁墟""趁市"等词。"奔趂"一词，《大词典》《唐五代语言词典》等均未收入。

习宽踈于一体

孝元不拘，快利睢盱。习宽踈于一体，加紧薄而小殊。——唐窦臮《述书赋》（P156）

《墨池编》和《历代书法论文选》将此例中"宽踈"录作"宽舒"，潘运告将"习"释为"学习"，均有误。此例中"习"通"袭"。重叠之义。《左传·襄公十三年》："先王卜征五年，而岁习其祥，祥习则行。不习，则增修德而改卜。"杨伯峻注："'习'一本作'袭'。习与袭通用，重复也。祥，吉祥。岁习其祥，谓五年之中每年卜征都吉。"中古时此义项还在使用，南朝宋颜延之《车驾幸京口侍游蒜山》诗："岳滨有和会，祥习在卜征。"本例"习"与"加"、"宽踈"与"紧薄"对举，其义甚明。

顤翘缩爽，了枭黝纠

欧阳在焉，不顾偏丑。顤翘缩爽，了枭黝纠。如地隔华戎，屋殊户牖。——唐窦臮《述书赋》（P163）

"顤翘缩爽，了枭黝纠"，《墨池编》录为"显翘缩爽，了臬黝纥"，《书苑》为"顤翘缩爽，了臬黝纠"，《历代书法论文选》从之。按，当以"顤翘缩爽，了枭黝纠"为是。顤，《广韵·肴韵》："头凹也。"《集韵》："大首深目貌。"顤硗，此处为笔势顿挫起伏之义。缩爽为收放，与顤翘相对。黝纠即黝纠，纠同纠，《集韵·黝韵》："纠，《说文》：'绳三合也。'或作纠。"《新编联绵词典》："黝纠，缠绕纠结的样子。"又《文选·王延寿·鲁灵光殿赋》："傍夭（虫乔）以横出，互黝纠而搏负。"吕向注："林木相连绕貌。”“了枭”当同“了鸟”“了佻”“了吊”，皆悬挂之义。引申为颠倒。《三国志·魏志·明帝纪》“分襄阳郡之鄀叶县属义阳郡”，裴松之注引《魏略》：“今陛下既尊群臣……而使穿方举土，面目垢黑，沾体涂足，衣冠了鸟，毁国之光以崇无益，甚非谓也。”《方言》卷七：“燕、赵之郊县物于台谓之佻。”晋郭璞注：“了佻，悬物也。”

此句窦臮言欧阳询书风峻险，变化多端，其高低收放、颠倒纠结，形式之异远同华戎，近殊户牖。张怀瓘《书断》评欧阳询曰：“然惊奇跳骏，不避危险，伤于清雅之致。”宋《宣和书谱》亦云：“（欧阳）询虽以正书为翰墨之冠，至于行字，又复变态百出，当是正书之亚。”

紫纸

羲之所书紫纸，多是少年临川时迹，既不足观，亦无取焉。——南朝梁虞和《论书表》（P29）

当为“柴纸”之误。“紫”“柴”字形相近，另外，“柴”常与“祡”通用，“祡”与“紫”形音更为接近，《集韵·佳韵》：“祡，通作柴。”另外，“紫”“柴”误用的例也并不鲜见，宋周密《癸辛杂识》前集《笔墨》：“王右军少年多用紫纸，中年用麻纸，又用张永义制纸，取其流丽，便于行笔。”清倪涛《六艺之一录》卷二百七十九和孙岳颁《佩文斋书画谱》卷七论书七的《宋周密论笔墨》均录作“柴纸”。明范景文《战守全书》卷十六守部《御乞城》：“用柴纸浇油点火掷下，其车自焚。或以极滚水浇之使贼难逬避。”用柴纸点火可以御敌，“柴纸”之称，可能正是言其是可引火做“柴”之纸也。这是根据纸张性质所取的名称。

那么，柴纸是一种什么纸呢？《中国历代书法鉴赏大辞典》“柴纸”条引《癸辛杂识》而释为“晋代纸名”，并未详说。但从《癸辛杂识》和《战守全书》的描述中，我们可以推测，柴纸可能不如麻纸和张永义纸光滑。应该是初学者的练习用纸。比较粗糙厚实，有便于用笔沉着，加强笔力。

均思

愿以所摹，窃示洪远、思旷。此二人皆是均思者，必当赞仰踊跃，有盈半之益。——南朝梁陶隐居《与梁武帝论书启》(P41)

“均思”一词，潘运告释为“相同的思想认识”，冯亦吾释为“同情的人，或可供评议的人”，均与文义难合。李彤认为“均”通“韵”，“均思”是高雅之思。

按，“均思”即“巧思”，“均”当是“巧”形近之误。梁武帝《观钟繇书法十二意》也有云：“非欲明解，强以示物也，傥有均思，思盈半矣。”与陶隐居语义相类，清冯武《书法正传》卷六《纂言》中录此词为“巧思”，又颜真卿《述张长史笔法十二意》中有：“余虽不习，久得其道，不问之言，必慕之欤？傥着巧思，思盈半矣。”“巧思”即高妙灵巧的构思。唐徐夤《咏帘》诗：“素节轻盈珠影匀，何人巧思间成文？”

“均思”只有当“巧思”解，方能“熟精”，清顾广圻《思适斋集》卷十《重刻宋淳熙本文选序》：“受书之士，均思熟精，选理以润色鸿业，而往往罕觏。”李彤的“均思”是“高雅之思”的说法显然并不准确。

屈摄

宋炳放逸屈摄，颇效康、许。量其直置孤梗，是灵运之流。——唐李嗣真《书品后》(P86)

屈摄，萧元注为“屈折”，谓书体弯曲转折，似与“放逸”无涉。按，《墨池编》《书苑》作“屈慑”。无论是“屈摄”还是“屈慑”，当是“屈摺”之误，“摺”与“摄”“慑”音近，“慑”即有异体“慴”，《龙龛手鉴·心部》“慑慴，之涉反，伏惧怯也。”“屈慑”的说法当是“摺”“慴”相近而误，清文渊阁四库全书本所收宋陈思《书小史》卷一云：“李嗣真云放逸屈摺，颇效康昕。”此处陈思即录为“屈摺”。屈摺，犹歪曲、假造之义。隋释智𫖮《法华玄义》卷十曰：“又弥勒等亦被屈摺，何但声闻若言七百阿僧祇者。”清方苞《〈春秋直解〉序》：“盖屈摺经义以附传事者，诸儒之蔽也。”

我们看到，宋炳“颇效康、许”，“康、许”即康昕、许静，南齐王僧虔《论书》载：“康昕学右军草，亦欲乱真。与南州识道人作右军书货。”可见，康氏是羲之作品的造假高手。至于许静，生平事迹不详，陶隐居《与梁武帝论书启》倒透露出一些信息：

> 《乐毅论》，愚心近甚疑是摹，而不敢轻言。今旨以为非真，窃自信颇涉有悟。箴咏吟赞，过为沦弱。许静素段，遂蒙永给。仰铭矜奖，益无喻心。此书虽不在法例，而致用理均，背间细楷，兼复两玩。

陶弘景向梁武帝要《乐毅论》摹本，“依仿以写经传”，梁武帝认为《乐毅论》非真，就没有给他，而给了陶“许静素段”，让其“永给”，我们可以想到，“许静素段”也应该是羲之的仿写之作，让陶“永给”，自然比《乐毅论》摹本逊色不少，所以陶氏言“不在法例”。故此，康昕、许静皆为其时伪造羲之作品的书家，宋炳效法二位，言其“放逸屈摄”，不亦宜乎？

荐经

> 自禅师殁后，荐经丧乱坠失，不知所在。——唐何延之《兰亭记》（P100）

荐，津本为“存”，四库本为“洊”，《墨池编》为“荐”，《书苑》为“荐”。按，《字汇》：“荐，俗作洊，非。”《正字通》：“洊，通作荐。”可见“洊”“荐”本为一字，津本所录有误，洪校本从之，不妥。《广韵》：“荐，重也，仍也。”“荐经”即“屡经”。又宋留正《皇宋中兴两朝圣政》卷八《高宗皇帝八》：“淮南荐经兵戈，民去本业，十室而九；其不耕之田，千里相望。”此词《大词典》未收。

驳瑕指纇

翼见讫，故驳瑕指纇曰："果是响拓书也。"——唐何延之《兰亭记》（P102）

"纇"字，范校本、《书苑》、《墨池编》皆录为"类"，误。按，津本、四库诸本皆为"纇"，瑕疵、缺点之义。《淮南子·泛论》："明月之珠，不能无纇。""指纇"与"驳瑕"并举，皆为指出缺点。亦作"搜疵指纇"，元郝经《陵川集》卷二十八《王雅序》："摘光揭耀，搜疵指纇，则王道从何而明？"也可作"摘瑕指纇"，明焦竑《国朝献征录》卷九十二《李公玺墓志铭》："由此忤瑾，摘瑕指纇，逮公锦衣卫狱，逾月出。"或为"刺瑕指纇"，皆其义也，明徐象梅《两浙名贤录》卷四十七《文学郎仁宝瑛》："揽要猎华，刺瑕指纇，辨同异得失，著而为书。"

施榻

自护壁书，施榻于下，无已时。——唐崔备《壁书飞白"萧"字记》（P106）

"榻"字，《法书要录》诸本作"拓"，《墨池编》《书苑》为"榻"。按，作"榻"是。"拓"是模拓，当是"拓其上"而非"拓于下"。"榻"是坐榻，《玉篇·木部》："床狭而长谓之榻。""施榻于下"是施放坐榻于其下，欲随时赏玩也。后文"耽玩研味，略无已时"，也正是此义。"榻"常与"施"字连用。宋李昉《太平御览》卷第七百六《服用部》八："常于中斋别施榻，云：'此是孔长史坐，人莫得预焉。'其见敬如此。"

玄匠

惟以理伏，颇能面质。冀合规于玄匠，殊不顾于聋俗。——唐张怀瓘《书议》（P123）

玄匠，《书苑》作元匠。按，"玄匠"即元匠、大匠之义，《书苑》作"元匠"，盖避康熙帝玄烨之名讳也。"玄"本有"大"义，隋许善心《神雀颂》："功玄不器，道要无名。"唐张说《述圣颂序》："德厚者施溥，功玄者应速。"明吴之甲《静悱集》卷十上《李本宁》："坛坫佥奉牛耳之歃于巨工，而鱼雅名流争乞龙颔之珠于玄匠。""巨工"与"玄匠"对举。皆指某一专业领域的大师。书论中也常称以大匠，唐封演《封氏闻见记·矜尚》："萧诣邕云：'有右军真迹，宝之已久，欲呈大匠。'"

该

余至德中，往往偶见。祛积年之遐想，该此生之新观，虽欣鄙夫之幸遇，实为吾君之痛惜。——唐窦臮《述书赋》(P140)

"该"字《墨池编》《书苑》作"骇"，可从。窦臮得见前人名迹，"骇（惊异）其新观"也在情理之中。"该""骇"音近形似，常可通用。唐释澄观《华严大疏钞》卷七十七："后自入城，拜谒亲故，说其始末，闻者惊该。""惊该"即"惊骇"。又清李清《南北史合注》卷六十二《王神念》："武陵王纪拥众上流，内外该惧。""该惧"即"骇惧"，亦其例。

纰糠

越石伟度，纰糠翰墨。如伐树而爱人，似问鼎而在德。——唐窦臮《述书赋》(P145)

纰糠，《墨池编》《书苑》作"粃糠"，对。"粃糠"此处作动词，"轻视"义，即视为粃糠。唐李百药《北齐书》卷三十一《王昕》："虽执谦挹，粃糠神器，便是违上玄之音，坠先帝之基。"刘琨字越石，为晋朝名将，轻视翰墨小道本不足怪，"如伐树而爱人，似问鼎而在德"，正喻心不在此。

拘跼

迟涩分矣，无系拘跔；拘跔既亡，求诸变态。——唐张怀瓘《玉

堂禁经》（Pa217）

拘踋，《墨池编》为“拘跼”，清孙岳颁《佩文斋书画谱》录为“拘踋”，康有为《广艺舟双楫·缀法第二十一》为“拘系”。按，“跼”同踋，《集韵》：“踋，《说文》：‘天寒足踋。’一曰拘踋不伸。或作跼。”“跼”为蜷曲不伸之义。《玉篇》：“踋，天寒足踋。寒冻手足踋不伸也。”《广韵·烛韵》：“跼，曲也。”“拘”也是“曲”义，《荀子·哀公》：“古之王者，有务而拘领者矣。”杨倞注：“拘与句同，曲领也。”《说文·句部》：“句，曲也。”“拘跼”也即蜷曲之义。康有为“拘系”之说当涉上“无系”而误。

第七节　不烦校改

率意的校改不仅不能拨乱反正，反而让文意扑朔迷离，故校勘的原则应以谨慎为上。如不能确证，宁可阙而存疑。

匪

夫三端之妙，莫先乎用笔；六蓺之奥，莫匪乎银钩。——晋卫夫人《笔阵图》（P5）

匪，《书苑》《历代书法论文选》录为“重”；《墨池编》为“若”；洪校本、范校本未出校。按，“匪”字不烦改。“匪”通“斐”。有文采貌。《正字通·匚部》：“匪，与斐通。”《诗·卫风·淇奥》：“有匪君子，如切如磋，如琢如磨。”马瑞辰通释：“‘匪’即‘斐’之假借，故《释文》云：‘匪本又作斐，同芳尾切。’《大学》及《一切经音义》九引《诗》正作‘斐’。”《周礼·考工记》：“且其匪色必似鸣矣。”郑玄注：“匪，采貌也。”《书苑》录为“重”，虽然于义可通，但莫若“匪”字为是。

不办广悉

臣僧虔启：昨奉敕须古来能书人名，臣所知局狭，不办广悉。——南朝宋羊欣《采古来能书人名》（P9）

不办，《墨池编》作“不辩”，《书苑》作“辨”。按，二书所录皆误，“不办”犹言“不能”。“不办广悉”乃“不能悉知”也，“办”字实不必改。又《宋书·沈攸之传》：“诸人咸谓吾应统之，自卜懦薄，干略不办及卿，今辄相推为统，但当相与勠力尔。”《宋书·孝义传·何子平》：“尊老在东，不办常得生米，何心独飨白粲。”“悉”为“知晓”义。“不办广悉”即因“所知局狭”，故“不能全面知晓”。此自谦之辞耳。潘运告将“悉”释为“知识”，亦误。

仍

诞甚危惧，乃掷其笔以下，焚之。仍诫子孙，绝此楷法，着之家令。——南朝宋羊欣《采古来能书人名》(P11)

仍，《墨池编》《书苑》为“乃”，潘运告从之。按，“仍”在此处是“乃”“于是”义，《历代名画记》录此“仍诫子孙”即为“遂戒子孙”。“仍”本有“乃、遂”义，不烦改。《史记·淮南衡山列传赞》：“淮南衡山亲为骨肉……而专挟邪僻之计，谋为畔逆，仍父子再亡国，各不终其身。”《南史·宋武帝纪》：“初，帝平齐，仍有定关、洛意。”

会美

子敬穷其妍妙，固其宜也。然优劣既微，而会美俱深，故同为终古之独绝，百代之楷式。——南朝梁虞和《论书表》(P27)

“会美”一词，《书苑》据汪本录为“美意”，但《书苑》宋刻本和翠琅玕馆丛书本都作“会美”，校注却未出校。按，《书苑》不烦改。“会”是会合、聚会义。《书·洪范》：“会其有极，归其有极。”孔颖达疏：“集会其有中之道而行之。”“会美”实为聚合众美之义。孙过庭《书谱》：“将反其速，行臻会美之方；专溺于迟，终爽绝伦之妙。”明汪砢玉《珊瑚网》卷四十七名《严氏画品册叶目》就有“集芳”“杂英”“会美”的画册名称。“会美”还指一种快速中又有舒缓的用笔方法。孙过庭《书谱》：“夫劲速者，超逸之机，迟留者，赏会之致。将反其速，行臻会美之方；专溺于迟，终爽绝伦之妙。”宋朱长文《墨池编》卷二《执笔五法》：“夫劲疾者，超逸之机。迟重者，会美之致；因速不速可臻会美之方，将迟不迟颇契通神之妙。”《大词典》《书论辞典》未收此词。

自谓

羊欣云："羲之便是小推张，不知献之自谓云何？"——南朝梁虞和《论书表》(27)

"自谓云何"一语，潘运告录作"自会云何"，并翻译为"自己人会怎么说"。历代书论选注》录作"自云何"，并翻译为"对自己评价怎样"。按，二注本录、释皆不妥。"自谓云何"一句，《法书要录》诸本以及《墨池编》《书苑》皆不误。"自谓"犹"自视"，此文后，谢安尝问子敬："君书何如右军？"答云："故当胜。"安云："物论殊不尔。"子敬答曰："世人哪得知。"显然，"故当胜"正是献之的"自谓"。羊欣倒是较为开明，与谢安对献之自视甚高的不屑相比，他更认可"子敬穷其妍妙，固其宜也"。

来月日有竟者

今始欲令人帖装，未便得付，来月日有竟者，当遣送也。——梁武帝《与陶隐居论书启》(P42)

《书苑》据汪氏振绮堂本无"日"字，王云路从之。《墨池编》"竟"为"意"。此句范校本"来"字归上，为"未便得付来"。何立民校《墨池编》从之。

按，《法书要录》诸刻本皆为"来月日有竟者"，《书苑》宋刻本也有"日"字，当不至误。《墨池编》录"竟"为"意"，显然是形近而误。

中古有"来月"一词，作"下月"解，如《右军书记》："来月必欲就到家而得其问，云尚多溪毒，当复小却耳。"也有"来年"，作"下一年"解，《右军书记》："曚风胶今年似晚，来年其主不起首者，想或可得借乎？""来月日"在此句中正指下月的某日，如"有竟"者，即"帖装"完毕者，应当相送。

讥剥

离合之诗，繇来久矣。不知讥剥，爰加称赞，是其第六秽

也。——梁庾元威《论书》（P45）

讥剥，范校本和武周本均据《墨池编》为“讥刺”。按，《法书要录》诸传本皆为“讥剥”，“剥”可通”驳”，本有评断、驳斥义，不烦改。如唐皮日休《〈文薮〉序》：“其余碑、铭、赞、颂、论、议、书、序，皆上剥远非，下补近失，非空言也。”“讥剥”为讥讽、反驳之义。元释行秀《从容庵录》卷四《子昭承嗣》：“昭首座党护，门风不通。议论横生，讥剥法眼。”明郭凝之编《帝王问道录》：“禅不是欲，欲不是禅，妄生讥剥，不知身处泥犁。”离合之诗，本是拆字谜诗，据钱锺书考证，此诗暗讥何令——何敬容。而何氏不知讥讽之义，反加称赞。此词《大词典》未收。

相系

江左硕儒相系，梁初复有任昉及沈约，悉未有讥驳，余忽横议，实不自许，敬俟明哲，定其可否。——梁庾元威《论书》（P46）

按，相系，范校本和武周本从《墨池编》和《书苑》改为“相传”。“相系”乃中古出现的新词，犹“相继”之义。不烦改。晋陈寿《三国志》卷十八《魏书》十八引裴松之注：“子孙繁衍，颇有贤才相系。奕世之盛，古今少比焉。”又《宋书·殷景仁传》：“会王弘、华、昙首相系亡，景仁引湛还朝，共参政事。”又《梁书·到洽传》：“明北兖、到长史遂相系凋落，伤怛悲惋，不能已已。”梁庾元威《论书》中先言“梁初复有任昉及沈约”，再言“敬俟明哲”，正是指“硕儒相继”之义，以待之而定。

烟华

烟华落纸将动，风彩带字欲飞。——梁庾肩吾《书品论》（P52）

“烟华”之“华”，津逮、四库本俱不误，洪校本录为“花”字，“华”本有“花”义，不烦改。

侧沾漏润

但逢时来，恩出愿外，得承泽云津，侧沾漏润。——后魏江式《论书表》（P66）

侧沾漏润，《墨池编》）作“厕沾濡润”；《书苑》“厕沾濡之润”；范校本疑“漏”乃“濡”的形误；《书苑》作“厕沾濡之润”，显然认为上句五言，下句也当为五言，故以“沾濡”为一词，又加一“之”字。

按，《法书要录》诸本皆为“漏”，未可轻言形误。上句“得”实为一字领下二句，与后世的“一字豆”相类，“承泽”言上方，“侧沾”言侧面，两相对举。“云津”“漏润”实际上均喻皇恩，“漏”以“润”承，乃自谦之辞。“漏润”后也可称为“漏泽”，唐权德舆《权载之文集》卷四十六《表状》：“式奖列藩之重，且彰漏泽之荣，可赠尚书礼部郎中。”宋范祖禹《范太史集》卷八《代杨中散遗表》：“实无愧悔，犹希漏泽，俯及微宗。”亦犹“遗润”，宋李昉《文苑英华》卷八百六十七《东林寺远法师影堂碑并序》：“世更七代，年垂四百。流芳遗润，金锵玉振。”明林希元《林次崖文集》卷七序：“然太阳有遗照，大海有遗润，安能伤其明且大哉？”

体法

陆学士柬之受于虞秘监，虞秘监受于永禅师，皆有体法。——唐李嗣真《书品后》（P80）

体法，《法书要录》诸本俱不误，《墨池编》为“法体”，《历代书法论文选》、洪校本、萧元（皆从之。按，作“体法”是。体法指诗文书画等的格局法式，唐张怀瓘《书断·中》：“（蔡邕）工书，篆隶绝世，尤得八分之精微，体法百变，穷灵尽妙，独步今古。”又《新唐书·裴休传》：“能文章，书楷遒媚有体法。”《书品后》后文“今人都不闻师范，又自无鉴局”，也正指格局法式。而“法体”则无此用法，“法体”为僧人之身的敬称。如宋苏轼《答南华明老》之二：“专使惠手书，具闻别后法体安稳为慰。”故当以“体法”为是。

切睹

平一龆龀之岁，见育宫中。切睹先后阅法书数轴，将拓以赐藩邸。——唐武平一《徐氏法书记》（P90）

切睹，《墨池编》作“窃观”，《书苑》作“窃睹”。按，《法书要录》诸本均作“切睹”，“切”自先秦时即可与“窃”相通，《战国策·赵策二》：“臣切为大王计。”《史记·张仪列传》亦作“切”。《史记·淮阴侯列传》：“窃为足下危之。”此句在《汉书·蒯通传》“窃”作“切”。均是“切”“窃”可通之证。又如宋苏洵《上欧阳内翰第一书》：“洵布衣穷居，尝切有叹”，[①]“切”通“窃”，因此“切睹”当不误，不必改。

达志

近于李造处见全书，了然知公平生志气，若与面焉。后有达志者，览此论，当亦悉心矣。——唐张怀瓘《书议》（P125）

达志，《墨池编》《书苑》俱作“达识”，范校本据之改为“达识”。其实无论是“达志”还是“达识”，都是指有高超志识的人，唐张说《张燕公集》卷十明唐志契《绘事微言》卷上《林泉高致》：“晋顾恺之必搆层楼以为画所，此真古之达志，不然则志气郁涩，局在一曲，如何能写貌物情摅发人思哉？”《法书要录》诸本俱为“达志”，范校本实不烦改。《大词典》“达志”条无此义项。

性情

虽功用多而有声，终性情少而无象。同乎糟粕，其味可知。——唐张怀瓘《文字论》（P128）

性情，《墨池编》《书苑》作“天性”。“性情”本有“天性”之义，这

① 王水照、罗立刚选注，《苏洵散文精选》，东方出版中心1998年版第235页。

种天性是人自然的本性与情感。《易·干》："利贞者，性情也。"孔颖达疏："性者，天生之质，正而不邪；情者，性之欲也。"《庄子·缮性》："然后民始惑乱，无以反其性情而复其初。""功用"在此处实即功夫，即人工后天所练就的技巧。多与天赋之能或人的禀性和气质相对。故"性情"不烦改。

第五章　词语释读与词典编纂

词典的编纂与词语释读的准确性紧密相关。当代语文词典在编纂中有时没有顾及书论专科词语的特殊性，而书法专业词典又没有对语言现象细加考察，这些都带来了书论词语释读的诸多问题。

第一节　释义不当

无论是当今的语文词典还是专业词典，都收录了不少书论词语，但其中也不乏许多释义不当之处，这包括释义错误和释义不确两类。

行狎

惟有章草及章程、行狎等不用此势，但用击石波而已。——晋王羲之《题卫夫人〈笔阵图〉后》（P8）

行狎，南齐王僧虔《论书》直接指出，行狎书就是行书："三曰行狎书，行书是也。三法皆世人所善。"而这个称呼正是出自善写行书的钟繇。唐韦续《墨薮》中有《五十六种书》："行书者，正之小讹也，钟繇谓之行狎书。""狎"有亲近义，行狎书的称呼取其亲近简易比较流行而又不够庄重的意思。明李日华《六研斋三笔》卷四："梁武帝敕臣下书疏皆用行狎笔自书，唯署名稍谨耳。""署名稍谨"正可证明"行狎笔"的"不谨"。清倪涛《六艺之一录》卷二百六十八载明陶宗仪《论篆籀分隶源流书央会要》："钟繇谓之行狎，务从简易相闻流行。"

"行狎"有时也作"行押"。张怀瓘《书断》："胡昭、钟繇并师其法，世谓钟繇行押书是也。"北齐魏收《魏书》卷二十四曰："魏初重崔卢之书，又玄伯之行押，特尽精巧而不见遗迹。""押"字当为"狎"字之误，犭、扌相近而讹。清顾堃《觉非盦笔记》卷八："行狎从犬不从扌，大抵作行狎为是，从扌非也。"故当以"行狎"为正。《大词典》有"行押"而无"行狎"条，不妥。《书论辞典》将"行押书"的"押"解释为"署"，并认为"行押书"就是"押字"，大谬。

杀字

昔杜度杀字甚安，而笔体微瘦；崔瑗笔势甚快，而结字小疏。居处二者之间，亦犹仲尼方于季孟也。——南朝齐王僧虔《论书》（P18）

杀，津本和诸校本均为此，四库本做“结”，《墨池编》录晋卫恒《四体书势》中有此句亦作“结”字，而《晋书·卫恒传》则录为“杀”；《大词典》释“杀字”为“书法中草书的收笔”，则是指草书用笔而言。而“结字”在书论中称字的间架结构，二者并不相同。清洪颐煊《诸史考异》卷二有对“杀字”的专释：“《卫恒传》‘杜氏杀字甚安，而书体微瘦。’颐煊案，杀读如《说文》㮕，𣪠字通用。《说文》训为散。《南齐书·周颙传》：‘少从外氏得卫恒散隶书法，学之甚工。’即此体。”

按，《大词典》对“杀字”的释义是从《晋书·卫恒传》中对草书的一段论述中推寻的，但这并不足以说是专论“草书”而言，但洪颐煊认为“杀”是“㮕”的通假，是“散隶”之“散”义，未免有辗转附会之感。更何况书论典籍并无“散字”之说。王僧虔《论书》中“笔体”与“笔势”相对，“杀字”则与“结字”相对，“杀字”是动宾结构，作“杀”不必疑。

“杀”本有终止、收束之义。宋欧阳修《水谷夜行寄子美圣俞》诗：“譬如千里马，已发不可杀。”此义盖从“杀”的“死刑”义引申而来。《周礼·秋官·司刑》：“杀罪五百。”郑玄注：“杀，死刑也。”后也写成“煞”。梁庾元威《论书》有“鬼书惟有业杀”，“业杀”，唐段成式《酉阳杂俎·广知》即录为“业煞”。唐释慧琳《一切经音义》第十五《大宝积经》第一百八卷：“杀，戮也，法也，从殳杀声，古文煞字也，经文作煞。俗字谬也。”清孔广森《大戴礼记补注》卷二：“‘煞’即‘杀’字，隶变体也。”“煞”有“终结”义。如“煞年”指年终。“煞尾”即收尾。“杀字甚安”与“笔势甚快”对举，显然“杀字”指用笔。包世臣《艺舟双楫》：“《晋书》所谓杀字甚安，是专言结构。不力究此义，所以日趋狂怪缭绕而不可止也。”包氏有感于时人不重结构，欲纠“狂怪缭绕”之弊，主张“杀字甚安，是专言结构”，要“力究此义”。这说明，包氏之前，长期以来“杀字”指用笔而非结构，是人们的共识。陶明君注“杀字甚安”为“书法结构布局能恰到好处，妥帖合适”，显然是剿袭包氏之说，这种说法并不合适。《书法辞典》则言：“犹言安排。不言写而言杀。尚带有果断和肯定的意思。”与原意相去更远了。综此，“杀字”当释为“书法中的收笔，后也指结构”为妥。

倾迟晖采

承天凉体豫，复欲缮写一赋，倾迟晖采，心目俱劳。——南朝齐王僧虔《论书》（P19）

倾迟晖采，潘运告）释为“倾心迟留在光彩之中”，文义不明。倾迟，《大词典》谓殷切期待，举《晋书·贺循传》例：“谨遣参军沈祯衔命奉授，望必屈临，以副倾迟。”按，《大词典》释义有误，潘说近是。“倾迟”一词，“倾”当作“倾首”“倾身”解，表示恭敬之意，此类词如倾依、倾注、倾望等。《文选·任昉〈为萧扬州作荐士表〉》：“庠序公朝，万夫倾望。”张铣注：“万人皆倾首而钦慕。”“倾迟”指恭敬地留连、停留。《晋书·贺循传》中“屈临”与“倾迟”对举，其义可见。《高僧传·支遁》中“思君”不得，故“计辰倾迟”，皆自谦以敬人也。又明徐纮《明名臣琬琰录》卷三曰：“弼既不如，自愧又不能勇。为倾迟之。至今且三四年。”亦其例。

综此，“倾迟晖采”指王僧虔欲摹写古人墨迹，从而留连于古人作品之光彩之中，心目俱劳。故后文有“承阅览秘府，备睹群迹”也。

拔赏

臣昔不能拔赏，随世所贵，规模子敬，多历年所。——梁萧子云《论书启》（P26）

拔赏，《大词典》释为“鉴赏”，但放在此处于义未安。《大词典》举清俞樾《茶香室续钞·卫夫人帖非真迹》例："臣昔不能拔赏，随时所贵，规摹子敬，多历年所。"显然是从萧子云《论书启》而来，故例当以《论书启》为是。"拔赏"在此处当是"称举"的意思。宋黄伯思《东观余论》曰："乃知黄子之作，此书拔赏者寡，而掊击者多，故有以也。""拔赏"与"掊击"相对，知"拔赏"有"称举"义。

名法

卢循素善尺牍，尤珍名法。西南豪士，咸慕其风。——南朝梁虞和《论书表》(P27)

名法，《大词典》释为"很有效的方法"。并引唐张怀瓘《书断·能品》："（庾肩吾）草隶兼善，累纪专精，遍探名法，可谓瞻闻之士也。"按，《大词典》释义有误，且引例较晚。"名法"即著名的法书作品，卢循"尤珍名法"，故此后文"家赢金币，竞远寻求"，以金币寻求的岂是什么"方法"？再如文中"然招聚既多，时有佳迹。如献之吴兴二笺，足为名法"，"佳迹"即为"名法"。《大词典》所引张怀瓘"遍探名法"，也是遍访名家法书作品之义。

"名法"亦可称为"名书"，梁虞和《论书表》："羲之书云：'顷寻诸名书，钟、张信为绝伦，其余不足存。'"唐高平公《萧斋记》："而风致之余，特精楷、隶，所得魏晋已降名书秘迹多矣。"

献奉

孝武亦纂集佳书，都鄙士人多有献奉，真伪混杂。——南朝梁虞和《论书表》(P28)

献奉，《大词典》释为"献祭供奉"，不确。此词作"奉献、进献"更为合适，因其上可称"进献"天子，如《东观汉记·顺帝纪》："臣请上尊号曰敬宗，庙天子，世世献奉藏主。"下可称"进献"上级。唐李延寿《南史》卷六十六曰："又多致铜鼓生口，献奉珍异，前后委积，颇有助军。"此例都鄙士人钭佳书献奉梁武帝，显然是"奉献、进献"。

凡最

条目纸行，凡最字数，皆使分明，一毫靡遗。——南朝梁虞和《论书表》（P30）

凡最，《大词典》释："犹言总目；名目。"并举宋程大昌《〈演繁露〉自序》："随所遇缣简，亟疏录，以备忽忘。虽不皆关涉治道，而会心贤已，弃之可惜。因加凡最而并辑之，题其帙曰《演繁露》，以便寻绎。"按，《大词典》收例较晚。"凡最"是否为"总目"之义尚可商榷。前文已言"条目"，又说"总目"，岂不多余？《书苑》无"最"字，《墨池编》无"凡最"二字。结合后文"一毫靡遗"的说法，我们认为，"凡最"当是"总计、全部"的意思，"凡最"为同义连言。"最"即"总计"。《史记·绛侯周勃世家》："最从高帝得相国一人，丞相二人，将军、二千石各三人。"司马贞索隐："最，都凡也。谓总举其从高祖攻战克获之数也。""最"与"凡"义同，班固《汉书》卷四十六《万石卫直周张传》第十六中有"尊宠乃举集其门凡号奋为万石君"一句，颜师古作注曰："集，合也，凡，最，计也。总合其一门之计五人为二千石，故号万石君。"

机神

张芝、钟繇，巧趣精细，殆同机神。——梁武帝《观钟繇书法十二意》（P34）

机神，精微玄妙。梁德水释作"天机神化"；甘中流举《陶隐居与梁武帝论书启》认为是"冲机神宝"。"冲机"为北斗四星，"神宝"是至高无上的宝物。经查，"冲机神宝"实则为"璇机神宝"——"伯英既称草圣，元常实自隶绝。论旨所谓，殆同璇机神宝，旷世以来莫继。"甘中流误录。梁武帝《观钟繇书法十二意》与《陶隐居与梁武帝论书启》二文俱谈到张芝、钟繇，对之评价一为"机神"，一为"璇机神宝"，当所指相同。"璇机"即"璇玑"，或作"旋玑""璇玑"。并非甘氏所言是北斗四星，而是指古代观测天象的仪器。《书经·舜典》："在璇玑玉衡，以齐七政。”《后汉书·张衡传》：“（张衡）遂乃研核阴阳，妙尽琁机之正，作浑天仪。”《北齐书·文苑传·颜之推》：“土圭测影，璇玑审度。”在古人看来，其能观测天象，推演四时，加之掌于专职人员之手，自是神秘莫测。无论是“机神”，还是“璇机神宝”，都是指“（像璇机一样）精微玄妙”。晋葛洪《抱朴子·任命》：“识机神者瞻无兆而弗惑，闇休咎者触强弩而不惊。”北周庾信《周柱国楚国公岐州刺史慕容公神道碑》：“楼船战阵之录，强弩驰射之书，莫不动会机神，发符雷电。”《大词典》释为“机微玄妙”，不确。

婉婉暧暧

肥瘦相和，骨力相称，婉婉暧暧，视之不足，稜稜凛凛，常有生气，适眼合心，便为甲科。——梁武帝《与陶隐居论书启》（P38）

“暧”与“暖”通，《书苑》《墨池编》均作“暖”。“暖”有和顺义，《韩非子·主道》：“是故明君之行赏也，暖乎如时雨，百姓利其泽;其行罚也，畏乎如雷霆，神圣不能解也。”[①]“暧暧”当为和顺、和乐的样子，明余学夔《北轩集》卷十二《一乐堂》：“兴言问起居，暧暧肩相摩。有田有瓜分，有酒同高歌。”《大词典》引本文例，释为“隐隐”，与义不合。潘运告释为“繁茂貌”，误。“婉婉”也为和顺之貌。南朝宋谢瞻《张子房》诗：“婉婉幙中画，辉辉天业昌。”前文“肥瘦相和，骨力相称”也正是此义，故视之不厌足，非谓隐约不足以视也。

平吉

且梁制，与平吉人笺书，有增怀语者，不得答书，许乃告绝。——梁庾元威《论书》（P45）

“平吉”即平常，平吉人即平常人。《大词典》释为“太平安吉”，并引唐玄奘《大唐西域记·商弥国》：“山神暴恶，屡为灾害，祀祭后入，平吉往来，若不祈祷，风雹奋发。”误。“平吉往来”即言平常、平时往来

①《大字典》释此例之“暧”为“云貌”，不妥。

也。唐李延寿《北史》卷九十八《列传》八十六："男女无小大皆集会，平吉之人则歌舞作乐。"宋潘自牧《记纂渊海》卷八十五《远虑》："胫之大如腰，一指之大几如腹，平吉不可屈信。"

丛残

《周礼》以鸡斯为笄缅，《礼记》以相近为禳祈。致令众议丛残，音辞骑骑互。——梁庾元威《论书》（P46）

丛残，中古词语，东汉牟融《理惑论》："众道丛残，凡有九十六种。"应该是"混乱"之义。唐刘知几《史通》第十《内篇》："自古作者著述多矣！虽复门千户万、波委云集，而言皆琐碎，事必藂残。"《大词典》释为"琐碎，零乱"，不确。

都无神明

王仪同书如晋安帝，非不处尊位，而都无神明。——梁袁昂《古今书评》（P59）

都无，全无。"神明"在书法上常指书家所表现的精神与风采。这往往是评判凡庸的重要指标。明唐顺之《荆川稗编》卷八十一《赵孟坚论书法》："唯遗教经宛然是经生笔，了无神明，决非羲笔。"如无"神明"，甚至只能算是"点画存耳"。清冯武《书法正传》卷九《洛神赋》："此书摹传失据，更无神明，点画存耳。"王仪同即王俭，字仲宝，是王僧虔从子，父名显赫，但自己的书法缺乏精神。正如同晋安帝一样。唐房玄龄《晋书·安帝纪》称晋安帝"帝不惠，自少及长，口不能言，虽寒暑之变，无以辩也。凡所动止，皆非己出"。此喻似与黄山谷"痴冻蝇"相仿。唐代窦臮《述书赋》曰："今见（王俭）署名启，行字而已。""行字而已"可谓不留情面，又言"仲宝同夫季舒，署名莫窥墙仞"，可见王俭本人也有自知之明。潘运告译"都无神明"为"整个都无神明"。显然并未领会文义。《书论辞典》"神明"条，认为是"书法作品中特有的精神气韵"，不确。《大词典》无此义项。

款段

忽有不悟者，终身瞑目。而欲乘款段，度越骅骝，其亦难矣！——唐李嗣真《书品后》(P86)

李嗣真此语出自南齐王僧虔《论书》："子敬戏云：'弟书如骑骡，骎骎恒欲度骅骝前。'"李嗣真以"款段"易"骡"。款段，即"款段"，《正字通》："款，俗'款'字。""款段"是一个叠韵联绵词，本为"马行迟缓貌"，《后汉书·马援传》："士生一世，但取衣食裁足，乘下泽车，御款段马……斯可矣。"李贤注："款，犹缓也，言形段迟缓也。"至唐时借指驽钝之马。《大词典》言借指马，不确。所举唐刘湾《对雨愁闷寄钱大郎中》诗："龙钟驱款段，到处倍思君。"也当指此，"龙钟"之老态正与"驽钝之马"相应，极写凄凉以衬"思君"之情貌。且刘湾为天宝间人，举例较《书品后》稍晚。

朝露

臣今暮年，心惛眼暗，恐先朝露，敢举所知，其别书人，谨录如右。——唐徐浩《古迹记》(97)

"朝露"一词本比喻存在时间短促。《汉书·苏武传》："人生如朝露，何久自苦如此！"颜师古注："朝露见日则晞，人命短促亦如之。"后引申为死亡之义。《大词典》列宋苏轼《答廖明略书》之一例："所幸平安，复见天日，彼数子者何辜，独先朝露！"并释为"少年而死"，徐浩《古迹记》"臣今暮年"，显然已非少年。《大词典》释义未确，举例也较晚。

方便

数日后，因言次乃问及《兰亭》，方便善诱，无所不至。——唐何延之《兰亭记》(P100)

方便，设法之义。《晋书·石季龙载记上》："(季龙)所为酷虐。军中有勇干策略与己侔者，辄方便害之，前后所杀甚众。"《北史·魏东阳王丕传》："若有奸邪方便谗毁者，即加斩戮。"《大词典》列"随机乘便""便宜行事"两个义项，实际上皆可以此一义总括。周一良《魏晋南北朝史札记》有论及。

坠失

自禅师殁后，荐经丧乱坠失，不知所在。——唐何延之《兰亭记》（P100）

"坠失"本为废驰之义。作"遗失、丢失"解是唐代出现的。又唐韦述《叙书录》："总见在有八十卷，余并坠失。"唐薛用弱《集异记·徐佐卿》："然此箭非人间所有，吾留之于壁上，后年箭主到此，即宜付之，慎无坠失。"《大词典》将"坠失"释为"失去"，并不准确。又将"失去"与"废弛"合为一个义项，也显不妥。

筋书

多骨微肉者谓之筋书，多肉微骨者谓之墨猪——晋卫夫人《笔阵图》（P6）

筋书，清刘熙载《艺概》卷五《书概》中言："字有果敢之力，骨也；有含忍之力，筋也。"宗白华在《中国书法里的美学思想》一文中说："附在骨上的筋是一切动作的主持者，筋是我们运动感的源泉。"[1]可见，有"骨"的刚性和"肉"的弹性相结合，方能称为"筋书"，因而"筋书"指强韧有力的笔法。《大词典》释为"书法中一种瘦劲有力的字体"，不确。《书论辞典》失收此词。

书道

然心存委曲，每为一字，各象其形，斯造妙矣，书道毕矣。——

①宗白华，《美学散步》，上海人民出版社2015年版199页。

晋卫夫人《笔阵图》(P6)

从中古书论的材料来看，晋卫夫人《笔阵图》系唐人伪作，因此我们可以说，书道作为一个书法理论范畴，最迟在唐代就已经确立了。“书道”一词在中古书论中所指繁杂，《书论辞典》释为“书法艺术的根本宗旨”。并不准确。詹绪左认为，“书道”的“道”，上通老子之“道”，下挽魏晋玄学，其中蕴含着传统书学的起源论、本体论、功能论和价值论。从我们对中古书论材料的考察来看，中古书论中，此词也基本具备了这几个特征，其词义具体有四：其一，书道玄远，神妙非常，要以心会通，不可以力求而致。这与道家之“道”非常相似。虞世南《笔髓论》：“故知书道玄妙，必资于神遇，不可以力求也。”唐颜真卿《述张长史笔法十二意》：“夫书道之妙，焕乎其有旨焉。”唐张怀瓘《文字论》：“书道亦大玄妙……书道尤广，虽沈思多日，言不尽意，竟不能成。”其二，书道可指书法起源的理论。唐张怀瓘《书议》：“猛兽、鸷鸟，神彩各异。书道法此。”其三，书道也可指具体的书写技法与品评鉴赏。唐张怀瓘《文字论》：“苏且说之，因谓仆曰：‘看公于书道无所不通，自运笔固合穷于精妙，何为与钟、王顿尔辽阔？公且自评书至何境界，与谁等伦？’”又唐张怀瓘《书议》：“书道亦尔，虽贱于此，或贵于彼，鉴与不鉴也。”其四，书道还可以包括作品的风格。唐张怀瓘《文字论》：“论书道则妍华有余，考赋体则风雅不足。”此词《大词典》失收。《书论辞典》认为：“天性所发，道之所蕴，是书法艺术的根本宗旨，故称书道。”释义过于空泛。

算子

若平直相似，状如算子，上下方整，前后齐平，此不是书。——晋王羲之《题卫夫人〈笔阵图〉后》(唐人伪作)(P7)

算子，《大词典》有两个义项，一是竹制的筹，一即算盘。此处当指算筹，曹利华注为“长短相同的筹码”，不妥。原因有二，一是“上下方整，前后齐平”的描述，正是竹条的样子。北魏贾思勰《齐民要术·素食》："蜜姜：生姜一斤，净洗，刮去皮。算子切；不患长，大如细漆箸。"石声汉注："即竹制的筹。"清代时还有这种说法。清李清《历代不知姓名录·张起宗卜者》卷六："瞽卜辄曰：'秀才，我能与汝一卜。'因籍地出算子，纳百余布地上。"二是，就算盘来说，据清代钱大昕在他的《十驾斋养新录》中的说法："今用算盘，以木为珠，不知何人所造，未亦审起于何时。按陶南村《辍耕录》有擂盘珠、算盘珠之喻，则元代已有之矣。"因此，《题卫夫人〈笔阵图〉后》的"算子"定是算筹。

如算子、若算子的说法在书论中常指笔画与结构太过整齐，有失呆板。王右军"状如算子"的描述，后世也可略为"布算"。《李阳冰笔法》："点不变谓之布碁；画不变谓之布算。"明赵宧光《寒山帚谈·格调》云："点不变谓之布棋，画不变谓之布算。""布算"即"布若算子"，言"画不变"也。康有为《广艺舟双楫·卑唐》："专讲结构，几若算子，截鹤续凫，整齐过甚。"《大词典》将《广艺舟双楫·卑唐》此句的"算子"释为算盘，误。

具体而言，在书法专用语中，"算子"指"勒（横）"的整齐写法。清冯武《书法正传》卷二《书法三昧》："勒法也，状如算子，便不是书。"

功夫

宋文帝书，自谓不减王子敬。时议者云："天然胜羊欣，功夫不及欣。"——南朝齐王僧虔《论书》（P16）

功夫，本指工程夫役。《三国志·魏志·董卓传》"悉发掘陵墓，取宝物"，裴松之注引《续汉书》："又陇石取材，功夫不难。"后在书论上指遵守法度、花费时间和精力所练就的本领。唐李嗣真《书品后》："故非子云之徒。正隶功夫恨少，不至高绝也。"《大词典》（第2卷766）将本例释为"本领、造诣"，显然不确。

"功夫"与"工夫"相通，南齐王僧虔《论书》："孔琳之书，放纵快利，笔道流便，二王后略无其比。但工夫少，自任，故未得尽其妙。"张怀瓘《书断》录为："时论以为天然胜羊欣，工夫恨少。"唐韩偓《商山道中》诗："却忆往年看粉本，始知名画有工夫。"自王僧虔以后，书论中"工夫"与"天然"相对，并常常成对出现。又南朝梁庾肩吾《书品论》："钟天然第一，工夫次之，妙尽许昌之碑，穷极邺下之牍；王工夫不及张，天然过之。天然不及钟，工夫过之。"唐窦臮《述书赋》："自诸王殿下已下，多效吴嗣、李涂，虽有工夫，不能高远。"故"工夫"虽不能少，但要风流高远，还要"天然"济之。《大词典》"工夫"条录唐韩偓《商山道中》诗和宋陆游《夜吟》诗，例均晚。《书论辞典》未收"功夫"条。《大词典》认为"工夫"指化费时间和精力后所获得的某方面的造诣本领。释义较确。应该与"功夫"释义相统一。

紧媚

郗超草书，亚于二王。紧媚过其父，骨力不及也。——南朝齐王僧虔《论书》(P17)

紧媚，《大词典》谓指"书法紧凑，秀美"。"紧媚"中的"紧"字，是"紧凑"的意思，但究竟是指哪方面的紧凑，《大词典》释义未确，《论书》也未述及。唐代窦臮在《述书赋》中曰："李璆，陇西人，御史大夫杰之兄子，性速达，轻财重义，笔路紧媚，亦有声于代，为狄宇清、李渐所师。"可见是描述"笔路"，显为"笔路紧凑秀美"无疑。此词《书论辞典》未收。

流便

孔琳之书，放纵快利，笔道流便，二王后略无其比。——南朝齐王僧虔《论书》(P18)

流便，指笔法流畅。又唐张怀瓘《书估》："（逸少）神用独超，天姿特秀。流便简易，志在惊奇。"《大词典》释为"文笔流畅，不滞涩"，不够全面。"流便"中古时可指文笔流畅，如《南史·任昉传》："（任昉）晚节转好着诗，欲以倾沈，用事过多，属辞不得流便。"还可指发音流畅，唐释一行《大毗庐遮那成佛经疏》卷一《住心品》第一："若论文字，其义虽正，音韵或不流便者，得取便安之。”故《大词典》应释为：“指笔法、文笔、发音的流畅。”

画画抽心

前奉神笔三纸，并今为五。非但字字注目，乃画画抽心。——南朝梁陶隐居《与梁武帝论书启》（P36）

画画抽心，《书论辞典》释为“笔心在点画中运行”，误。抽心，即抽取于心，谓情发于中。《书法成语典故辞典》释为“打动心弦”，近是。又梁沈约《柳世隆让封公表》：“徒以兼委之施，或难固辞。抽心之情，必无双夺。”《后汉书·文苑传赞》：“情志既动，篇辞为贵。抽心呈貌，非雕非蔚。”“抽心呈貌”正谓内抽于心，外呈于貌也。唐欧阳询《艺文类聚》卷三十四《人部》十八有载：“晋刘滔母孙氏《悼艰赋》曰：‘伊禀命之不辰，遭天难之靡忧。夙无父之何怙，哀壅瘁以抽心。’”

鬼书惟有业杀

大上止传可尔，鬼书惟有业杀。刁斗出于古器，尔时由乎内典。——梁庾元威《论书》（P471）

业杀，中古词语，出自佛教，故后文言“由乎内典”。[①]“业”是羯磨的意译。谓行为、所作、行动、作用、意志等身心活动，或单由意志所引生之身心生活。“业杀”即“因诸行业缘而杀生”，隋释慧远《大乘义章》卷七《十不善业义七门分别》：“对思以辨不善业，思能起杀等，故名为业杀。”也正如五代释延寿《宗镜录》卷七十八所言“嗔心以意业杀尔所众生”。又写成“业煞”，唐段成式《酉阳杂俎·广知》：“鬼书有业煞，刁斗出于古器。”

鬼书，唐韦续《五十六种书》有释：“鬼书，宋元嘉中，京口有人震死，臂上有篆，似八分也，今曰雷书。”正因为事出诡异，所以疑“鬼书”

① 佛教徒称佛经为内典。如北齐颜之推《颜氏家训·归心》：“内典初门，设五种禁；外典仁义礼智信，皆与之符。”

为“业杀”。宋曾慥《类说》卷五八引《法书苑》则是这样记述韦续《五十六种书》所载之事的：“宋元嘉中，有人京口震死，臂有霹雳诸书四字，四字云：‘业缘所杀。’断作鬼书。”可见，鬼书、雷书、霹雳书本为一物，“业杀”即“业缘所杀”，“鬼书惟有业杀”指鬼书是因业缘所杀而留下的笔迹。

“业杀”一词，《大词典》失收。“鬼书”，《大词典》释为“一种字体”，显然不明词源；《中华书法篆刻大辞典》认为“指鬼所作之书”，望文生义；《书论辞典》则未予收入。

体裁

魏帝笔墨雄赡，吴主体裁绵密。——梁庚肩吾《书品论》（P54）

“体裁”本指诗文的结构及文风词藻。在中古书论词语中，指字体结构和章法风格。梁庚肩吾《书品论》“体裁绵密”，“绵密”正指结体而言，与“笔墨”相对。唐李嗣真《书品后》云：“体裁用笔，全似逸少，虚薄不伦，右军藻鉴，岂当虚发，盖欲假其名誉耳。”唐陆羽《论徐颜二家书》曰：“徐吏部不授右军笔法，而体裁似右军；颜太保授右军笔法，而点画不似。何也？有博识君子曰：盖以徐得右军皮肤眼鼻也，所以似之；颜得右军筋骨心肺也，所以不似也。”“皮肤眼鼻”所指正是结体。唐窦臮《述书赋》：“体裁，一举一措，尽有凭据。”可互证。又清康有为《广艺舟双楫》评《慈香造像》所述甚明：“其结体飞扬绵密，大开宋、明之体，在魏碑中，可谓奇姿诡态矣。”

“体裁”在唐代以后更多的情况是指章法和风格，明赵宧光《寒山帚谈》曰：“字法故多，不出用笔、结构、体裁、顾盼，四者之外，无他能也。”赵宧光将“结构”与“体裁”并列，显然不是一物，其后文曰：“欲作署书，先想一字体裁得所，以至多字体裁得所，然后拈笔。落中笔时，即作全体想。落左笔，意在右；落右笔，意在左。上下同之。”从其描述可知，“体裁得所”正是“章法得所”。“体裁”还常指作品的风格，其特点是在词后搭配状态或性质形容词，尤其一些性质形容词本就为风格所设。唐窦臮《述书赋》曰："复见叔茂。体裁简约，肌骨丰媠。如空凝断云，水泛连鹭。"又清康有为《广艺舟双楫》曰："至小碑中若《王仲堪墓志》，体裁峻绝。……北碑《杨大眼》《始平公》《郑长猷》《魏灵藏》，气象挥霍，体裁凝重。"此词《大词典》释为"字体结构"，显然不确，《书论辞典》则未予收录。

密丽

臣谓钟繇书意气密丽，若飞鸿戏海，舞鹤游天。行间茂密，实亦难过。——梁袁昂《古今书评》(P61)

"密丽"即"丽密"，"丽"有"多"义，唐窦蒙注《述书赋》："体外有余曰丽。""密丽"即"细致"义。汉王褒《望主得贤臣颂》："夫荷旃被毳者，难与道纯绵之丽密。"唐李商隐《樊南文集详注》卷二即引王褒文中"丽密"即为"密丽"。《大词典》释为"华美而细密"，误。纯绵之衣，比毛衣细密，但谈不上华美。宋刘克庄《后村集》卷九十六《竹溪集》："毁炼攻苦而音节谐鬯，还幅宽余而经纬丽密。""经纬"只有细致，而无华美可言。《宋史·杜杲传》："杲淹贯多能，为文丽密清严，善行草急就章。"既言"清严"，"丽密"肯定就没有华美的意思了。

南朝梁元帝《金楼子·立言上》引王褒"纯绵之丽密"一语曰："夫荷旃被毳者，难与道纯绵之致密。"清冯浩《樊南文集详注》卷二《谢赐冬衣状》注引此词"密丽"。可见"密丽""丽密""致密"义同。"丽密"易序而成"密丽"，也是同义，清方东树《考槃集文录》卷五书后题跋："虽有丹垩之巧为密丽，至于不失黍铢，终不如虑始者。""不失黍铢"正指细致到极处。后亦引申为情感的细密，清法式善《存素堂文集》卷一《金青侪环中庐诗序》："吴以幽艳胜，手山缠绵悱恻，以情思密丽胜。"

需要指出的是，凡细致之物华美者居多，故也有似沾染"华美"之义的地方，如明林俊《见素集》卷六："体裁庄永，词彩丽密，使读之而有余情。"但相关文论批评辞典将之直接释为"讲究字面，精炼句法，刻意雕琢，精工艳丽”，似乎并不准确。[①]“密丽”一词，《大词典》《书论辞典》未收。

笃论

譬犹楚音习夏，不能无楚。过言不悒，未为笃论。——唐颜真卿《述张长史笔法十二意》（P71）

笃论，“笃”为“诚笃”义，“笃论”即“公允之论”，当从“笃而论之”而来，南朝梁元帝《金楼子·立言下》：“追观光武二十八将，下及马援之徒，忠贞智勇无所不有，笃而论之，非减曩时。”《世说新语·轻诋》刘孝标注引晋裴启《语林》：“林公云：‘文度着腻颜，挟《左传》，逐郑康成，自为高足弟子；笃而论之，不离尘垢囊也！’”南朝梁刘勰《文心雕龙·才略》：“但俗情抑扬，雷同一响，遂令文帝以位尊减才，思王以势窘益价，未为笃论也。”清冯武《书法正传》卷九《名迹源流》：“逸少面目定武本疑是欧临，以其似欧笔法也。董逌一概抹倒，恐亦未为笃论。”《大词典》释“笃论”为“犹确论。确切的评论”，不确。

鲜紧

蔺生正书，甚为鲜紧，殊有规则；——唐李嗣真《书品后》（P87）

鲜紧，萧元释为“结构很紧凑”；《大词典》引《书品后》注为“清新而结体紧凑”；而元陶宗仪《书史会要》卷五谓蔺生“甚为鲜洁，殊有规则”。这是怎么回事呢？按，“鲜紧”一词，历代书论中仅《书品后》一例，《大词典》将之视为一词加以注释，似有不妥，且释文也让人不好理解。我们认为，“紧”实际上是“絜”字形近而误。“絜”又同“洁”，乃“洁净”之义。《诗·小雅·楚茨》：“济济跄跄，絜尔牛羊，以往烝尝。”又《文选·束晳〈补亡诗〉之一》：“馨尔夕膳，絜尔晨飧。”李善注：“絜，鲜静也。”“鲜静”即“鲜洁”，《国语·周语中》：“静其巾幂。”韦

① 何宝民，《中国诗词曲赋辞典》，大象出版社1997年版第1350页。

昭注："静，洁也。""洁"的本字实即"絜"，《隶辨》："《广韵》洁，经典用絜。"而"鲜"也不是什么"清新"的意思，"鲜""絜"同义连文，《文选·班固〈西都赋〉》："轶埃堨之混浊，鲜颢气之清英。"李善注："鲜，絜也。"又南朝谢灵运《登江中孤屿》："云日相晖映，空水共澄鲜。"元盛熙明《法书考》卷一《书谱》蔺静文条下有注："李云下上品，正真甚为鲜洁，殊有轨则。"可另为一证。

"鲜洁"在书论中常指书法作品字体干净利索，王羲之《笔势论十二章》："带是回转走入之类，装束身体，字含鲜洁，起下笔之势，法有轻重也。""装束身体"自然"字含鲜洁"，而"法有轻重"正指"殊有轨则"。《笔势论十二章》与《书品后》可互为印证也。

流悦

（房）司隶宛转，颇称流悦，皆藉名美。——唐李嗣真《书品后》（P87）

流悦，《大词典》释为"流畅欢快"，萧元、潘运告从之。按，"流悦"最早指音乐流畅悦耳，南北朝何逊《何水部集·赠鱼司马》："箎声已流悦，弦声复凄切。"唐时可指流畅悦目。房司隶所书应为"悦目"而不是"欢快"。此义近代汉语尚在使用，清李绂《穆堂类稿》卷十《望青山》："枫岸至今好，江光自流悦。"还可指"芳香好闻"。明俞允文《仲蔚集》卷三《间情》："久幽白云气，流悦递芬芳。"

模次

武帝敕周兴嗣撰《千字文》，使殷铁石模次羲之之迹，以赐八王。——唐武平一《徐氏法书记》（P90）

此文为该词首见之例，"模次"即"摹次"，清孙岳颁《佩文斋书画谱》卷九十一即收录此文作"摹次"。摹写副本，"次"为"副"之义，《穆天子传》卷四："次车之乘。"郭璞注："次车，副车。"殷铁石摹写副本与八王，其义甚明。明解缙《文毅集》卷十五："其筋毫发生成之妙，丝来线去，脉络分明。描拓为先，傍摹次之双钩映拟，功不可阙。"《大词典》释为"逐字仿效"，盖以"次"为"次序"之义，误。

扇书

令访二王书。乃于滑州司法路琦家得羲之正书扇书一卷，——唐徐浩《古迹记》（P97）

扇书，即题在扇面上的书法作品，因在扇上题字而得名。又《古迹记》："惟则索看，遂出扇书《告誓》等四卷，并二王真迹四卷。"唐武平一《徐氏法书记》："于所记忆者，是扇书《乐毅》《告誓》《黄庭》。"早期作"书扇"，南朝梁虞和《论书表》："又有书扇二帙二卷，又纸书飞白章草二帙十五卷，并旃檀轴。"唐韦述《叙书录》："其书扇有贞观旧褾织成题字，奉进，上书本留内。"二词《大词典》均未收。《书论辞典》认为，扇书是指介于行草之间的一种书体。但我们看到，《古迹记》和《徐氏法书记》所举的王羲之《乐毅》《告誓》《黄庭》诸篇均是小楷细书，《古迹记》也说"得羲之正书扇书一卷"，显然并不是什么"介与行草之间的一种书体"。《书论辞典》所举近代沈寐叟《杂家言》："又有当时拓晋右将军王羲之草书及扇书。扇书者，在行草之间，取疾速意。"不知沈氏何据。考之中古书论，则《书论辞典》不应蹈袭此说。

形势

今吾临古人之书，殊不学其形势，唯在求其骨力。及得其骨力，而形势自生耳。——唐佚名《唐朝叙书录》（P131）

形势，书论笔势常用语。本为兵家所言之地势。《荀子·强国》："其固塞险，形势便，山林川谷美，天材之利多，是形胜也。"后用于书论，清康有为《广艺舟双楫·缀法第二十一》："盖书，形学也。有形则有势，兵家重形势，拳法亦重扑势，义固相同。得势便则已操胜算。"《书论辞典》认为指"书法中字的形体和态势"。

按，这个"势"当指气势。形势是笔法所带来的外观形体和内蕴气势，这种气势多从笔法与结构中来。王羲之《书论》（唐五代伪作）："点须急，横直即须迟，欲"乌"之脚急，斯乃取形势也。"欧阳询《用笔论》："其墨或洒或淡，或浸或燥，遂其形势，随其变巧。"此为笔法用墨中的气势。王羲之《笔势论十二章（并序）》曰："夫学书作字之体，须遵正法。字之形势不得上宽下窄。"又《题卫夫人〈笔阵图〉后》曰："字体形势，状等龙蛇，相钩连不断。"此为结构中的气势。故形势虽从"形"中来，其义偏在"势"，"得其骨力"，自然"形势自生"。

署记

隋则江总、姚察等署记其后。太宗又令魏、褚等卷下更署名记其后。——唐韦述《叙书录》（P133）

署记，《大词典》释为"记录"，不确。在书论中，指署名记录。唐卢元卿《法书录》："其古本亦有是梁隋官本者。梁则满骞、徐僧权、沈炽文、朱异，隋则江总、姚察等署记。"《叙书录》中有多人署记，当是一人记，其他多人联署。唐令狐德棻《周书》卷四十《颜之仪》："之仪知非帝旨，拒而弗从。昉等草诏署记，逼之仪联署。"

雅薄

道子雅薄，绵密纤润。露轻藏沈，假曲蹑峻。犹尺水之含众象，小山之拟万仞。——唐窦臮《述书赋》（P144）

雅薄，潘运告释为"雅致素净"，误。"雅"有素、淡义，与"薄"组成同义语素的复合词。元孔齐《静斋至正直记》卷三《饶州御土》："底色未着油药处，犹如白粉，甚雅薄，难爱护，世亦难得佳者。"还可作动词，作"看轻""看淡"解。北齐魏收《魏书》卷七上《显祖纪》："帝雅薄时务，常有遗世之心，欲禅位于叔父京兆王子推。"

押尾

今见正书带名启四行，姚怀珍押尾。——唐窦臮《述书赋》

（P152）

“押尾”一词，首见《述书赋》，指题署法书两纸首尾缝间。又《述书赋》：“其纸每一大幅有一缝线联合之，陆元凯押尾云：‘此是茧纸，紧薄有脉，似桦皮，以诸茧比类，殊有异者也。’”可见押尾的内容不限于名，可以是对法书书写情况的说明。也可只署名，清倪涛《六艺之一录》卷一百五十三：“（陆）柬之书兰亭，用绿麻纸，押尾署：陆司议书。”唐以后也叫押缝。宋黄伯思《东观余论·记与刘无言论书》：“魏、晋以来法书，至梁御府藏之，皆是朱异……等题名于首尾纸缝间，故或谓之押缝，或谓之押尾，只是谓书名耳。”黄伯思谓“押尾”是书名的说法并不准确。当押尾只署姓名时，后也称为花押、押字。宋张淏《云谷杂记》卷四在谈到“押尾”时说：“后人花押乃以草书记其自书，故谓押字，盖沿袭此耳。”

此词《大词典》释为“署名于法书两纸首尾缝间”，不确。且收例过晚。《书论辞典》则未收此词。

峭峻

思行则轻利峭峻，类惊虬逸骏。——唐窦臮《述书赋》（P145）

峭峻，本指山势高峻陡直。《汉书·严助传》：“其人中国必下领水，领水之山峭峻，漂石破舟，不可以大船载食粮下也。”作为取法万象的书法，由山势之峻险，自然可引申到书势之峻险。张怀瓘《书断》：“至于行、草兴合，如孤峰四绝，迥出天外，其峭峻不可量也。”“孤峰四绝，迥出天外”正是高峻陡直之貌。但书论中的“峭峻”还有劲健快利的语义特征，析而言之，“峭”与“峻”皆指字势而言。张怀瓘《书断》：“（张超）工章草，擅名一时。字势甚峻。”但“峭”比“峻”多了一层劲利的味道。唐窦蒙《〈述书赋〉语例字格》就有“顿挫颖达曰峻”和“峻中劲利曰峭”的界定。唐张怀瓘《玉堂禁经》中有“三画异势”一条，其中有“三”字形的“峭峻势”，“亦草书之法，险利为胜”，即寓一“利”字。此词潘运告释为“刚劲挺拔”，误。《书论辞典》则未收。

结束

（王蒙）结束体正，肆力专成。犹栋梁富于合抱，巧匠斫而未精。——唐窦臮《述书赋》（P148）

“结束”一词，作为专业词语，《述书赋》为最早用例。《大词典》认为在书法指字的笔势收束。《书论辞典》认为“指字的结体要谨严，不宜涣散”。按，“结束”不是“收束”。“收束”是作书时对末笔的安排处理。而“结束”是对整个字体的结构而言。明赵宧光《寒山帚谈·格调》：“字须结束，不可涣散；须自然，不可勉强。各自成象而结束者，自然也；曲直避让而结束者，勉然也。”又言“土之在寺，韦之在围，或之在国，必须就简结束”。“土”“韦”“或”皆非“寺”“围”“国”之末笔可知。“结束”指字的结体要紧致。《书论辞典》的说法不太确切。《大词典》举宋姜夔《续书谱·真》例，较晚。

面首超越

余稽古而玩能，因假能而有说。匪徒姓名记录，面首超越。相质披文，虚空岁月者矣。——唐窦臮《述书赋》（P170）

面首超越，潘运告释为“使面目超出”，遂使文句不通。按，欲明释此句，先要明白“面首”之义。《大词典》将此文中的“面首”释为“书法的面目”，那么这面目又指的是什么，又如何“超越”呢？潘运告和《大词典》都以字面义曲为解说，其实“面首”在这里即“面目”，指容颜；面貌。“面首超越”《墨池编》《历代书法论文选》皆录为“面目超越”，即其证。“面首”的“容颜”义，在中古即已出现，元魏慧觉《贤愚经·师质子摩头罗世质品》：“时师质妇，便觉有娠，日月已足，生一男儿，面首端正，世之少双。”“面首超越”此语乃出自一典，窦臮《述书赋》曰：

虽六艺之末曰书，而四人之首曰士。书资士以为用，士假书而有始。岂特长光价于一朝，适容貌于千里。下有注：王羲之书蕺山姥竹角扇五字，字索百钱，人竞买去。梁元帝书亦云：“千里之面首，转觉为能矣。”

可见，“面首超越”指书法使人们交流便利，已经超越千里之距，见字如见其人之容貌。颜之推《论书》：“江南谚云：‘尺牍书疏，千里面目也。’”无论是“千里之面首”，还是“千里面目”皆指此义也。窦臮认为，书虽小道，但“书资士以为用，士假书而有始。岂特长光价于一朝，适容貌于千里”，故学书之人“终冀乘时出处，备展名节”（《述书赋》）。把书法的地位拔得很高。唐徐浩的观点与窦臮有些类似，只是把书道放在“博弈”与“文章”之间的地位。其《论书》曰：“必以一时风流，千里面目，斯亦愈于博弈，亚于文章矣。”

第二节　未收词语

中古书论词语中有许多词语是语文词典和专业词典所未收的，对之进行补充是完善词典内容的长期性工作，同时说明中古书论词语是我们词语研究需要进一步开拓的领域。

秘玩

> 于是后学之徒，竞慕二贤，守令作篇，人撰一卷，以为秘玩。——东汉赵壹《非草书》（P1）

秘玩，奇珍异宝。本文当为最早用例。秘，希奇、新奇。《文选·张衡〈西京赋〉》：“秘舞更奏，妙材骋伎。”薛综注：“秘，希见为奇也。”汉边让《章华台赋》：“竭四海之妙珍兮，尽生人之祕玩。”范晔《后汉书》卷八十下《文苑列传》：“四海之妙珍兮，尽生人之秘玩。尔乃携窈窕，从好仇。”此词《大词典》失收。

背经

> 余惧其背经而趋俗，此非所以弘道兴世也。——东汉赵壹《非草书》（P1）

背经，违背经义。汉何休《春秋公羊传注疏》：“春秋不非而说者非之，是背经也。”晋袁宏《后汉纪·后汉孝桓皇帝纪》下卷二十二：“今措不陈损益，而务析言破律，违背经义，伪托神灵。”“背经”一词《大词典》未收。

雄劲

本传云："不因师法，而天姿雄劲。"——唐张彦远《法书要录序》(P1)

雄劲，书法风格强健有力。明项穆《书法雅言》："苏之点画雄劲，米之气势超动，是其长也。"清王澍《虚舟题跋》："世称颜书者，多以雄劲题目，不知其变化乃尔。"《法书要录序》当为最早用例，《大词典》举《宋史·汪纲传》与陆游《老学庵笔记》用例，较晚出。《书论辞典》失收此词。

休辍

见腮出血，犹不休辍。——东汉赵壹《非草书》(P2)

休辍，停歇。本文为最早用例。明张宁《方洲集》卷十四《送卢全鼎住迎禧观序》："聚材鸠工，早夜不敢休辍，凡四年而以成。"清边中宝《竹巖诗草》下卷《蚤行》："束装再赴徐，劳攘无休辍。"此词《大词典》失收。

大书

若初学，先大书，不得从小。善鉴者不写，善写者不鉴。——卫夫人《笔阵图》(P5)

"大书"谓写大字，唐时词语。唐张彦远《法书要录序》："河东公书迹俊异，尤能大书。"明费瀛还有《大书长语》一书，专论大书之法，云："楷书千字，不敌大书一字。愈大愈难。"此词《书论辞典》未收，《大词典》举唐范摅《云溪友议》例，稍晚。

沉密

言不出口，气不盈息，沉密神采，如对至尊，则无不善矣。——东汉蔡邕《笔论》(Pa6)

沉密，潘运告）释为“深沈谨严”，谓作书神情专注。不确。“深沈谨严”怎么就是“如对至尊”呢？“沉密”实为庄重、凝重的样子。并多与少言、小心、庄重等连文。《北齐书》卷四十七《宋游道》：“士素沉密少言，有才识，稍迁中书舍人。”《南史》卷十五《徐羡之》：“一旦居廊庙，朝野推服。咸谓有宰臣之望，沉密寡言，不以忧喜见色。”北齐魏收《魏书》卷四十四《罗结》：“子伊利，高宗时袭爵，除内行长。以沉密小心，恭勤不怠领御食、羽猎诸曹事。”宋李幼武《宋名臣言行录续集别集外集》集卷十三《张栻》：“某切晌所存，大抵庄重沉密，气象有所未足。”此词《大词典》失收。

呈闻

寻案未得，续更呈闻。谨启。——南朝宋羊欣《采古来能书人名》（P9）

呈闻，多指向君王呈报奏闻。北齐魏收《魏书》卷一百一十四《志》第二十：“凡此定姓族者皆具列由来，直拟姓族以呈闻，朕当决姓族之首末。”又唐李延寿《南史》卷四十八《列传》第三十八：“帝问：‘何不付所由呈闻？’杲答：‘所由不为受。’”该词《大词典》未收。

题署

魏武重之，常以鹄书悬帐中。宫殿题署，多是鹄手。——南朝宋羊欣《采古来能书人名》（P10）

题署，实即榜书、署书，《说文·册部》：“扁，署也。”[①]王筠句读：“题署也。”段玉裁注：“署者、部署有所网属也。从户。户者、署门户之文也。署门户者、秦书八体。六曰署书。”唐李嗣真《书品后》：“殷氏擅声题署，代有其人。”题署多为飞白大字，唐张怀瓘《书断》：“飞白变楷制也，本是宫殿题署，势既径丈，字宜轻微不满，名为‘飞白’。”后来也可用在其他器物之上，与“铭”相类，字则不拘大小了。章炳麟《辨诗》：

①“扁”，古同“匾”。

“铭者自名，器有题署，若士卒扬徽，死者题旌，下及楬木以记化居，落马以示毛物，悉铭之属。”《大词典》释为“在宫室楹联或其他器物上题写的文字”，不确。《书论辞典》未收此词。

博精

王羲之。晋右将军，会稽内史。博精群法，特善草隶。——南朝宋羊欣《采古来能书人名》(P12)

博精，精通。“博”乃通晓、通达义。《玉篇·十部》：“博，通也。”汉王充《论衡·别通》：“我不能博‘五经’，又不能博家事。”唐颜真卿《颜鲁公文集》卷二十八：“又问于吕学士夏卿，世称博精于史传，因为余考正讹舛，而家谱遂为定本。”元虞集《道园学古录》卷五：“夫立言以著书则其辞精而约；师友之问答则其言辨而愽（同博）精。”此词《大词典》失收。

乱真

晋穆帝时有张翼，善学人书。写羲之表，表出，经日不觉。后云：“几欲乱真。”——南朝宋羊欣《采古来能书人名》(P13)

乱真，谓模仿逼真，使人真假难辨。临帖先要形神相似，所以在书论中这种模仿的最高境界也被称誉。南齐王僧虔《论书》：“康昕学右军草，亦欲乱真。”唐吕总《续书评》：“释崇简，临写逸少，时有乱真。”这种现象也给正常的秩序带来了冲击，故往往为人所诟病。北齐魏收《魏书》卷五十曰：“因其功高，流言惑听，巧伪乱真，朱紫难辨。”南朝梁颜之推《颜氏家训》曰：“紫色鼃声，余分闰位，谓以伪乱真。”由于名家之帖，可一字千金。因此，自然也有仿冒之徒借以求利。唐窦臮《述书赋》曰：“假使作伪心劳，乱真首见。昧目童幼，摧残纸笔。终令君子弃瑕以拔材，壮士断腕以全质。”此词《大词典》收唐张怀瓘《二王等书录》例，较晚。《书法辞典》则未收录。

其人可想

僧虔启：恩眷罔已，赐示古迹十二帙。或其人可想，或其法可学。——南朝齐王僧虔《答齐太祖论书启》（P15）

按，文艺批评史上，有“书如其人”说，我们认为，其说应该分为两个阶段：第一阶段是“见其书，想见其人”；第二阶段是“观其书而知人”。前者之滥觞当从王僧虔始。又宋胡仔《苕溪渔隐丛话前后集》卷三十二《山谷》：“尝观王蒙书，想见其人秀整，所谓毫发无遗恨者。”诗论和文论也受之影响，宋汤汉《笺注陶渊明集》卷四《责子》：“观渊明此诗，想见其人，慈祥戏谑可观也。”宋曹彦约《昌谷集》卷十七《跋赞》：“读其文，可想见其人者，予于赵君之文得之。”《书法辞典》未收此语。

而“观其书而知人”之说至晚唐才真正形成，唐司空图《书屏记》中云：“人之格状或峻，其心必劲，心之劲则视其笔迹足见其人矣。历代人书品者八十一人，贤杰多在其间，不可诬也。”

佳书

孝武亦纂集佳书，都鄙士人多有献奉，真伪混杂。——南朝梁虞和《论书表》（P28）

佳书，精美的书法作品。又唐孙过庭《书谱》：“子敬尝作佳书与之，谓必存录，安辄题后答之。”

“佳书”亦名“佳法”，梁虞和《论书表》：“其诸佳法，恣意披览。愚好既深。”“佳书”“佳法”二词，《大词典》《书论辞典》均未收。

戏学

或有顽愚，不敢献书，遂失五卷，多是戏学。——南朝梁虞和《论书表》（P28）

从文意可推，“戏学”应该是书作的一种。《论书表》又载：“孝武撰子敬学书戏习，十卷为帙。传云戏学而不题，真、行、章草，杂在一纸。”

看来，“戏学”即“戏习”，乃游戏之习作。由于不太正规，故不题名，各种字体、美恶不一的作品杂糅在一起。“戏学”在形式上不够认真，在内容上也多逻辑混乱，难称佳作。《论书表》云：“言无次第者，入戏学部。其有恶者，悉皆删去。”可见“戏学”或“戏学部”在其时已经成为书作的一个重要的分类了。此词《大词典》《书论辞典》均失收。

纸书

钟繇纸书六百九十七字，张芝缣素及纸书四千八百廿五字。——南朝梁虞和《论书表》（P29）

纸书，作于纸上的书作。“纸书”一词从六朝至唐经见，又唐张怀瓘《二王等书录》：“乃选缣素及纸书正行之尤美者，各为一帙，常置左右。”此词《大词典》和《书论辞典》失收。那么，“纸书”会不会是词组呢？董秀芳认为，在一个时期，定语和中心语如果既可以黏合，也可以组合，那么这个结构就是短语而不是词。“纸之书”说法基本都以数量词修饰，如“一纸之书”“半纸之书”，跟表示材质的“纸书”之义并无关系。“缣素”与“纸书”往往并列出现，既可证明。故“纸书”为一词无疑。

装治

范晔装治卷帖小胜，犹谓不精。——南朝梁虞和《论书表》（P29）

装治，本指整理行装。《史记·封禅书》：“于是五利常夜祠其家，欲以下神。神未至而百鬼集矣，然颇能使之。其后装治行，东入海，求其师云。”六朝时出现装裱古籍或字画的义项，本文为此义项首见之处。唐张怀瓘《二王等书录》亦云：“晋代装书，真、草浑杂，背纸皱起。范晔装治，微为小胜。”宋陈思《宝刻丛编》卷一《京畿》：“予得此本于上庠，喜而不寐，手自装治成帙。”此词《书论辞典》未收。

看书

人之看书，必锐于开卷，懈怠于将半。既而略进，次遇中品，赏悦留连，不觉终卷。——南朝梁虞和《论书表》（P30）

“看书”一词中“看”的“阅读”义，当自此始。《世说新语·文学》亦有载：“北人看书，如显处视月；南人学问，如牖中窥日。”南北朝萧子显《南齐书·东南夷传》：“法乘无事，复就登之求书读。登之曰：‘使君静处犹恐动疾，岂可看书？’遂不与。”从以上三例可见，“看书”即“读书”，是“阅读书”之义。

梁陶隐居在《与梁武帝论书启》中云：“愚固本博涉而不能精，昔患无书可看，乃愿作主书令史。”其义明白无疑。也可指“阅读信件”，南北朝释慧皎《高僧传》卷十《神异下》：“见一沙门求寄书与史宗，置书于船中。同侣欲看书，书着船不脱。及至白土埭，书飞起就宗，宗接而将去。”《大词典》未收“看”的“阅读”义项，也未收“看书”一词。

写效

又云羲之常自书表与穆帝，帝使张翼写效，一毫不异。——南朝梁虞和《论书表》（P31）

写效，即仿写，中古词语。“写”有“仿效”之义，“写效”为同义语素连言。《字汇·宀部》：“写，摹画。”《周髀算经》卷上：“笠以写天。”赵爽注：“笠亦如盖，其形正圆，戴之所以象天。写，犹象也。”清张廷玉《皇清文颖》卷八《乐章论》：“虽后之作者未尝不写效雅颂之语，以为郊庙之乐章，而谱以世俗之乐。”“写效”亦同“写放”，《正字通·支部》：“放，依也，效也。”梅曾亮《柏枧山房全集·文集》卷三《赠孙秋士叙乙未》：“或传其书，写放其貌，忻慕笑抃而欲从之游。”“写效”一词，《大词典》失收。

珍录

请子敬书之，亦甚合。奉并珍录。——南朝梁虞和《论书表》

（P32）

珍录，珍藏。又张怀瓘《书断》：“小王尝与谢安书，意必珍录，乃题后答之。宋黄伯思《东观余论》曰：“此卷虽唐人书，故自不凡，亦可珍录。”“珍录”一词，首见于《论书表》，《大词典》失收。

忍瘦筋骨

沈千运如饥鹰杀心，忍瘦筋骨。——唐吕总《续书评》（Pb33）[①]

“忍”通“韧”。《淮南子·修务训》：“唐碧坚忍之类，犹可刻镂揉以成器用。”于省吾新证：“忍与肕、韧、仞字通……《诗·将仲子》‘无折我树檀’传：‘檀，彊韧之木。’《释文》：‘韧作忍。’是其证。”“忍瘦筋骨”当是修辞中并提之法，即“筋忍骨瘦”。“筋韧骨瘦”是对书画作品的较高要求，清郑绩《梦幻居画学简明》卷一《论树》：“笔长笔秃与夫筋韧骨劲，用如是之笔。”《书论辞典》未收此语。

巧趣

张芝、钟繇，巧趣精细，殆同机神。——梁武帝《观钟繇书法十二意》（P34）

巧趣，机巧之趣。又张怀瓘《书断》：“元常逸迹，曾不睥睨。竞巧趣精细，殆同机神。”宋杜绾《云林石谱》中卷《穤石》：“修治镌削，度其巧趣，乃成物像。”清赵吉士《寄园寄所寄》卷四《客中闲集》：“近世有禽言诗，甚有巧趣。然论禽言诗当如药名诗，用其名字隐入诗句中。”

“巧趣”并非词组，可收录为偏正结构的词。其理由如下：“巧趣”如是词组的话，多有与“A之B”并存的说法，但我们并没有发现中古“巧之趣”的用例。“巧趣精细”谓机巧细密也。袁昂《古今书评》：“臣谓钟繇书意气密丽，若飞鸿戏海，舞鹤游天。行间茂密，实亦难过。”说的正

①以（Pb＋数字）的方式标注的页码，皆出自崔尔平选编的《历代书法论文选续编》（上海书画出版社2015年版）。

是这种情形。此词《大词典》《书论辞典》均未收录。

古肥、今瘦

元常谓之古肥，子敬谓之今瘦。今古既殊，肥瘦颇反，如自省览，有异众说。——梁武帝《观钟繇书法十二意》(P34)

“古肥”“今瘦”为书法理论中的一组重要概念，《书论辞典》和《书法辞典》却并未收入。颜真卿《述张长史笔法十二意》:“元常逸迹，曾不睥睨。笔法之妙，遂尔雷同。献之谓之古肥，旭谓之今瘦。”《述张长史笔法十二意》以“献之”和“张旭”为古今，评其“古肥”“今瘦”，谓书法风格是世易时移不断变化的。那么“古肥”“今瘦”有没有优劣之别呢？梁虞和《论书表》:“夫古质而今妍，数之常也；爱妍而薄质，人之情也。”虞和从人们的喜好中看到了“今妍”的略高一筹。清王棠《燕在阁知新录》卷二十二《古肥今瘦》:“张长史云献之古肥，张旭今瘦。棠谓肥瘦皆是病。献之肥中有骨，旭则过于瘦矣。要之字贵有骨，与其肥也宁瘦。”王棠从今字的“瘦而有骨”看到了“古肥”的不足。二者关系如下：

古——肥-痴-质朴　　今——瘦-精明-妍

↓　　　　↓

无骨　　　有骨

书论的古今问题，实际是继承和创新的关系，唐孙过庭《书谱》中的观点可谓集大成者：“古不乖时，今不同弊”，要“会古通今，情深调合”。

纸卷

纸卷先已经有，兼多他杂，无所复取，亦请俟俱了日奉送。——南朝梁陶隐居《与梁武帝论书启》(P36)

纸张，因携带时卷成卷，故名。多指未经书写的空白纸张。宋黄庭坚《山谷别集》卷十五《与王子飞兄弟书五》:“姚君所携纸卷已下笔未了，不久同兰亭诗及子飞纸轴附密上座行矣。”也可指书写过的纸张。五代和凝《疑狱集》卷八《江辨纸裹》：“县令江某郎中取纸卷展开视之，曰：‘若远年，纸里当色白。今表里如一，伪也。’”宋黄伯思《东观余论》也有《跋章草鸡林纸卷后》。此词《大词典》未收。

劲媚

所恨微臣沉朽，不能钻仰高深，自怀叹慕。前奉神笔三纸，并今为五。非但字字注目，乃画画抽心。日觉劲媚，转不可说。——南朝梁陶隐居《与梁武帝论书启》（P36）

劲媚，结构体势刚劲优美。河内利治注是“笔力刚劲优美”。并不十分准确。“劲媚”当指笔法、结构或体势上的刚劲优美。唐颜真卿《颜鲁公文集》卷二十一称颜真卿“笔力遒婉”，又称“柳公权结体劲媚，有见之言哉。今人竭力仿者，但得其遒，而失其婉，徒学其劲而忘其媚”。宋佚名《宣和书谱》：“（唐代宗）笔法劲媚，尚可以追配昔人云。”书论中也有说“体势劲媚”的，《旧唐书·柳公权传》：“公权初学王书，遍阅近代笔法，体势劲媚，自成一家。”但“笔力劲媚”之说，书论典籍未见。“劲”和“媚”本为反义语素。清代胡敬《崇雅堂文钞》卷一：“姜尧章《续书谱》，分情性血脉、燥润劲媚、方圆向背、位置疏密凡二十则。”可互参。两反义语素合成一词，也体现了中国传统美学中的辩证思想。此词《大词典》《书论辞典》均失收。

甚极

逸少迹无甚极细书，《乐毅论》乃微粗健，恐非真迹。——梁武帝《与陶隐居论书启》（P37）

先秦典籍也有“甚极”一语，但多为短语，皆非程度副词。如《荀子》卷十八《赋篇》第二十六：“出入甚极，莫知其门。”杨倞注并说：“极读为亟，急也。门，谓所出者也。”

至中古时，“甚”与“极”可以联合成词作状语，南北朝郦道元《水经注》卷二十四："今城东二十里有台，宽广而不甚极高，俗谓之平台。"又唐刘恂《岭表录异》卷上："龟被生揭其甲，甚极苦楚。后养于使宅后北池。"此词《大词典》未收。

好迹

云是逸少好迹。臣不尝别见，无以能辨。——南朝梁陶隐居《与梁武帝论书启》(P37)

好迹，出色的墨迹。又《与梁武帝论书启》："凡厥好迹，皆是向在会稽时永和十许年中者。"元马端临《文献通考》卷一百九十《经籍考》十七："永师晚出，所见好迹，唯有《兰亭》。故为虞、褚辈道之。"本文为首见之例。此词《大词典》未收。

苯钝

纯骨无媚，纯肉无力。少墨浮涩，多墨苯钝，比并皆然。——梁武帝《与陶隐居论书启》(P38)

"苯钝"即"笨钝"，清黄生《字诂》"苯"条云："余考此字（笨），宜从艹作苯。《广韵》：'苯蓴，艹丛生也。'丛生则与秀拔相反，以此思之，则苯之义可知矣。""笨钝"盖指笔画太粗重肥硕。墨多、力重则笔画易至此。潘运告释为"笨重迟钝"，不确。清孙承泽《庚子销夏记》卷六："作永师书，当思永兴用笔乃不笨钝。"清翁方纲《复初斋文集》卷二十二："画痴笨而后来凿饰者，因而加甚耳。然毕竟陕刻于捺脚太过笨钝，致有此失。"《大词典》《书论辞典》未收此词。

经书体式

余条并非用惟叔夜、威辇二篇是经书体式，追以单郭为恨。——南朝梁陶隐居《与梁武帝论书启》(P39)

经书体式，刘涛认为就是"篇章体"，是通常的抄书体式。六朝抄经之风大盛，有僧人和专职抄经人，即“经生”。抄写佛经，其写法基本是小楷细书，工整妍丽，后人称之为“写经体”或“经生体”。南齐王僧虔《论书》中就有“谢静、谢敷，并善写经，亦入能境”的记载，《与梁武帝论书启》是“经书体式”一词的最早出处，此词《大词典》《书论辞典》均未收。

第数

伏按卷上第数甚为不少，前旨惟有四卷。——南朝梁陶隐居《与梁武帝论书启》(P39)

第数。第，等级、次第。“第数”乃次第的排序。五代刘昫《旧唐书》卷四十六《志》第二十六：“此则体有未通三也。书多阙目，空张第数，既无篇题，实乖标榜。”有时也用于数字前表示具体的次序。沈约《宋书》卷八十四《列传》第四十四：“前废帝狂悖无道，以太祖世祖并第数居三。”此词《大词典》未载。

点画

要复当以点画波撇论，极诸家之致。此亦非可仓卒运于毫楮，且保拙守中也。——梁武帝《论书启》(P40)

点画，文字之点与横竖等笔划。南朝齐谢赫《古画品录》评陆杲：“时有合作，往往出入，点画之间，动流恢复。”宋欧阳修《归田录》卷一：“凡飞白以点画象物形，而点最难工。”《大词典》收隋王度《古镜记》例，过晚。《书论辞典》未收此词。

精赏

省区别诸书，良有精赏。所异所同所未可知，悉可不耳。——梁武帝《与陶隐居论书启》(P40)

精赏，精致的辨赏。北齐魏收《魏书》卷一百七上《志》第八：“臣恐音律一旷，精赏实难，习业差怠，转乖本意。”又宋郑獬《郧溪集》卷十四《刘舍人书》：“或苟相谀悦而漫美之，此皆未足以为精赏而公言也。”明曹学佺《蜀中广记》卷一百七《画苑记》第三：“惜哉黄公不可睹，空留高价传千古。向非精赏值苏公，时人委弃如泥土。”此词《大词典》失收。

劲密

晚所奉三旨，伏循字迹，大觉劲密。——南朝梁陶隐居《与梁武帝论书启》（P41）

劲密，笔画有力紧密。《大词典》《书论辞典》失收。宋何基《何北山先生遗集》卷四《何文定公传》：“其为文温润融畅，其诗从容闲暇，作字劲密，世传柳法。”宋董逌《广川书跋》卷六《钟繇贺表》对此词有详释；“昔人辨钟元常书，谓字细画短。而逸少学此书最胜处，得于势巧形密。然则察真伪者当求之于此，其失于劲密者可遥知其伪也，贺表画疏体枝，锋露筋绝，不复结字。此决知非元常之为也。”可见“劲密”乃形密而笔画有筋之谓也。

挛拳委尽

余见学阮研书者，不得其骨力婉媚，唯学挛拳委尽。——梁庾元威《论书》（P45）

挛拳，蜷曲。汉刘熙《释名》卷五《释宫室》第十七：“栾，挛也，其体上曲挛拳然也。”《大词典》举宋苏轼《淨因院画记》例，较晚。

委尽，“委”有“曲”义，“委尽”即“曲尽”，委曲而详尽。此词《大词典》失收。明杨慎《墨池瑣录》卷一：“世之学阮研者，不得其骨力婉媚，惟见挛拳委曲。”此处“委尽”录为“委曲”，是为明证。“委曲”本就有详尽周至的意思，晋葛洪《抱朴子·道意》：“余所以委曲论之者……故欲令人觉此而悟其滞迷耳。”晋卫夫人《笔阵图》：“郁拔纵横如古隶。然心存委曲，每为一字，各象其形，斯造妙矣，书道毕矣。”“斯造妙矣，书道毕矣”一语正指出“委曲”的“曲尽其妙”之义。陶隐居《与梁武帝论书启》：“按此卷是右军书者惟有十一条，并非甚合迹，兼多漫抹，于摹处难复委曲。”又南朝梁释僧祐《弘明集》卷十一：“背其途者，岂游说之所翻。见君虽复言面委尽而不及此处者，良由彼我之见既异，幸可各保其方，差无须空构是非横起谤议耳。”唐窦臮《述书赋》：“齐简穆书答于竟陵王。表称委尽，书乃备详。”“委尽”与“备详”互文，其义可见。

衙人

皆是记字，字出衙人，故人称为《三苍》也。——梁庾元威《论书》（P46）

即“衙子”，指在衙门中当差的人。此处当为最早的用例。宋姚宽《西溪丛语》卷上：“古文篆者，黄帝史衙人苍颉所作也。”明李乐《见闻杂纪》卷十：“或问之衙人，曰：‘刘公亲笔也。’”此词《大词典》失收。

讥驳

梁初复有任昉及沈约，悉未有讥驳，余忽横议，实不自许，敬俟明哲，定其可否。——梁庾元威《论书》（P46）

讥驳，驳斥、讥讽之义。又唐释道世《法苑珠林》卷九十五《悭贪部》：“逾两月，卢斐坐讥驳魏史，为魏收所奉文帝殴杀之。”元袁桷《清容居士集》卷二十一《郭好德论语义序》：“至于不揣者，断章讥驳，识者哂之。”本文当为始见之例，《大词典》失收。

玩对

余经取其善草嘉禾、灵禽瑞兽、楼台器服可为玩对者，盈缩其形状，参详其动植，制一部焉。——梁庾元威《论书》（P49）

玩对，赏玩。亦作“玩对”。清孙宝瑄《忘山庐日记》：“倚榻观书，图貌绝丽。因携归置案头，终日玩对。”又清阮元《两浙辅轩录》卷十六《王鸿宇》：“正如玉树冰壶一片清光，使人玩对不厌。”此词《大词典》未收。

洞达

蔡邕书骨气洞达，爽爽有神。——梁袁昂《古今书评》（P60）

“洞达”属书势中的“透逸”一路，指结构、笔画劲健，字内肥瘦、字外疏密都十分妥帖。清包世臣《艺舟双楫》：“所以丰而不怯，实而不空者，非骨势洞达，不能幸致。”清刘熙载《书概》：“骨气而洞达者，中透为洞，边透为达。洞达则字之疏密肥瘦皆善，否则皆病。”潘运告释为“流畅通达”，并不准确。《书论辞典》未收此词。

阅玩

吾昔闻其妙，今睹其真，阅玩良久，匪朝伊夕。——南朝陈智永《题右军〈乐毅论〉后》（P62）

阅玩，观摹赏玩。南朝时产生，并在唐代典籍中经见。唐李约《壁书飞白“萧”字赞》：“余每阅玩此迹，而图书之光，如逢古人，似得良友。”又唐胡璩《谭宾录》卷七：“详其名氏，并定品第，藏于祕府，以备阅玩。”早期也作“玩阅”，北齐颜之推《颜氏家训·杂艺》：“玩阅古今，特可宝爱。”唐释道宣《大唐内典录》卷五下：“周世道安神足，玩阅群典。”也写作“阅玩”，唐张彦远《历代名画记》卷二：“有收藏而未能鉴识，鉴识而不善阅玩者；阅玩而不能装褫，装褫而殊亡铨次者。此皆好事者之病也。”也常写作“玩阅”，宋江少虞《新雕皇朝类苑》卷第六《杜祁公》：“窃闻仁宗置玉机，常取玩阅。”本例为始出例。此词《大词典》未收。

蔚焕

又建《三字石经》于汉碑之西，其文蔚焕，三体复宣。——后魏江式《论书表》（P65）

“蔚焕”是华美闪亮的样子。又明梅守箕《梅季豹居诸二集》卷一《御风台赋》：“爰授服而蔚焕兮，蚤税驾于浮纷。”清李祖陶《国朝文录》卷一《江西乡试录序》：“钦惟我国家久道化成，人文蔚焕。”《大词典》未收此词。

疑隐

付中书、黄门、国子祭酒一月一监，评议疑隐，庶无讹谬。——后魏江式《论书表》（P67）

疑隐，疑惑和不明之处。东汉王充《论衡》卷十九《验符篇》：“诏书以为疑隐，言之不实，苟饰美也。”宋程俱《麟台故事》卷三下《国史》：“至于裁决万几，判别疑隐，皆出群臣意表。”此词《大词典》未收。

契誓

书者，如也；述事，契誓者也；字者，孳也，孳乳浸多者也。——唐虞世南《书旨述》（P68）

契誓，指契约。北齐魏收《魏书》卷二十三曰：“永世奉承，慎终如初。契誓命将，精锐先驱。”唐成玄英《南华真经注疏》卷九有注云：“讼，谓论说也；约，谓契誓也。”张怀瓘《书断》：“书为言立征。书契者，决断万事也。凡文书相约束皆曰契。契亦誓也，诸侯约信曰‘誓’。故《春秋传》曰：‘王叔氏不能举其契。’是知契者，书其信誓之言，而盟之滥觞，君臣之大约也。”从“契亦誓也”一词可见，“契誓”是一个同义语素组合的合成词。此词《大词典》未收。

铨鉴

此群英允居上流三品，其中铨鉴，不无优劣。——唐李嗣真《书品后》（P84）

衡量鉴别，用例初见于《书品后》，宋李昉《文苑英华》卷三百八十七载唐文《授房琯刑部尚书制》:“翼勤万务，铨鉴而必审其实，拔举而不失其能。”明邹元标《愿学集》卷六上《邓公墓志铭》:“昔人所称铨鉴，谓澄汰流品綦重也。”此词《大词典》失收。

超纵

宋文帝有子敬风骨，超纵狼藉，翕焕为美。——唐李嗣真《书品后》(P86)

超纵，纵横超逸之义。唐颜真卿《颜鲁公文集》卷二十一《总论》:“至于行草，虽纵横超逸绝尘，犹不失正体。”元刘履《风雅翼》卷三《赠秀才入军》:“‘捷忘归之矢凌厉’承上二句，而言盖有超纵横行之态。”清陆心源《仪顾堂集》卷十《贵州粮储道郎君别传》:“性好风雅，工诗善书画，超纵生辣，别具旨趣。”可见“超纵”不仅有纵横之义，还有超越凡俗、与众不同之趣。清陶元藻《全浙诗话》卷五十三《彬远》:“彬远别字秋蟾，诗尤超纵，大有青莲风味。”“青莲(李白)风味”正可为“超纵”脚注。此词《大词典》失收。

宝啬

洎大圣天后御极也，尤为宝啬。——唐武平一《徐氏法书记》(P90)

“宝啬”为同义语素联合结构的词语，“宝”即“啬”，皆为珍爱之义。《书·旅獒》:“不宝远物，则宝人格。所宝惟贤，则迩人安。”又《吕氏春秋》:“凡事之本，必先治身，啬其大宝。”高诱注:“啬，爱也。”此词中古以后习用，宋岳珂《宝真斋法书赞》卷二十七《佚老三帖》:“愿言宝啬，以迓休宠。不宣祖俭，上覆景华。”《大词典》失收此词。

工能

汉章帝始为章草名，厥后流传，工能间出。——唐徐浩《古迹

记》（P94）

“工”即“能”，二语素同义连言。是“巧、精”之义。唐释慧琳《一切经音义》卷二十三“善渔人”条有释：“工能于事曰善也。”宋李昉《太平御览》卷第一百八十一《居处部》：“九秦州俗尚气力，不耻寇盗，弓马射猎以为工能，其居八板为屋。”此词《大词典》失收。

排署

跋尾排署如后：右散骑常侍、崇文馆学士、舒国公、臣褚无量。——唐徐浩《古迹记》（P96）

排署，书款一种，直排署行。唐卢元卿《法书录》：“贞观十三年十二月装成部帙，以‘贞观’字印缝，命起居郎褚遂良排署。”排署是多人押署，具署官爵、封号与姓名。《古迹记》褚无量后还有怀素、姚崇等数人署名，即此例。此词《大词典》《书论辞典》均未收。

怀悦

某乙祇供称意，有怀悦之心，乃留此书相赠。——唐徐浩《古迹记》（P97）

潘运告（1997c：186）释为“喜悦”，是。又唐成玄英《南华真经注疏》卷一《齐物论》有注：“喜则心生怀悦，乐则形于舞忭。”《古迹记》当为最早用例。此词《大词典》未收。

坰面、甏头

便留夜宿，设坰面、药酒、茶果等。江东云“坰面”，犹河北称“甏头”，谓初熟酒也。——唐何延之《兰亭记》（P101）

“堈面”“甕头”，是初熟酒无疑。但为何这样称呼，却有许多可考之处。《玉篇·瓦部》：“甕，同瓮。”《方言》卷五：“瓮，罂也……自关而东，赵魏之郊谓之瓮，或谓之罂。”钱绎笺疏：“罋、甕，并与瓮通。”可见“甕头”即“瓮头”。

《方言》卷五：“瓺，甖也。”郭璞注：“今江东通名大瓮为瓺。”《正字通·瓦部》：“瓺缸同。”可知“甕”即“缸”，是方音不同所致。《大字典》：“堈，同缸。”故“堈”“甕”本同。《广韵·唐韵》：“堈，甕也。”“头”与“面”皆首也，“首”有“初”义。故“堈面”即“甕头”，正谓初熟酒也。

“堈面”“甕头”犹今之所谓“头曲”。①初熟酒在压取饮用时，酒液中常常浮着一些“酒蚁”（酒糟的小颗粒），古人饮这种酒之前，还往往要过滤一下。因使用葛布制成的头巾漉酒，故也称这种过滤后没有酒滓的清酒为“巾漉酒”。宋陆游《春晚书怀》：“脱巾漉酒从人笑，拄笏看山颇自奇。”后文萧翼有“酒蚁倾还泛”一语，可为旁证。

雅士相集，以此初熟酒相待，往往显示好客与豪放的情怀。孟浩然《戏赠主人》：“客醉眠未起，主人呼解酲。已言鸡黍熟，复道瓮头清。”清钱谦益《方生行送方尔止还金陵》诗：“缸眉聊可谢世人，缸面只应饮好友。”白香山《问刘十九》一诗尤为脍炙人口；“绿蚁新醅酒，红泥小火炉。晚来天欲雪，能饮一杯无?”《兰亭记》中辩才以“堈面”酒相待，也正欲抒发此情。“堈面”一词，《大词典》未收。

箱椟

谓箱椟临视不时，又有缄启动摇之变，遂建精室，陷列于垣。——唐高平公《萧斋记》（P111）

箱椟，即箱柜，此文当为最早用例。清王棫《秋灯丛话》卷十七：“比晴霁，子已惊殇，箱椟空如，仅存数十金。”又清蒲松龄《聊斋志异》卷十一《青蛙神》：“即奔入家，搜括箱椟，妻问之，亦不答，尽卷囊蓄而出。”《大词典》未收此词。

① 朱世英、季家宏，《中国酒文化辞典》，黄山书社1990年版第354页。

秘迹

特精楷、隶，所得魏晋已降名书秘迹多矣。——唐高平公《萧斋记》（P111）

秘迹，珍秘的书迹。唐令狐德棻《周书》卷五《帝纪》第五："观圣哲微言，先贤典训。金科玉篆，秘迹玄文。"明陈继儒《书画史》："书法臻妙，家藏秘迹甚奇。恶札何足以污几案？"《大词典》失收此词。

妍美

虽圆丰妍美，乃乏神气，无戈戟铦锐可畏，无物象生动可奇，是以劣于诸子。——唐张怀瓘《书议》（P123）

"妍美"原指女子貌美。唐玄奘《大唐西域记·迦湿弥罗国》："容貌妍美，情性诡诈。"书论中又指风流婉约之美，张怀瓘《书断》："（刘德升）虽以草创，亦丰妍美，风流婉约，独步当时。"但这种美太阴柔，风神骨气不足，故《书议》言逸少"虽圆丰妍美，乃乏神气"，故"妍美"未足为上上之品，《书议》又云"以风神骨气者居上，妍美功用者居下"。此词《书论辞典》未予收录。

谀面

知音省文章，所贵言得失。其何为竞悦耳而谀面也已？——唐张怀瓘《文字论》（P130）

谀面，本作"面谀"，当面恭维之义。《孟子·告子下》："与谗谄面谀之人居，国欲治，可得乎？"唐时出现"谀面"的说法，本文当为最早用例。又明陈绛《金罍子》中篇卷八："方有求于人以效吾之忠，则谀面之浮词，熏心之虚美，势所必至。"此词《大词典》失收。

真迹

内出二王真迹及张芝、张昶等真迹，总一百五十卷——唐韦述

《叙书录》（P133）

“真迹”亦作“真蹟”，谓出自书画作者本人的手笔。唐卢元卿《法书录》：“贞观中搜访王右军等真迹，出御府金帛，重为购赏。”唐张怀瓘《书断》：“辨才熟详之，曰：‘是即是矣，然未佳善也，贫道有一真迹，颇是殊常。’”唐封演《封氏闻见记·矜尚》：“萧诣邕云：‘有右军真迹，宝之已久，欲呈大匠。’”此词《书论词典》未收。

押名

于都官郎中窦众兴化宅见王廙书、钟会书各一卷，武都公李造押名。——唐卢元卿《法书录》（P137）

押名，即后之花押。唐李肇《唐国史补》卷下：“宰相判四方之事有堂案；处分百司有堂帖。不次押名曰花押。”唐人押名不同押字，多草书或花书为之。宋叶梦得《石林燕语》卷四：“唐人初未有押字，但草书其名以为私记。故号花书韦陟五云体是也。”文中所言“押字”即指“押名”，宋洪迈《容斋随笔》卷十《柳应辰押字》：“何为押字？古人书名之草者，施于文记间以自别识耳。”此词《大词典》《书论辞典》均未收。

散坠

洎于我唐天宝末，国有寇难，府库倾覆，散坠闾阎。——唐窦臮《述书赋》（P140）

散坠，散落之义。唐玄奘《瑜伽师地论》卷二《本地分中意地》：“由此持水，令不散坠，次由彼业增上力。”宋楼钥《攻媿集》卷二十二《雷雪应诏条具封事》：“墙屋摇动，檐瓦散坠，人人有覆压之惧。”《大词典》失收此词。

差稀

后其石毁失，土人刻木代之，与斯石上本差稀。——唐窦臮《述

书赋》（P142）

差稀，本“渐少”义。晋葛洪《西京杂记》卷二：“樊育亦善布色，同日弃市京师，画工于是差稀。”唐时出现了“差不多”的义项，窦臮《述书赋》中的“与斯石上本差稀”即指土人在木上刻的小篆书《峄山碑》与石刻本差不多。又元司农司《农桑辑要》卷五《西瓜》：“新添西瓜种，同瓜法科宜差稀。”《大词典》失收此词。

打本

岐州雍城南有周宣王猎碣十枚，并作鼓形，上有篆文，今见打本。——唐窦臮《述书赋》（P142）

“打本”即拓本。也称拓本。又《述书赋》：“今见打本《三体石经》四纸。石既寻毁，其本最稀。”“打本”也可作动词，宋王溥《唐会要》卷二十七《行幸》：“碑成，乃打本立架，张于应天门以示百僚。”至于“打本”之名的由来，《中国古代名物大典》“打本”条释：“用捶拓的方法摹印金石器物上的文字、花纹而成的印刷品。其捶拓方法是将纸覆于金石器物的铭文花纹上，以棕刷捶击使贴紧石面，然后用裹绵之拓包蘸墨，在纸上均匀捶击，即可得黑字白纸之文本。”可见，“打本”之“打”当与捶击有关。清王昶《金石萃编》卷六十六《那罗延经幢》说的最为明白：“打本之打，《唐韵》《集韵》俱都挺切，训击也。……杨慎曰：《尚书》‘挞’音入声，又转上声。俗用‘打’为‘挞’，盖‘打’与‘挞’皆是击义。今人言碑本有曰拓本，《集韵》：‘拓摹也。’”可见“打”是“挞”的音转。

但王昶又说：“打本是中唐人语，前此未见。”从中古书论中看却并非十分准确，窦臮是唐代天宝年间人，称其盛唐之人并不为过。此词《书论辞典》未收，《大词典》引清龚自珍《说卫公虎大敦》例，亦太晚。

写拓

季初则隐姓名，展纤劲。写拓共传，赏能交盛。——唐窦臮《述

书赋》（P144）

“写”是描摹之义，《字汇·宀》：“写，摹画。”“写拓”亦作“写拓”，描摹拓写。又唐裴孝源《贞观公私画史》：“今人所蓄，多是陈王写拓，都非杨郑之真笔。”此词《述书赋》为首见之例，《大词典》《书论辞典》均失收。

稳密

遗古效钟，叔豫高踪。虽稳密而伤浮浅，犹叶公之爱画龙。——唐窦臮《述书赋》（P146）

书法结构用语，工稳而周密之义。明安世凤《墨林快事》卷六《圣母帖》：“此圣母碑最妙古雅稳密，全无怒张之气。”清吴升《大观录》卷十《州牧杜从训》：“书法出入坡公涪翁闲，而结字稳密。”亦可指画。清孙岳颁《佩文斋书画谱》卷八十七《明沈周画卷》；“阔幀巨轴，位置稳密，水墨淋漓，天工人巧蔑以加矣。”也可指人的思想与见地。唐释净善《禅林宝训》卷四：“量度渊容，志尚端确，加以见地稳密，他日未易言。”《大词典》举清纳兰性德《渌水亭杂识》例，过晚。《书论辞典》则未收此词。

隐媚

方明宽和，隐媚且润。如幽闲女德，礼教士胤。——唐窦臮《述书赋》（P152）

“隐”本有幽静之义。《文选·嵇康〈琴赋〉》：“且其山川形势，则盘纡隐深。”李善注：“隐，幽；深，邃也。”“隐媚”本指女子羞怯文静而柔美的样子。《玉台新咏笺注》卷七《丽人赋》：“含羞隐媚垂罗曳锦，鸣瑶动翠。来脱薄妆，去留余腻。”书论中指娴静柔美的意态。此词《大词典》《书论辞典》均未载。

侧戾

（宋儋）作钟体而侧戾放纵，迹不副名。——唐窦臮《述书赋》（P165）

《说文·犬部》："戾，曲也。"侧戾，本谓树枝侧出而曲也。唐吕总《续书评》："宋儋书，暮春花发，夏柳低枝。"正谓宋儋书如柳枝长而侧出也。对学书者而言，此种笔法虽有媚态，但不免放纵不检。故宋黄伯思《东观余论》卷上《第五杂帖》云："宋儋，唐明皇帝时人。学钟书但作侧戾，殊失大势。"就具体的笔法来说，主要用侧笔邪出，笔力轻滑而字形丰肥，清方以智《通雅》卷三十二《器用》："宋儋学钟书，但作侧戾。可善书取态各自兼到，但不宜耑用斜侧，成墨猪耳。"此词《大词典》未收。潘运告录为"侧房"，遂使义不可晓。

拓书

右军之外，一步不窥。意多拓书，阙其真迹妙也。——唐窦臮《述书赋》（P168）

拓书，通过摹拓而来的书迹。拓书多以薄纸为之，梁虞和《论书表》："繇是拓书，悉用薄纸。厚薄不均，辄好绉起。"由于拓书并非真迹，又"好绉起"，多不为人所珍，唐何延之《兰亭记》："翼见讫，故驳瑕指纇曰：'果是响拓书也。'"但真迹难以得到，人们日常的临习尚须借重拓书，"拓书人""拓书手"这种职业也因此大有市场。唐武平一《徐氏法书记》："尝令拓书人汤普彻等拓《兰亭》，赐梁公房玄龄已下八人。"《新唐书·百官志二》："弘文馆……有学生三十八人，令史二人，楷书十二人，供进笔二人，典书二人，拓书手三人。"此词《大词典》《书论辞典》均未收。

临效逼斥

马家刘氏，临效逼斥。安西兰亭，貌夺真迹。——唐窦臮《述书

赋》（P168）

临效，临写仿效。宋陈思《书小史》卷五《晋》：“（王恬）尤长于临效，率性而运，则复非工。时有张翼善隶书，尤善仿效，而劣于敬豫也。”清沈季友《槜李诗系》卷二十《题奚官牧骥图》：“诏下画院，争临效，得其笔意。”逼斥，逼近。又唐释道世《法苑珠林》卷第六十《引证部》：“美女数十人屡来相扰，智楷端然不动，群女渐相逼斥。”《述书赋》为二词始见之文。“临效”一词，《大词典》失收。

第三节 未收义项

中古是词语发展的重要时期，随着新词的大量产生，一些词语的义项也得到了进一步的衍生发展。有些义项在语文词典和专业词典中均未见载。

图书

> 书体三变，为时所称。金帛散施之外，悉购图书。古来名迹，存于箧笥。——唐张彦远《法书要录序》（P1）

图书，本指书籍。如《韩非子·大体》："豪杰不著名于图书，不录功于盘盂。"唐时可指书法作品。唐徐浩《古迹记》："太宗皇帝肇开帝业，大购图书，宝于内库，钟繇、张芝、芝弟昶、王羲之父子书四百卷，及汉、魏、晋、宋、齐、梁杂迹三百卷。"又《古迹记》："天宝中，臣充使访图书，有商胡穆聿在书行贩古迹，往往以织成褾轴得好图书……臣又充使搜访图书，收获二王书二百余卷。"《张彦远本传》："故藏积图书如钟、张、卫、索、王羲、献而下，每至成轴。"皆指古人书法作品无疑。《大词典》失收此义项，《书论辞典》未收此词。

游手

> 夫杜、崔、张子，皆有超俗绝世之才，博学余暇，游手于斯。——东汉赵壹《非草书》（P2）

游手，信手。汉郑玄《仪礼疏》卷第二十："受授不游手，慎之也。"汉以后多以之称不务正业之人。《大词典》无此义项。

精熟

张精熟过人，临池学书，池水尽墨。若吾耽之若此，未必谢之。——晋王羲之《自论书》（P4）

“精熟”亦作“精孰”。精通熟悉。《汉书·儒林传·梁丘贺》：“甘露中，奉使问诸儒于石渠。临学精孰，专行京房法。”唐白行简《李娃传》：“生谓娃曰：‘可策名试艺矣。’娃曰：‘未也，且令精熟，以俟百战。’”

按，此词中古时已经发展成书论专业用语了。指对书法技巧、规矩、法度等的严格训练后所达到的精通熟练的程度。此义项《大词典》未收。又南朝宋羊欣《采古来能书人名》：“善草及古文，略尽其妙。草体微瘦，而笔迹精熟。”唐李嗣真《书品后》：“智永精熟过人，惜无奇态矣。”唐徐浩《论书》：“张公精熟，号为草圣，永师拘滞，终着能名。”唐张怀瓘《文字论》：“惟张有道创意物象，近于自然，又精熟绝伦，是其长也。”“精熟”是技巧上的高超表现，但往往也会影响到个人风格的发挥。唐吕总《续书评》即云：“徐浩固多精熟，无有异趣。”

为是

惟钟、张故为绝伦。其余为是小佳，不足在意。——晋王羲之《自论书》（P4）

为是，在中古有“还是”之义。南朝宋刘义庆《世说新语·贤媛》：“王江州夫人语谢遏曰：‘汝何以都不复进？为是尘务经心，天分有限？’”唐吴筠《冲虚真人》诗：“未知风乘我，为是我乘风？”但在此处，“为是”的“为”是附加词头，“为是”即“是”，另有为待、为断、为别、为叹等。《大词典》此义项失收。

高尚

弘农张芝，高尚不仕，善草书，精劲绝伦。——南朝宋羊欣《采古来能书人名》（P10）

按，“高尚”当指“绝意仕途”之义，此词始于汉末，魏晋大行。且“高尚”多与“不仕”连言。《曹操集·爵封田畴令》：“蓨令田畴，至节高尚，遭值州里戎夏交乱，引身深山，研精味道，百姓从之，以成都邑。”“至节”正是“高尚”，即“绝意仕途”之义。《宋书·隐逸传》多记当世隐居之士。中有“郭希林”条：“郭希林，武昌人也。曾祖翻，晋世高尚不仕。”又“刘凝之”条：“刘凝之，字志安。小名长年，南郡枝江人也。父期公，衡阳太守。兄盛公，高尚不仕。”南北朝萧统《六臣注文选》卷第三十八：“臣闻太朴既亏，则高尚之摽显；道丧时昏，则忠贞之义彰。”下注云：“高尚，隐逸也。”“高尚不仕”即“高尚不出”。《右军书记》云：“谯周有孙，高尚不出，今为所在，其人有以副此志不？”

《陶渊明集·桃花源记》文尾曰：“南阳刘子骥，高尚士也。闻之，欣然规往。”正因为刘子骥是“绝意仕途”之人，才对桃花源中与世无争的隐逸生活大为向往，故有寻访之想。《晋书》将刘子骥放在《隐逸传》中，也正是为此。如以“品德高尚”解，则不够准确了。此义项《大词典》未收。

不伦

谢灵运书乃不伦，遇其合时，亦得入流。——南朝齐王僧虔《论书》（P18）

不伦，中古词语。《大词典》有三个义项：第一，不伦不类；第二，不相当、不相类；第三，犹言超凡拔俗。潘运告译为“不相当”，显然是参考《大词典》而来。按，三个义项在此处均义不可通。文中“不伦”似当为未入流之义。后文“遇其合时，亦得入流”，正与之相对。窦蒙《〈述书赋〉语例字格》有专门的解释：“不伦——前浓后薄，半败半成。”“半败半成”正指尚有不足，并未入流。唐李百药《北齐书》卷四十四《刘昼》：“容止舒缓，举动不伦。由是竟无仕进。”

招买

新渝惠侯雅所爱重，悬金招买，不计贵贱。——南朝梁虞和《论书表》（P28）

招买，收买、收购。此义项《大词典》失收。又宋李焘《续资治通鉴长编》卷四百五十一《哲宗》："犹自收籴不行，恐须至更添钱招买，方稍足用。"明毕自严《石隐园藏稿》卷六《辽饷不敷疏》："海运米豆孰非金钱招买，但减省本折共得六十万，亦可少纾。"

要复

靖书体解离，便当非靖书，要复当以点画波撇论，极诸家之致。——梁武帝《与陶隐居论书启》（P40）

按，"要复"之"复"为附加成分，"要复"即"要"，相当于"要之"，即大概、总之。唐李延寿《南史》卷二十二曰："吾在世虽乏德素，要复推排人间数十许年。"《大词典》失收此义项。

比日

比日竚望中原廓清，太丘之碑，可就摹采。今论旨云："真迹虽少，可得而推。"——南朝梁陶隐居《与梁武帝论书启》（P41）

冯亦吾、潘运告、李彤都认为"比日"是"连日、近日"的意思。按，"比日"确可作"连日、近日"，如晋干宝《搜神记》卷二："弘曰：'今欲何行？'鬼曰：'当至荆扬二州。'尔时比日行心腹病，无有不死者。"作连日解。又《宋书·王僧达传》："兼比日眩瞀更甚，风虚渐剧……不支岁月。"作"近来"解。但"比"本就有"先前，以前"义，《吕氏春秋·先识》："臣比在晋也，不敢直言。"唐康骈《剧谈录·龙待诏相笏》："某比不熟识于侍郎，今日见之，观其骨状，真为贵人。"故"比日"也有"往日"义，如唐李延寿《北史》卷六十曰："吾比日闻卜筮者言晋公今年不利车驾。今忽夜还，不过是晋公死耳。""比日"与"今"对举，言今日之事正与卜者之言相应，而“连日”“近日”皆说不通。本文“比日”亦与“今”相对，言往日与现今的想法大为不同。因此，冯亦吾等三人的解释皆有误。此义项《大词典》失收。

耽嗜

夫才能则关性分，耽嗜殊妨大业。——梁庾元威《论书》（P44）

耽嗜，让人特别沉迷的爱好。又唐李延寿《南史》卷六十一曰：“吾有此好五十余年，昔吴国张长公亦称耽嗜。”后又可作动词。唐柳宗元《〈非国语〉序》：“左氏《国语》，其文深闳杰异，固世之所耽嗜而不已也。”此名词义项《大词典》失收。

聊尔

近何令贵隔，势倾朝野，聊尔疎漏，遂遭“十秽”之书。——梁庾元威《论书》（P44）

“聊尔”在此处当为“偶尔”之义，梁虞和《论书表》：“或学前辈名人能书者。或有聊尔戏书，既不留意，亦殊猥劣。”梁陶弘景《真诰》卷十七《握真辅》第一：“用白笺纸行书极好，当是聊尔抄其中事。”此义项《大词典》失收。

笔跡

近来贵宰于二品清官进，不假手作书，而笔跡过鄙无法度。彼恭拜，忽云：“永感答人借车，还白不具。”真本流传，合朝耻辱，是其第七秽也。——梁庾元威《论书》（P45）

“笔跡”亦作“笔蹟”，[①]在中古多指书法技法。北魏宋灵乌《元湛墓志》：“性笃学，尤好文藻，善笔跡。”南朝宋羊欣《采古来能书人名》：“（卫觊）草体微瘦，而笔跡精熟。”又梁虞和《论书表》：“至于绝笔章

①“跡”“蹟”简化字均为“迹”。

草，殊相拟类。笔迹流怿，宛转妍媚，乃欲过之。”但《论书》此处指“书写的内容”，何令用语不当，故言“笔迹”过鄙无法度。又唐颜真卿《颜鲁公文集》卷三十《奉使题字》：“观此笔蹟，不显岁月，以事实考之，盖使李希烈时也。”亦谓“书写内容”。此义项《大词典》未收。

擿发

次丹阳五官丘陵撰《文字指要》二卷，精加擿发。——梁庾元威《论书》（P46）

擿发，有“揭露”义。如《后汉书·贾宗传》：“宗擢用其任职者，与边吏参选，转相监司，以擿发其奸，或以功次补长吏，故各愿尽死。”但汉时也产生了“摘编阐发”的意思。汉刘向《古列女传》卷八《明德马后》：“读《楚辞》，不竟，赋诵过耳。疾浮华，听言观论，辄擿发其要。”此义项《大词典》未收。

可耐

王子敬书如河洛间少年，虽有充悦，而举体沓拖，殊不可耐。——梁袁昂《古今书评》（P59）

可耐，忍耐、忍受。本文为最早用例。唐释惠详《弘赞法华传》卷十《书写》第八：“万福大怒曰：‘此妖老妪，何由可耐！’即命左右追取尼。”“何由可耐”即怎么能够忍受。宋范成大《石湖诗集》卷二十一《元夕大风雨二绝》：“冻涩笙簧犹可耐，滴皴梅颊势须嗔。”此词多与否定词搭配，如“殊不可耐”，即实在令人难以忍受。清刘埥《片刻余闲集》卷一《圆圆传》：“（李）自成蹙额曰：‘何貌甚佳，而音殊不可耐也！’”明谢肇淛《五杂组》卷三将此词义展示得更为显豁：“人生饭粗粝衣毡毳皆可耐，惟无水烹茶殊不可耐。”清姚元之《竹叶亭杂记》卷五：“鬼至满室，如臭沟之味。乃曰：‘此味殊不可耐。’”亦其例。“沓拖”这里指笔法开张自恣，多卧势而显肥硕。此词较为中性，但“举体”如此，就让人难以忍受了。此义项《大词典》未收。

点除

其间书误两字，不欲点除，遂雌黄治定，然后用笔。——隋智永《题右军〈乐毅论〉后》（P62）

点除，用丟墨的方法将误字涂去。又唐李百药《北齐书》卷四十四《张景仁》："后主登祚，除通直散骑常侍。及奏，御笔点除通字，遂正常侍。"《大词典》失收此义项。

往

往晋之初，与从父应元俱受学于卫觊。——后魏江式《论书表》（P66）

往，与朝代组合，指旧的、过去的朝代。沈约《宋书》卷十八《志》第八："弃盛宋之兴法，追往晋之颓典。变改空烦，谓不宜革俭。"多缀在"晋"前，中古以后亦可加在其他朝代前。明胡忻《欲焚草》卷四《请发内帑赈荒疏》："往唐庄宗内府山积，悭吝不恤军士。"清徐松《宋会要辑稿》曰："今将循往汉之制，遵一王之法，以之明是非，定犹豫。"此义项《大词典》未收。

当处

张彦远以李公之品甚有当处，过事词采，不如直置评品。——唐李嗣真《书品后》（P79）

当处，妥当之处、道理。宋夏僎《尚书详解》卷二十五："或泛观其罪状；或反观其心迹；或远观其时，宜亦自有当处也。"元苏天爵《元文类》卷十八《安氏尊经堂铭》："服义之精，百氏謏闻，宁不有当处？"《大词典》未收此义项。

败累　失落

然右军终无败累，子敬往往失落。——唐李嗣真《书品后》

（P82）

败累，落败、受挫之义。颜之推《颜氏家训》卷下《止足篇》十三："富有四海，贵为天子，不知纪极，犹自败累，况士庶乎？"此词《大词典》失收。

失落，在此也是"落败"之义。唐张怀瓘《书估》："（子敬）然时有败累，不顾疵瑕，故减于右军行书之价。"《书品后》言右军败累，子敬失落。《书估》言子敬败累，可见"败累"即"失落"，子敬常想技压其父羲之，往往落败。《庄子·在宥》："使人喜怒失位，居处无常，思虑不自得，中道不成章。"郭象注："喜怒集乎百姓之怀，则寒暑之和败，四时之节差，百度昏亡，万事失落。"此词《大词典》无此义项。

神妙

及其不失，则神妙无方，亦可谓之草圣矣。——唐李嗣真《书品后》（P82）

神妙，神奇巧妙。三国魏曹植《求自试表》："昔从先武皇帝……伏见所以行军用兵之势，可谓神妙矣。"但书论中的"神妙"，不仅有"神奇巧妙"之义，还有出神入化，能入神品的涵义。张怀瓘《书断》的《神品》一节有："虽史游始草书，传不纪其能，又绝其迹。创其神妙，其唯杜公。"又："（张芝）精熟神妙，冠绝古今，则百世不易之法式，不可以智识，不可以勤求。"再如："（卫瓘）伯玉采张芝法，取父书参之，遂至神妙。"这些人皆被张怀瓘归入"神品"而非"妙品"，也可见书论中的"神妙"，作为专业用词，其语义重心在"神"而不在"妙"。《大词典》失收此义项。

冠绝

阮交州、萧国子、陶隐居各得右军一体，故称当时之冠绝。——唐李嗣真《书品后》（P85）

“冠绝”原为动词，指“远远超过”。《晋书·刘琨传》：“时征虏将军石崇，河南黄谷涧中有园，冠绝时辈。”《书品后》作名词，“翘楚”之义。又明冯惟讷《古诗纪》卷一百五十一《庾信》：“庾信之诗为梁之冠绝，启唐之先鞭。”此义项《大词典》未收。

妙门

所书“萧”字，圜卷侧掠，体法备焉，信众贤之妙门，实后代之茂范。——唐崔备《壁书飞白“萧”字记》（P107）

妙门，语出《老子》：“玄之又玄，众妙之门。”后指佛教、道教领悟精微教理的门径。南朝宋朱广之《谘顾道士〈夷夏论〉》：“佛经繁而显，道经简而幽，幽则妙门难见，显则正路易遵。”在书论中指领悟书艺高妙的门径。又唐窦臮《述书赋》：“方欲乞言以光东序，而乃高蹈世表，归心妙门。”此义项《大词典》未收。

功用

且以风神骨气者居上，妍美功用者居下。——唐张怀瓘《书议》（121）

功用，潘运告释为“功效、效用”，于义不通。“功用”在此处实即功夫，即人工后天所练就的技巧。多与天赋之能相对。“风神骨气”多是先天所授，只有“天质自然”才能“风神盖代”。功用在中古书论中出现五处，其中四处皆是此义，唐张怀瓘《文字论》：“先其草创立体，后其因循著名。虽功用多而有声，终性情少而无象。”“功用”与“性情”相对；[①]张怀瓘《书断》：“故得之者先禀于天然，次资于功用；而善学者乃学之于造化，异类而求之。”此处“天然”与“功用”相对；又张怀瓘《书断》：“（孙过庭）至于用笔，俊拔刚断，尚异好奇，然所谓少功用，有天材，真、行之书，亚于草矣。”此处“天材”与“功用”相对。以上诸例皆可证其乃“后天功夫”之义。中古佛典也有类似之例，唐实叉难陀译《华严

① 性情，《墨池编》《书苑》作“天性”。

经》卷三七："世间所有经书技术，如五地中说，皆自然而行，不假功用。"此词《书论辞典》未予收录。《大词典》则未收此义项。

员外

仆谓之曰："员外用心尚疏。在万事皆有细之理，而况乎书。"——唐张怀瓘《文字论》（P128）

此段话是张怀瓘对兵部员外郎王翰所言，可见唐时可以"员外"面称员外郎之官。也可前面冠以姓氏以转称，《文字论》："后见苏云：'近与王员外相见，知不足赋也。'"《大词典》及其他断代语言词典均未收此义项。

征购

兴复京都，所司征购，得其归者盖寡矣。——唐窦臮《述书赋》（P140）

征购，征收购求。又明杨涟《杨大洪先生文集》卷下《艾侯循政纪序》："好言自口，征购由人，故传纪无采焉。"清蔡衍锃《操斋集》卷九《鳌峰书院题名记》："凡郡邑所献，征购所获皆罗于此。"此词《大词典》仅列一个义项——指国家根据法律向生产者或所有者购买农产品、土地等，且举现代赵树理《三里湾》例，皆有可补正之处。

第四节　引例较晚

中古书论提供了大量的词语用例，其中有相当一部分是首见之例。而传统上人们对书论材料的忽视使得词典在许多词语的引例上时间较晚。

俊异

河东公书迹俊异，尤能大书。——唐张彦远《法书要录序》（P1）

俊异，本六朝词语，指杰出异常之人。《宋书·颜延之传》：“黄门郎殷景仁亦谓之曰：‘所谓俗恶俊异，世疵文雅。’”至唐时有卓异，非比寻常的义项。“书迹俊异”即指书法超绝。宋王称《东都事略》卷一百二十四：“女真有俊禽曰海东青，次曰玉爪骏，俊异绝伦。”《大词典》举宋王谠《唐语林·方正》，较晚。

缄藏

元和十三年，宪宗累访珍迹，当时不敢缄藏，遂皆进献。——唐张彦远《法书要录序》（P1）

缄藏，封藏。南北朝徐陵《玉台新咏》卷二：“缄藏箧笥里，当复何时披。”唐张怀瓘《文字论》：“虽书已缄藏，而心追目极，情犹眷眷者，是为妙矣。”《大词典》收前蜀杜光庭《蜀王仙都醮山词》例，例晚出。

知见

彦远自幼至长，习熟知见，竟不能学一字。——唐张彦远《法书

要录序》（P1）

知见，看见、知道。此义项晋时即已出现。《右军书记》："知定不果，怅恨。未知见卿期，当数音问也。"清《廿载繁华梦》第二回："海关里有两个册房……一个是造真册的，一个是造假册的。真册的自然是海关大臣和库书知见；假册的就拿来虚报皇上。"《大词典》举宋罗大经《鹤林玉露》例，例晚出。

楷模

先君尚书少耽墨妙，备尽楷模。——唐张彦远《法书要录序》（P1）

楷模，本指典范、榜样。《后汉书·卢植传》："故北中郎将卢植，名著海内，学为儒宗，士之楷模，国之桢干也。"唐时出现"效法"的动词义项。又唐陆贽《陆宣公奏议注》卷十二《论裴延龄奸蠹书》："朝廷者，万方之所宗仰，群士之所楷模。"《大词典》举清俞樾《茶香室续钞·美体书》例，过晚。

墨玅

先君尚书少耽墨玅，备尽楷模。——唐张彦远《法书要录序》（P1）

"墨玅"（墨妙）即书道。又唐张怀瓘《书议》："然此论虽不足搜索至真之理，亦可谓张皇墨妙之门。"唐窦臮《述书赋》："挺生绍伯，墨妙翰飞。观乎吐纳僧虔，挤排子敬。"《大词典》释为"精妙的书法"，不确。且收唐鲁收《怀素上人草书歌》例，例稍晚。

烦冗

官书烦冗，战攻并作，军书交驰，羽檄纷飞，故为隶草，趣急速耳。——东汉赵壹《非草书》（P1）

烦冗，谓文章烦琐冗长。本文用例当为最早。又唐杜佑《通典》卷四十《秩品》："无何，以烦冗却停，并入司户。"宋叶适《还华贤良九经说贤良进卷语林等》诗："惟知畏浩博，敢复议烦冗。"《大词典》引宋马端临《文献通考·经籍十九》例，过晚。

谈戏

不遑谈戏。展指画地，以草刿壁。——东汉赵壹《非草书》（P2）

谈戏，谈笑游戏。《三国志·魏志·王肃传》"明帝时大司农弘农董遇等"，南朝宋裴松之注："（贾洪）善能谈戏。"《晋书·陶侃传》："诸参佐或以谈戏废事者，乃命取其酒器，蒱博之具，悉投之于江。"《非草书》当为最早用例。《大词典》将《非草书》例引于最后，排列失当。

较能

乡邑不以此较能，朝廷不以此科吏。——东汉赵壹《非草书》（P2）

较能，考核贤能。该处为此词最早用例。又宋曹勋《松隐集》卷三十二《恭题太上皇帝赐真草宸翰》："岂特以翔鸾翥凤下，与钟王辈较能于位置点画间哉？"宋真德秀《西山文集》卷十一《辞起居舍人状》："今贤俊布满周行，论德较能最在人后。"《大词典》举唐白居易《议庶官迁次之迟速策》例，较晚。

本领

心意者，将军也。本领者，副将也。——晋王羲之《题卫夫人〈笔阵图〉后》（P7）

本领，技能、本事。唐段安节《乐府杂录·琵琶》："段奏曰：'且请昆仑弹一调。'及弹，师曰：'本领何杂，兼带邪声。'"《大词典》例晚出。但此义项的词在唐以前并未检索到，张天弓疑此文为唐人所录，有一定道理。

条疏

辄条疏上呈羊欣所撰录一卷。——南朝宋羊欣《采古来能书人名》(P9)

条疏，犹条奏。又五代王定保《唐摭言·慈恩寺题名游赏赋咏杂纪》："奉宣旨，不欲令及第进士呼有司为座主，趋附其门。兼题名、局席等条疏进来者。"《大词典》举唐柳玭《上清传》例，例晚出。

手写

汉魏宫馆宝器，皆是诞手写。——南朝宋羊欣《采古来能书人名》(P10)

手写，亲手书写。梁释宝唱《比丘尼传》卷四《净秀尼传》："秀手写众经，别立经台置在于堂内。"又唐令狐德棻《周书》卷四十二《萧大圜》："既入麟趾，方得见之，乃手写二集，一年并毕。"《大词典》举颜之推《颜氏家训·勉学》例，较《采古来能书人名》稍晚。

通

王洽，晋中书令，领军将军。众书通善，尤能隶行。——南朝宋羊欣《采古来能书人名》(P12)

通，完全、全部。又唐张怀瓘《书断》："水能内照，不能外光。若包五行之性，则可谓通矣。"《大词典》收宋叶适《法度总论三》例，过晚。

书法

不重羊欣，欣亦惮之。书法有力，恨少媚好。——南朝齐王僧虔《论书》(P18)

文字的书写艺术。亦指书法作品。本文当为最早用例，又宋钱愐《钱氏私志》："元章书法之妙，今日可谓第一。"《大词典》举《南齐书·周颙传》例，但《南齐书》为梁萧子显所著，似以南齐王僧虔《论书》例为首见为好。

天凉体豫

承天凉体豫，复欲缮写一赋，倾迟晖采，心目俱劳。——南朝齐王僧虔《论书》(P19)

"天"字，王云路认为，上古时，"天"主要指天空、自然和帝王等。大约在唐代时转指天气、节气了。《大词典》所举"天"指"天气"例为唐杜甫的《佳人》诗："天寒翠袖薄，日暮倚修竹。"但只要检索一下中古的书论语言，我们发现，早在唐代之前这种现象就已经出现。由此我们再检索到，南北朝求那跋陀罗的《杂阿含经》第三十一："如是念时，风云则起。如风云天如是；焰电天、雷震天；雨天、晴天；寒天、热天亦如是说。""晴天"与"雨天"相对，也必是指天气无疑。丛文俊认为"天凉体豫"纯系衰年之语。有些不妥。"体豫"，身体安逸。往往是书信往来中，欲做某事的托词。其例见明代金实《觉非斋文集》卷二十六："神完气充，心安体豫，故当易箦之时。特命敞豁其寝处之窗户。"

信札

若三珍尚存，四宝斯觌，何但尺素信札，动见模式，将一字径丈、方寸千言也。——南朝齐王僧虔《论书》(P19)

"信札"即"信札"，书信，信件。又宋程大昌《考古编》卷二《诗论六》："左荀之在当时，其必尊信札言而不究其所以言，意札之谓风者，与雅颂配对。"《大词典》收《二十年目睹之怪现状》例，太晚。

家令

榜去地将二十五丈，诞危惧，诫子孙绝此楷法，又着之家

令。——南朝齐王僧虔《论书》(P20)

家令，犹家规。又北魏崔鸿《十六国春秋》卷二十三《前燕录》：“酒色便佞，乱德之甚也，不可以不戒。乃着为家令数千言以申其旨。”《大词典》举宋欧阳修《新唐书·穆宁传》例，较晚。

规模

臣昔不能拔赏，随世所贵，规模子敬，多历年所。——梁萧子云《论书启》(P26)

规模，摹仿、取法之义。张怀瓘《书断》：“善隶书，次及行、草，规模大令，自谓不减于师，虽庶几德音，引领长望，尚辽远矣。”又唐张怀瓘《文字论》：“探彼意象，如此规模。忽若电飞，或疑星坠。”《旧唐书·荆王元景传》：“复古则义难顿从，寻今则事不尽理。遂规模周汉，斟酌曹马，采按部之嘉名，参建侯之旧制，共治之职重矣，分土之实存焉。”后也可写作“规摹”。“规模”一词，《大词典》收唐司空图《容城侯传》例，较晚。

赏析

拟效渐妍，赏析弥妙。旬日之间，转求精秘。——南朝梁虞和《论书表》(P28)

赏析，赏奇析疑。始见于此文。陶渊明《移居二首》云：“奇文共欣赏，疑义相与析。”此词当是化用其义而成。又明严嵩《钤山堂集》卷十九序《赠石潭汪先生序》：“岁时往来，山中相对觞咏赏析为乐。”《大词典》收现代金天羽《祭陈石遗先生文》例，例太晚。

简帖

张芝缣素及纸书四千八百廿五字。年代既久，多是简帖。——南

朝梁虞和《论书表》（P29）

简帖，书柬。又唐杜牧《樊川集》第五《马政》："或求简帖，而濡沫于县邑之公吏。"金董解元《西厢记诸宫调》卷四："亲曾和俺诗韵，分明寄着简帖，谁知是啎啐，此恨教人怎割舍？"《大词典》收宋苏轼《与张元明书》例，较晚。

小人

帝使张翼写效，一毫不异，题后答之。羲之初不觉，更详看，乃叹曰："小人几欲乱真。"——南朝梁虞和《论书表》（P31）

"小人"一词，起源甚早，《书·无逸》即有"小人之劳"的说法，上古义项很多，可指平民、浅见之人、自谦等，但用在这里显然并不合适。帝使张翼模仿羲之的字迹，后来虽然被识破，也断不会对皇帝出此语。王僧虔《论书》中记载了相同的故事："张翼书右军自书表，晋穆帝令翼写题后答右军。右军当时不别，久方觉云：'小子几欲乱真。'"可见"小人"即"小子"，是小孩子的意思，在这里表示轻蔑的称呼，犹今语"小东西"。《后汉书·班超传》："小子安知壮士志哉！"南朝宋刘义庆《世说新语·方正》："王爽与司马太傅饮酒，太傅醉呼王为小子。王曰：'亡祖长史与简文皇帝为布衣之交，亡姑亡姊伉俪二宫，何小子之有？'"潘运告译为"后生小辈"，不确。《大词典》引清文康《儿女英雄传》例，太晚。

告求

王清旦乘小船故往，意大愿乐，乃告求市易。——南朝梁虞和《论书表》（P31）

告求，请求。嵇康《嵇中散集》卷十《家诫》："大率人之告求，皆彼无我有故来求我，此为与之多也。"王羲之《右军书记》："知须米，告求常如云，此便大乏。"《大词典》引明代《二刻拍案惊奇》例，过晚。

供亿

又尝诣一门生家，设佳馔，供亿甚盛。——南朝梁虞和《论书表》（P31）

供亿，指所供给的东西。本文当为所见最早之例。又唐杜牧《樊川集》第十四《赠太师》："践更往来，不虚一时，民之供亿，吏须必应。"宋刘敞为汉班固《汉书》卷九十六下作注曰："新道出车师后王国，则汉使往来，后王主为之供亿，故心不便也。"《大词典》举前蜀杜光庭《莫庭又为张副使本命甲子醮词》例，例较晚。

白净

见北馆新泥垩壁白净，子敬取帚沾泥汁书方丈一字，观者如市。——南朝梁虞和《论书表》（P32）

白净，洁白、干净。又隋释智𫖮《法华玄义》卷八下："譬如一人名青，而能作漆，其身白净。"《大词典》引《水浒传》例，太晚。

昼眠

入欣斋，欣衣白新绢裙昼眠，子敬因书其裙幅及带。——南朝梁虞和《论书表》（P32）

昼眠，午睡。南朝梁萧子显《南齐书·东昏侯纪》："（帝）昼眠夜起如平常。"昼眠，上古叫"昼寝"或"昼瞑"，"昼眠"一词中古才大量使用。汪维辉举宋刘义庆《幽明录》中语作"昼眠"一词的最早用例。《幽明录》已早佚，现书乃鲁迅《古小说钩沉》辑集而成。虞和与刘义庆为同时代的人，以其《论书表》中的例子作为最早用例更为稳妥。

种

子敬门生以子敬书种蚕，后人于蚕纸中寻取，大有所得。——南

朝梁虞和《论书表》（P32）

种，养殖。“种”有养殖义，从中古开始。此词多用于养殖个体小，数量多的动物，可作“种蚕”“种鱼”等。唐陆龟蒙有《种鱼》诗。宋苏轼《雨晴后步至四望亭下鱼池上遂自干明寺前东冈上归》诗之二：“高亭废已久，下有种鱼塘。”至唐时也可单用。唐韩愈《鳄鱼文》：“以肥其身，以种其子孙。”《大词典》举宋苏轼《次韵送张山人归彭城》例，较晚。

叹慕

所恨微臣沉朽，不能钻仰高深，自怀叹慕。——梁武帝《与陶隐居论书启》（P36）

叹慕，赞叹羡慕。晋陈寿《三国志》卷二十九《魏书》二十九裴松之注云：“辂为华清河所召，为北黉文学，一时士友无不叹慕。”《大词典》收明宋濂《歙县孔子庙学记》例，较晚。

粗健

逸少迹无甚极细书，《乐毅论》乃微粗健，恐非真迹。——梁武帝《与陶隐居论书启》（P37）

粗健，粗犷健壮。此处指笔画粗壮。可以指人的容貌。沈约《宋书》卷九十九《列传》第五十九：“追存往为者，不忍食言，呼视见其形容粗健，堪充驱使。”也可以形容人或动物粗壮的体力，明朱国祯《涌幢小品》卷三十一《兽之属》：“驴与马相牝牡而生者曰骡，尤粗健，能负物致远。”《大词典》举宋董逌《乐毅论》例，较晚。

拥肿

笔邪则无芒角，执手宽则书缓弱。点掣短则法拥肿，点掣长则法离澌。——梁武帝《与陶隐居论书启》（P38）

拥肿，肥大、肥胖。“拥肿”本指隆起不平如瘿。《庄子·逍遥游》：

"吾有大树，人谓之樗，其大本拥肿。"注文曰："李云拥肿犹盘瘿。"到六朝时始有"肥大"之义。此文中即指点画短而显肥大。到唐时此义转多，如白居易《白氏长庆集》卷第十《画竹歌并引》："人画竹身肥拥肿，萧画竹茎瘦节竦。"《大词典》收唐韩偓《雨》诗例，较晚。

执手宽

夫运笔邪则无芒角，执手宽则书缓弱。——梁武帝《与陶隐居论书启》（P38）

"执手"即"执笔"。元陶宗仪《书史会要》卷九、明董斯张《广博物志》卷之三十等俱引此句作"执笔"，盖古人认为执笔有力则书写刚劲，故有王羲之从献之身后抽笔的典故。宽，宽松；松弛。《云笈七签》卷六一："凡导引服气之时，衣带常欲宽，若紧急即损气。"此义项《大词典》举宋柳永《凤栖梧》词例，较晚。

生气

肥瘦相和，骨力相称，婉婉暧暧，视之不足，棱棱凛凛，常有生气，适眼合心，便为甲科。——梁武帝《与陶隐居论书启》（P38）

生气，活力；生命力。"生气"一词，原指使万物生长发育之气。如《庄子·知北游》："人之生气之聚也，聚则为生，散则为死；俱是聚也，俱是散也。"后引申为内在的生命力，《大词典》举唐司空图《二十四诗品·精神》，收例较晚。此文中"棱棱凛凛"正指墨迹中内在的活力。"婉婉暧暧"指其外观让人适眼，"棱棱凛凛"明其内在让人合心。内外合意，故为甲科。

劲利

前《乐毅论》书乃极劲利，而非甚用意，故颇有坏字。——南朝

梁陶隐居《与梁武帝论书启》(P39)

劲利，形容书法雄健流利。此文为该义项最早用例。《大词典》以唐张彦远《法书要录》转引此文，不妥。此词本义原指器物“坚固锐利”。晋陆机《陆士衡文集》卷十《议论碑》：“大江之南非乏俊也，山川之险易守也。劲利之器易用也，先政之策易循也。”后从有形的器物引申指抽象的书法艺术。唐张怀瓘《书断》：“其真书劲利，欧虞往往不如隶行入能。”画论中也常用此词。唐张彦远《历代名画记》：“陆公参灵酌妙，动与神会，笔迹劲利，如锥刀焉。”“如锥刀焉”正是雄健流利之态。元郝经《陵川集》卷二十三《移诸生论书法书》：“故其书劲利方重，如画剑累鼎，斩绝深险。又变而为楷，后世亦不可及。”“画剑累鼎，斩绝深险”，亦此态也。

拙恶

“尚想黄绮”一纸、“遂结滞”一纸。(凡二篇，并后人所学，甚拙恶。)——南朝梁陶隐居《与梁武帝论书启》(P40)

“拙恶”为陶弘景所作的断语，“丑陋”之义。唐颜真卿《颜鲁公文集》卷二十七：“所刻既拙恶，又草率，不复匠心。”宋葛立方《韵语阳秋》卷四：“斯集中绝少佳句。如……《别张籍》云：‘子城西并宅，御水北同渠’，拙恶有余。”《大词典》举《隋书·经籍志一》例，较晚。释为“粗劣”，也不甚确。

赞仰

此二人皆是均思者，必当赞仰踊跃，有盈半之益。——南朝梁陶隐居《与梁武帝论书启》(P41)

赞仰，实即“钻仰”，语本《论语·子罕》：“仰之弥高，钻之弥坚。”汉陈琳《答东阿王笺》：“此乃天然异禀，非钻仰者所庶几也。”也作“赞仰”，三国曹植《曹子建集》卷七《学官颂》：“惟道足恃，赞仰弥高，请益不已。”宋释赞宁《高僧传》卷七《唐越州焦山大历寺神道碑传》：“时给事中窦绍……钻仰弥高，俱受心要。”可互参。“赞”可作“赞”，《易经·说卦传》：“幽赞于神明而生蓍。”《释文》：“本或作赞。”

徒自

学薄绍之书者，不得其批研渊微，徒自经营崄急。——梁庾元威《论书》（P45）

徒自，空、白白地。自，词缀，无义。又晋佛陀跋陀罗与法显共译《摩诃僧祇律》卷第一《明四波罗夷法》曰：“有女端正妙好，与相娱乐，足以忘忧，夫人正可徒自死耳。”《汉语大词典订补》举唐王昌龄《淇上酬薛据》诗例，较晚。

转加

夫苍雅之学，儒博所宗。自景纯注解，转加敦尚。——梁庾元威《论书》（P46）

转加，指更加、越发。《汉语大词典订补》引《敦煌变文集·汉将王陵变》和《降魔变文》，皆唐时变文。例均较晚。此词中古并不鲜见，如东汉迦叶摩腾《大智度论》卷十五《初品中毗梨耶波罗蜜义》第二十六：“譬如穿井，已见湿泥，转加增进，必望得水。”

流利

敬通又能一笔草书，一行一断，婉约流利，特出天性，顷来莫有继者。——梁庾元威《论书》（P49）

流利，本文为最早用例。原指诊脉时“滑脉”的脉象。晋王叔和《脉经》卷一：“滑脉，往来前郄，流利展转，替替然与数相似。”后可指笔法灵活顺畅。宋陈思《书苑菁华》卷五《唐人评书》：“孔琳之书放纵快健，笔势流利，二王以后难与比肩。”《大词典》以唐《法书要录》卷二引庾元威《论书》例，不妥。又引杜鹏程《在和平的日子里》例，时间跨度过大。《书论辞典》则未收此词。

退缩

袁崧书如深山道士，见人便欲退缩。——梁袁昂《古今书评》（P59）

退缩，向后退、向后缩。又唐杜佑《通典》卷一百九十八《边防》十四："俄而出兵，擒同俄特勤于城下斩之，虏因退缩。"《大词典》举宋司马光《九月十一日夜雨宿南园》例，较晚。

缀拾

缀拾遗漏，增长事类，抑亦于文为益者也。——后魏江式《论书表》（P65）

缀拾，采集连缀。本文为首见之例。又唐刘知几《史通评释》卷十《杂述》三十四："书逸不完，梁萧绮缀拾残缺而叙录之。"《大词典》收明张居正《重刊〈大明集礼〉序》例，太晚。

评品

张彦远以李公之品甚有当处，过事词采，不如直置评品。——唐李嗣真《书品后》（P79）

评品，评论高低。《大词典》举五代王定保《唐摭言·自放状头》例，较晚。其实此词初唐时即已经出现。又唐成玄英《南华真经注疏》卷七《山木》有注云："岂迷目于清渊，留意于利害者邪？盖欲评品群性，毁残其身耳。"

有感

昔苍颉造书，天雨粟，鬼夜哭，亦有感矣。——唐李嗣真《书品

后》（P79）

有感，有感受、有感动。此词东汉末已出现，三国曹植《曹子建集》卷九《诰咎文》：“时大风发屋拔木，意有感焉。”《大词典》举晚唐李商隐《出关宿盘豆馆对丛芦有感》诗例，较晚。

鉴局

今人都不闻师范，又自无鉴局，虽古迹昭然，永不觉悟。——唐李嗣真《书品后》（P80）

鉴局，指人的见识和胸襟器量。又《晋书》卷七十五《列传》第四十五：“怀祖鉴局夷远，冲衿玉粹。”《大词典》举唐司空图《容成侯传》例，司空图系晚唐时人，例稍晚。

寓言

太宗、高宗，皆称神札。吾所伏事，何敢寓言。——唐李嗣真《书品后》（P80）

寓言，指托辞以寓意。此词六朝即已出现，梁萧统《文选》卷五十九《头陁寺碑文》：“敢寓言于雕篆，庶仿佛于众妙。”《大词典》收宋王谠《唐语林·补遗一》例，较晚。

宏敞

右军正体如阴阳四时，寒暑调畅，岩廊宏敞，簪裾肃穆。——唐李嗣真《书品后》（P81）

宏敞，高大宽敞。此词六朝时即已出现。梁陶弘景《华阳陶隐居集》卷上《授陆敬游十赉文》：“堂坛宏敞，楼路通严，官私行止，并有栖憩。”《大词典》收《旧五代史·晋书·张筠传》例，较晚。

古质

然右军肇变古质，理不应减钟，故云“或谓过之”。——唐李嗣真《书品后》（P81）

古质，古雅质朴。元郑杓《衍极》中云：“王羲之有高人之才，一发新韵，晋宋能人，莫敢敢拟。”“一发新韵”故“肇变古质”，刘有定为《衍极》此语作注云：“右军书成，而汉、魏、西晋之风尽废。右军固新奇可喜，而古法之废，实自右军始，亦可恨也。”《大词典》收唐段成式《酉阳杂俎·寺塔记下》例，稍晚。

丰艳

褚氏临写右军，亦为高足。丰艳雕刻，盛为当今所尚。——唐李嗣真《书品后》（P84）

丰艳，形容字形美赡。此义初自《书品后》，后《宣和书谱·褚遂良》：“遂良……盖状其丰艳雕刻过之，而殊乏自然耳。”清凌扬藻《蠡勺编·书画肥瘦之辨》；“予尝与陆子渊论字。子渊云：‘字譬如美女，清妙，清妙，不清则不妙。’予答曰：‘丰艳，丰艳，不丰则不艳。’子渊首肯者再。”《大词典》引宋《宣和书谱》例，显然是从李嗣真《书品后》而来，应引原例为宜。

雕刻

褚氏临写右军，亦为高足。丰艳雕刻，盛为当今所尚，但恨乏自然，功勤精悉耳。——唐李嗣真《书品后》（P84）

雕刻，喻对书作刻意修饰。多与“自然”相对。本义项初见于《书品后》，后也可指对文辞的过分修饰。金元好问《秦略》：“诗尚雕刻，而不欲见斧凿痕。”清沈德潜《明诗别裁集·李梦阳诗序》：“空同五言古，宗法陈思康乐，然过于雕刻，未极自然。”《大词典》引唐杜甫《寄刘峡州伯华使君》诗例，稍晚，且释为“刻意修饰文辞”，也未顾及书作。

孤梗

宋炳放逸屈摄，颇效康、许。量其直置孤梗，是灵运之流。——唐李嗣真《书品后》（P86）

孤梗，孤高刚直。又元郝经《陵川集》卷十《巴陵女子赴江诗》：“妾本良家子，性僻守孤梗，嫁与尚书儿。”《大词典》引元陶宗仪《辍耕录·贞烈》引宋韩希孟诗例，较晚。

敏丽

钱氏小篆、飞白，宽博敏丽，太宗贵之。——唐李嗣真《书品后》（P87）

敏丽，敏捷、华丽之义。又宋晁公武《郡斋读书志》卷第四下《唐文粹》：“铉庐州人，太平兴国初进士，文辞敏丽，善书札。”《大词典》引宋欧阳修文《举章望之曾巩王回等充馆职状》例，例稍晚。

锋颖

虞绰锋颖迅健，亦又次之矣。——唐李嗣真《书品后》（P88）

锋颖，笔锋、笔势。本文为始出之例，宋陈槱《负暄野录》评李阳冰书：“位置得宜，顿挫有法，发笔处圆若运规而见锋颖。”《大词典》引清姚衡《寒秀草堂笔记》例，太晚。

轻快

就中彦回轻快，练倩有力，孝元风流，君理放任。——唐李嗣真《书品后》（P89）

轻快，谓行动不费力。南北朝刘敬叔《异苑》卷八：“马既轻快，人亦便捷，能缘几登竈寻饮食之所。”《书品后》中“轻快”与“有力”相对，其义自明。《大词典》引宋周密《癸辛杂识前集·胎息》“腰脚轻快”例，稍晚。

睿赏

太宗于右军之书，特留睿赏。——唐武平一《徐氏法书记》（P90）

睿赏，圣明的鉴赏。又北齐魏收《魏书》卷六十七《崔光》：“傥或浅陋不回睿赏，乞藏祕阁以广异家。”《大词典》收明蒋一葵《长安客话·香山寺》例，太晚。

宝重

《兰亭》《乐毅》，尤闻宝重。——唐武平一《徐氏法书记》（P90）

宝重，珍惜重视。此词南北朝时即已出现。北齐魏收《魏书》卷六十七《列传》五十五《崔光》：“前哲之宝重坟籍，珍爱分篆，犹若此之至也。”《大词典》引《元史·欧阳玄传》例，太晚。

女学

当时私访所主女学，问其函出尽否。——唐武平一《徐氏法书记》（P91）

女学，唐代的女子学校，多于宫中设之。老师为“宫教博士”，学生即为“女学内人”。《唐六典》记载：“宫教博士二人，从九品下。……博士掌教习宫人书、算、众艺。”唐杜光庭《录异记》卷六《洞》：“长安富平县北定陵通关乡入谷三十余里，有二洞，一名东女学，一名西女学……夜往往闻读书之声。”《大词典》此义项收现代人胡也频文例，太晚。

拘滞

张公精熟，号为“草圣”，永师拘滞，终着能名。——唐徐浩《论书》（P93）

拘滞，中古词语，拘泥呆板。又南北朝释慧皎《高僧传》卷十《神异》下：“时高平檀祇为江都令，闻而召来，应对机捷，无所拘滞。”《大词典》举明王世贞《艺苑卮言》例，例太晚。

收买

承前伪迹，臣所弃者，尽被收买，皆获官赏，不复简退，人莫知之。——唐徐浩《古迹记》（P97）

收买，收购、购买。又宋蔡戡《定斋集》卷三《屯田事宜状》："依郭刚已奏请之数，先且减半收买制造使用。"《大词典》举宋司马光《乞罢保甲札子》例，较晚。

临书

常居永欣寺阁上临书，所退笔头，置之于大竹簏。——唐何延之《兰亭记》（P99）

"临书"即临摹他人书法。又唐颜真卿《颜鲁公文集》卷二十四《书评》四："凡临书摹画，贵在神骏，不徒形似。"《大词典》举宋周密《齐东野语·绍兴御府书画式》例，稍晚。

二十许个

就中"之"字最多，乃有二十许个，变转悉异，遂无同者。——唐何延之《兰亭记》（P99）

"个"在唐代可作量词，《唐五代语言词典》举日本和尚圆仁（793—864）《入唐求法巡礼行记》中例，稍晚于《兰亭记》。用"数量+许+个"来表示约数的，当以此为先。

保惜

辩才尝于所寝方丈梁上凿其暗槛，以贮《兰亭》，保惜贵重，甚于禅师在日。——唐何延之《兰亭记》（P100）

保惜，保护爱惜，唐代词语。又唐杜佑《通典》卷三《食货》三：

"此籍精详，实宜保惜。位高官卑皆可依按。"《大词典》举明陶宗仪《辍耕录·庄蓼塘藏书》例，较晚。

形迹

乃曰："白头如新，倾盖若旧，今后无形迹也。"——唐何延之《兰亭记》（P101）

形迹，拘礼、客套之义。"无形迹"即不用客套。又唐魏征《隋书》卷四十二《李德林传》："上语德林曰：'夫人欲得，将与其舅，于公无形迹，不须争之。'"宋司马光《与范尧夫经略龙图第二书》："荷尧夫知待，固非一日。望深赐教，督以所不及，闻其短拙，随时示谕，勿复形迹。"《大词典》收南唐刘崇远《金华子杂编》例，较晚。

落莫

初酝一埚开，新知万里来。披云同落莫，步月共徘徊。——唐何延之《兰亭记》（P101）

落莫，犹"落寞"，寂寥之义。《资治通鉴·唐文宗太和九年》曰："涯（王涯）待之（指王沐）殊落莫。"胡三省注："落，冷落也；莫，薄也。落莫，唐人常语。"《大词典》举唐韩愈《送杨少尹序》例，稍晚。

混然

诗酒为务，其俗混然，遂经旬朔。[①]——唐何延之《兰亭记》（P102）

混然，浑然一体，不见痕迹。又北齐魏收《魏书》卷一百一十三《官氏九》："虽功贤之胤，混然未分。……位极公卿，其功衰之亲，仍居猥任。"《大词典》举宋杜绾《云林石谱·吉州石》例，较晚。

①《墨池编》"其俗"作"僧俗"，可从。

响拓

翼佯笑曰："数经乱离，真迹岂在？必是响拓伪作耳。"——唐何延之《兰亭记》（P102）

响拓，古代复制法书的方法。宋黄伯思《东观余论·论临摹二瀍》："又有以厚纸覆帖上，就明牖景而摹之，又谓之响拓焉。"明陶宗仪《说郛》卷十二引宋赵希鹄《洞天清禄集·古今石刻辨》："以纸加碑上，贴于窗户间，以游丝笔就明处圈却字画，填以浓墨，谓之响拓。"盖"景"是日影，"响"为回声，皆为主体之副，日之有影犹声之有响，故"就明牖景而摹之"，可谓之"响拓"。《大词典》引《说郛》例较晚，《书论辞典》则未收此词。

取别

萧翼报云："奉敕遣来取《兰亭》，《兰亭》今得矣，故唤师来取别。"——唐何延之《兰亭记》（P103）

取别，即道别。"取"为词头。此词六朝时即已经出现。北齐魏收《魏书》卷二十七《穆崇》："今欲徙居永乐，以避嚣埃。土木虽复无心，毁之能不凄怆？今故临对卿等，与之取别。"唐时以"取"作词头的双音词大为增加，取次、取急、取起等皆类此。《大词典》收《太平广记》卷一一五引唐道世《法苑珠林·王弘之》例、《唐五代语言词典》收杜甫《送孙九侍御赴武威判官》例，均略晚。

模写

令将仕郎、直弘文馆冯承素模写，赐司空、赵国公长孙无忌……等六人。——唐褚河南《拓本〈乐毅〉记》（P105）

模写，在中古可指器物、画作的模拓。但对书法作品的模拓，此文为最早用例。又唐窦臮《述书赋》："方庆因而献焉。后不欲夺志，遂尽模写留内，其本加宝饰锦缋，归还王氏。"《大词典》引宋范镇《东斋记事》

例，较晚。《书论辞典》失收此词。

昏蒙

吏人以壁字昏蒙，方以垩扫涂上。——唐崔备《壁书飞白“萧”字记》（P106）

昏蒙，昏暗、阴暗之义。本文为此例最早用例。又唐李筌《太白阴经》卷十《察情胜败篇》：“山林野泽，烟雾昏蒙，忽迷四方。”《大词典》收清蒲松龄《聊斋志异·小翠》例，太晚。

颓圮

惟此“萧”字在乎旧都，三百年间竟无颓圮。——唐崔备《壁书飞白“萧”字记》（P107）

颓圮，中古初唐词语，坍塌毁坏。又唐玄奘《大唐西域记》卷第六《四国》：“周四千余里，空城十数，荒芜已甚，王城颓圮，周量不详。”《大词典》收宋郭象《睽车志》例，较晚。

酣湎

僻则僻矣，与夫酣湎声妓，并走权利者，俱亡羊也，亡则孰多？——唐李约《壁书飞白“萧”字赞》（P108）

酣湎，指沉湎。中古唐时词语，本文当为首见之例。又明陈子龙《安雅堂稿》卷十七《与吴骏公太史》：“圣人怀日昃之劳，而群情酣湎，无异曩时，殊可深叹。”《大词典》仅收清阮葵生《茶余客话》例，太晚。

淳漓

自汉及今，降杀百等。贵远贱近，淳漓之谓也。——唐张怀瓘《书估》（P116）

淳漓，淳厚与浇薄。又五代何溥《灵城精义》卷下《理气章正诀》：

“脉有左右，落则脉可辨真伪；气审左右，加则气可别淳漓。”《书估》当是此词首见之例。《大词典》收宋陆游《独酌》诗例，较晚。

玉躞

及梁武帝鸠集所获，尚不可胜数，并珊瑚轴织成帙，金题玉躞。——唐张怀瓘《二王等书录》（P119）

玉躞，玉质的书画卷轴。后也可以代指书画。宋米芾《题子敬范新妇唐摹帖》：“嗟尔方来眼次洗，玉躞金题半归米。”《大词典》举明王世贞《定武兰亭真本歌》例，太晚。

堆

或有进献，多堆于翰林杂书中，玉石混居。——唐张怀瓘《二王等书录》（P119）

堆，原指丘阜。《汉书·司马相如传上》：“触穹石，激堆埼。”颜师古注：“堆，高阜也。”唐时出现了堆积、堆放的义项。又宋苏易简《文房四谱》卷五《墨谱》四：“大麻子油沃糯米半盌强，碎剪灯心堆于上。”《大词典》举唐韩愈《元和圣德诗》例，稍晚。

悠悠

不述贤哲之殊能，况有丘明之新意，悠悠之说，不足动人。——唐张怀瓘《书议》（P121）

“悠悠”本为遥远、长久之义，后引申为庸俗，荒谬。唐窦臮《述书赋》：“（谢裍）含茂悠悠，荐臻同德。迫时季而陵替，俱道丧于翰墨。”唐徐浩《论书》：“俗云：‘书无百日工。’盖悠悠之谈也，宜白首攻之，岂可百日乎！”《大词典》举清蒲松龄《聊斋志异·红玉》用例，太晚。

精魄

诸子于草，各有性识，精魄超然，神彩射人。——唐张怀瓘《书

议》（P123）

精魄，初指人的精神与肉体。汉徐干《中论·夭寿》：“夫形体者人之精魄也，德义令闻者人之荣华也。”后其义偏于精神一面，在书论中也以之比喻作品之神采。李世民《指意》：“夫字以神为精魄，神若不和（知），则字无态度也。”至《书议》则直指神采了，“精魄超然”对举“神彩射人”，其义可见。《大词典》举明宋濂《元故奉训大夫江西等处儒学提举杨君墓志铭》例：“初君为童子时，属文辄有精魄。”并释为“精神气魄”，引例较晚，释义亦未确。

格律

逸少则格律非高，功夫又少，虽圆丰妍美，乃乏神气。——唐张怀瓘《书议》（P123）

格律，指书画作品的格调、气韵。此义项在唐代出现。宋葛立方《韵语阳秋》卷二：“后山诗格律高古，真所谓碌碌盆盎中见此古罍洗者。”《大词典》收唐张彦远《历代名画记·钱国养》例，稍晚；《书论辞典》则未收。

缄藏

虽书已缄藏，而心追目极，情犹眷眷者，是为妙矣。——唐张怀瓘《文字论》（P128）

缄藏，封存。又唐张彦远《历代名画记》卷一：“索其所珍，惶骇不敢缄藏，科简登时进献。”《大词典》举前蜀杜光庭《蜀王仙都醮山词》用例，太晚。

矜耀

令公自评，何乃自饰。文虽矜耀，理亦兼通。——唐张怀瓘《文

字论》（P129）

矜耀，夸耀。唐时出现的词语。唐刘知几《史通通释》卷二十《暗惑》："将二千石上计史馆，作新语相矜耀，稍增饰之也？"又宋丁特起《孤臣泣血录》："甘心从事于犬羊之众，尚欲矜耀，此所以为下愚无知者与！"亦作矜燿，章炳麟《与刘揆一书》："意者宪政诸子建王翁为表旗，因以矜燿，不吝余名以覆露诸夸者。"《大词典》举宋叶适《〈沈子寿文集〉序》例，较晚。

遒劲

征曰："褚遂良下笔遒劲，甚得王逸少之体。"——唐佚名《唐朝叙书录》（P131）

遒，一作"逎"，本为急迫之义。《说文·辵部》："逎，迫也。遒，逎或从酋。"曹魏时出现了强健之义。三国魏曹丕《与吴质书》："公干有逸气，但未遒耳。"《增韵·尤韵》："遵，健也……劲也。""遒劲"一词最早见于南北朝画论，南朝陈姚最《续画品》评毛惠秀："太自矜持，翻成羸钝。遒劲不及惠远，委曲有过于稜。"《唐朝叙书录》出现两例，又："太宗自为真、草书屏风，以示群臣。笔力遒劲，为一时之绝。"均指笔力的劲健。其后唐司空图《送草书僧归越》："僧生于东越，虽幼落于佛，而学无不至，故逸迹遒劲之外，亦恣为歌诗，以导江湖沉郁之气，是佛首而儒其业者也。"可见唐时此批评语在书论中已经较为成熟。河内利治认为宋时才出现，并举宋朱长文《续书断》例，显然失察。其后此语在书论中大为流行，宋张世南《游宦纪闻》卷四："笔力遒劲可爱。"清查慎行《王文成纪功碑》诗："纪功非夸乃纪实，书法遒劲辞温醇。"这种强健有力不是指外形的强健，而是内在的力量感。故明董其昌在《画禅室随笔》中说："盖用笔之难，难在遒劲。而遒劲非是怒笔木强之谓，乃大力人通身是力，倒辄能起。"《大词典》收唐司空图《送草书僧归越》例，稍晚。

淳实

（何克）次道淳实，寡于风彩。自是雄姿，翰墨具在。——唐窦臮《述书赋》（P149）

淳实，淳厚朴实。宋蔡幼学《育德堂奏议》卷五《应诏荐实才状》：“董履道性资淳实，识趣高明，处事和平而临几有守。”明高拱《高文襄公集》卷三十九《问辨录》：“夏接唐虞之世，民心之淳实犹在焉。自后世视之，则见其忠也。”《大词典》举明焦竑《玉堂丛语·退让》例，较晚。

樛盘

（周弘让）利疾速，着轻干。若星居僻陋，木蔓樛盘。——唐窦臮《述书赋》（P157）

樛盘，曲折盘结。本文为首见之例。又虞世南《笔髓论》：“又若垂藤，樛盘而缭绕。蹙旋转锋。《大词典》收唐元稹《松树》诗例，稍晚。

墨制

后墨制问方庆，方庆因而献焉。——唐窦臮《述书赋》（P162）

墨制，犹墨敕。即由皇帝亲笔书写，不经外廷盖印而直接下达的命令。清袁枚《随园随笔·墨制授官碑文不讳》：“墨制者，即斜封墨敕之谓，盖不由中书门下而出自禁中者也。”《大词典》收唐李肇《翰林志》例，稍晚。

纵逸

或少运动及险峻，或少波势及纵逸，学者宜自损益也。——唐张怀瓘《书议》（P125）

纵逸，可指书法或文学作品豪迈奔放。又张怀瓘《书断》：“惜其阳秋尚富，纵逸不羁。天骨未全，有时而琐。”宋张世南《游宦纪闻》卷下：“其（杨凝式）笔迹遒放，宗师欧阳询与颜真卿而加以纵逸。”《大词典》

举唐殷璠《河岳英灵集·李白》例，稍晚。

软媚

文机纤润，稳正利草。软媚横流，姿容美好。——唐窦臮《述书赋》（P157）

“软媚”和“流媚”相似，指风格娇柔妩媚貌。但“软媚”虽有流畅之意，但更突出娇柔的特点。宋佚名《宣和画谱》卷十七《曹氏》：“雅善丹青，所画皆非优柔软媚取悦儿女子者。”元袁桷《清容居士集》卷四十四《笔工童生》：“湖州笔工冯生，制笔得截法。圆不至软媚，劲不至峭直，一笔可作万字。”此词《书论辞典》未收。《大词典》收宋欧阳修《送子野》诗例，较晚。

瘦健

隋永兴寺僧智果，会稽人也，炀帝甚喜之。工书铭石，甚为瘦健。——张怀瓘《书断》（P236）

瘦健，谓书法字形细而有力。笔画骨多肉少，倒并不一定很长，长则易绵软无力。《大词典》释为“字形细长而挺拔有力”，似未确。又引书论三例皆出自宋人作品，例也较晚。

结　语

梁披云在《中国书法大辞典》一书的序言中说："惜乎传世历代论著，或文字偶失艰深，难于索解；或偏于一己之见，乏其统系。……而书家史事，散见各书，前贤述作，卷帙浩繁，非博搜文献，尤难详悉。是以运用科学方法，系统整理书学，当为保存与发扬传统艺术之当前要务。"他指出了当今我们面对书学论著的两大重要问题：一是"文字艰深，难于索解"；二是"卷帙浩繁"，难以系统整理。其实，这两个问题是互相联系的，书论著作的整理要依赖于对文字、词语的准确释读，释读工作也要建立在一定的文本整理基础上。

虽然"前贤述作，卷帙浩繁"，但近代的书法理论莫不从中古书论生发开来，对中古书论进行细致的研究，其成果就可以涵盖近代，起到以简驭繁的作用。我们的工作最艰巨也最有必要的方面就是用传统的训诂方法对中古书论词语进行校勘与笺证。先确定材料，再细细梳爬相关词语，纠错释疑。这项工作是繁重而艰难的，但也是大有意义的，尤其是细致的笺证工作可以为后之学人提供许多方法论的借鉴。当一个个词语的真实面貌呈现在我们面前时，整个中古书论的语言状况就呼之欲出了。尤其需要注意的是书法理论独特的表达方式和特有的词语系统，不能就词论词，这涉及书法艺术的各个知识层面。顺理成章，在这个过程中，语文词典与书法专业辞典的许多词目也得到了有益的补充。

而除了本书所及的以上工作外，我们还有许多工作要做，我们可以借重科学的方法进一步深入研究书论语言的内在规律，通过释读知其然，而且运用现代的语言学理论明其所以然。对专业用语我们可以借鉴现代语言学的方法进行系统考察。可以尝试用语义场的理论对书论专业用语（主要是品评语）在生命语义场中进行系统化的穷尽分析，探寻其内在产生、衍变与概念化、范畴化的过程，这种尝试是有一定效果的。当貌似杂乱、不可捉摸的品评语统一到一个清晰的架构中时，其意义和形态都变得轮廓鲜明了。当然这种运用语义场理论进行考察的方法还可以进一步延伸，如生活义场、战争义场、自然义场、生物义场等。

对书论语言的研究还有一些其他有待开拓的领域，如隐喻与转喻在书论中的运用，其中的隐喻词语、篇章隐喻、语音隐喻和隐喻模式等都可以提供给我们多维度的研究视角。从历时的角度来看，书论产生的初期也是汉语双音化的重要发展期，我们对书论词语双音词的衍生与发展，具体说来，即书论词语的词汇化、概念化和范畴化过程还没能更细致地考察；而从共时的平面上看，书论词语与画论词语、文论词语之间是如何转换与融合的，各自的系统又有哪些联系和变异？这些问题对词源学和文艺批评史等方面的研究至关重要，都是我们需要进一步考察的方向。只要有相当数量的学者合力于斯，我们就有理由相信，书论语言研究的新局面是完全可期的。

主要参考文献

一

［唐］玄奘撰，董志翘译注，《大唐西域记》，中华书局2012年版。

［唐］张彦远辑，范祥雍点校，《法书要录》，上海古籍出版社1964年初版，2013年再版。

［唐］张彦远辑，洪丕谟点校，《法书要录》，上海书画出版社1986年初版，1988年再版。

［唐］张彦远辑，武良成、周旭点校，《法书要录》，浙江人民美术出版社2012年版。

［清］俞樾撰，《古书疑义举例》，上海古籍出版社2007年版。

［宋］朱长文辑，何立民点校，《墨池编》，浙江人民美术出版社2012年版。

［汉］许慎撰，《说文解字》，中华书局1962年版。

［汉］许慎撰，［清］段玉裁注，《说文解字注》，上海古籍出版社1988年版。

［宋］陈彭年等编，《宋本广韵》，江苏教育出版社2008年版。

［梁］顾野王撰，《宋本玉篇》，中国书店1983年版。

［明］张自烈编，《正字通》，中国工人出版社1996年版。

[明] 梅膺祚编，《字汇》，上海辞书出版社1991年版。

二

边平恕、金菊爱，《中国历代书法理论评注 隋唐卷》，杭州出版社2016年版。

蔡镜浩，《魏晋南北朝词语例释》，江苏古籍出版社1990年版。

曹宝麟，《中国书法史·宋辽金卷》，江苏教育出版社2009年版。

曹利华、乔何，《书法美学资料》，陕西人民出版社2009年版。

岑仲勉，《突厥集史》，中华书局1958年版。

曾良，《隋唐出土墓志文字研究及整理》，齐鲁书社2007年版。

曾良，《明清小说俗字研究》，商务印书馆2007年版。

曾昭聪，《魏晋南北朝隋唐五代词源研究史略》，语文出版社2010年版。

陈传席，《六朝画论研究》，中国青年出版社2015年版。

陈望道，《修辞学发凡》，复旦大学出版社2014年版。

陈振濂，《中国书法批评史》，中国美术学院出版社1997年版。

陈振濂，《书法美学》，山东人民出版社2016年版。

成杰，《中国古代书画印象式批评研究》，世界图书出版公司2014年版。

成复旺，《中国美学范畴辞典》，中国人民大学出版社1995年版。

程抱一，《中国诗画语言研究》，江苏人民出版社2006年版。

程湘清，《隋唐五代汉语研究》，山东教育出版社1992年版。

楚默，《书法解释学》，百家出版社2002年版。

崔尔平，《书苑菁华校注》，上海辞书出版社2013年版。

崔尔平，《书法篆刻术语辞典》，上海辞书出版社2015年版。

崔尔平选编、点校，《历代书法论文选续编》，上海书画出版社1993年版。

董秀芳，《词汇化——汉语双音词的衍生和发展》，商务印书馆2013年版。

董志翘，《大唐西域记》，中华书局2012年版。

董志翘、蔡镜浩，《中古虚词语法例释》，吉林教育出版社1994年版。

杜文澜，《古谣谚》，中华书局1958年版。

恩格尔坎普，《心理语言学》，上海译文出版社1997年版。

恩斯特·卡西尔，《语言与神话》，三联书店2017年版。

范韧庵、李志贤，《书法辞典》，江苏古籍出版社1989年版。

方一新，《东汉魏晋南北朝史书词语笺释》，黄山书社1997年版。

方一新，《中古近代汉语词汇学》，商务印书馆2010年版。

房德里耶斯著，岑麒祥、叶蜚声译，《语言》，商务印书馆1992年版。

冯亦吾注译，《书法名论集》，河北美术出版社1993年版。

傅如明，《中国古代书论选读》，陕西人民出版社2011年版。

甘中流，《中国书法批评史》，人民美术出版社2016年版。

高文达，《新编联绵词典》，河南人民出版社2001年版。

郭在贻，《训诂学》，湖南人民出版社1986年版。

汉语大字典编辑委员会，《汉语大字典（第二版）》，崇文书局、四川辞书出版社2010年版。

汉语大词典编纂处，《汉语大词典订补》，上海辞书出版社2010年版。

河内利治著，承春先译，《汉字书法审美范畴考释》，上海社会科学出版社2006年版。

胡壮麟，《认知隐喻学》，北京大学出版社2004年版。

华夫，《中国古代名物大典》，济南出版社1993年版。

华人德，《中国书法史·两汉卷》，江苏教育出版社2009年版。

贾彦德，《汉语语义学》，北京大学出版社1999年版。

江蓝生，《魏晋南北朝小说词语汇释》，语文出版社1988年版。

江蓝生、曹广顺，《唐五代语言辞典》，上海教育出版社1997年版。

姜寿田，《中国书法批评史》，中国美术学院出版社1997年版。

姜兴鲁，《竺法护译经感觉动词语义场研究》，浙江大学出版社 2016 年版。

蒋绍愚，《古汉语词汇纲要》，北京大学出版社 1989 年版。

蒋绍愚，《近代汉语研究概要》，北京大学出版社 2005 年版。

蒋绍愚，《汉语历史词汇学概要》，商务印书馆 2015 年版。

靳永，《书法研究的多重证据法——文物、文献与书迹的综合释证》，齐鲁书社 2008 年版。

李军，《汉语同形字研究》，商务印书馆 2018 年版。

李彤，《历代经典书论释读》，东南大学出版社 2015 年版。

李国钧，《中华书法篆刻大辞典》，湖南教育出版社 1990 年版。

李维琦，《佛经词语汇释》，湖南师范大学出版社 2004 年版。

李宗江，《汉语常用词演变研究》，上海教育出版社 2016 年版。

梁披云主编，《中国书法大辞典》，香港书谱出版社、广东人民出版社 1984 年版。

梁永红，《现代汉语行业语泛化研究》，华中师范大学出版社 2012 年版。

刘涛，《中国书法史·魏晋南北朝卷》，江苏教育出版社 2019 年版。

刘百顺，《魏晋南北朝史书词语考释》，陕西师范大学出版社 1993 年版。

刘洁修，《汉语成语考释词典》，商务印书馆 1989 年版。

刘石校点，《法书要录》，辽宁教育出版社 1998 年版。

刘文忠、刘元煌选注，《汉魏六朝诗选》，太白文艺出版社 2004 年版。

刘勰著，韩泉欣直解，《文心雕龙直解》，浙江文艺出版社 1997 年版。

刘义庆，《世说新语校笺》，中华书局 1984 年版。

刘祖国，《魏晋南北朝道教文献词汇研究》，山东大学出版社 2018 年版。

龙潜庵，《宋元语言辞典》，上海辞书出版社 1985 年版。

楼鉴明、洪丕谟编译，《历代书论选注》，复旦大学出版社 1987 年版。

卢辅圣，《中国书画全书》，上海书画出版社1993年版。

陆俭明、沈阳，《汉语和汉语研究十五讲》，北京大学出版社2003年版。

罗常培，《语言与文化》，北京出版社2011年版。

罗维明，《中古墓志词语研究》，暨南大学出版社2003年版。

罗竹风，《汉语大词典》，上海辞书出版社2008年版。

吕叔湘，《近代汉语指代词》，学林出版社1985年版。

毛万宝，《当代书坛批判》，安徽教育出版社2011年版。

毛万宝、黄君，《中国古代书论类编》，安徽教育出版社2009年版。

毛远明，《汉魏六朝碑刻异体字研究》，商务印书馆2012年版。

孟兆臣校释，《画品》，北方文艺出版社2000年版。

欧根·维斯特，《普通术语学和术语词典编纂学导论》，商务印书馆2011年版。

潘运告，《汉魏六朝书画论》，湖南美术出版社1997年版。

潘运告，《张怀瓘书论》，湖南美术出版社1997年版。

潘运告，《中晚唐五代书论》，湖南美术出版社1997年版。

潘运告，《宣和书谱》，湖南美术出版社1999年版。

潘运告，《中国历代书论选》（上、下），湖南美术出版社2007年版。

钱锺书，《管锥篇》，三联书店2001年版。

乔志强，《中国古代书法理论解读》，上海人民美术出版社2012年版。

乔治·莱考夫、马克·约翰逊著，何文忠译，《我们赖以生存的隐喻》，浙江大学出版社2015年版。

秦公，《碑别字新编》，文物出版社1985年版。

邱振中，《书法的形态与阐释》，中国人民大学出版社2005年版。

上海书画出版社编，《历代书法论文选》，上海书画出版社1979年版。

上海书画出版社编，《简明书法辞典》，上海书画出版社2004年版。

邵洛羊，《中国美术大辞典》，上海辞书出版社2002年版。

申小龙，《汉语与中国文化》，复旦大学出版社2003年版。

束定芳，《隐喻学研究》，上海教育出版社2000年版。

束定芳，《认知语义学》，上海外语教育出版社2008年版。

束定芳，《隐喻与转喻研究》，上海外语教育出版社2011年版。

水采田，《宋代书论》，湖南美术出版社1997年版。

宋民，《书法美的探索》，中国旅游出版社1997年版。

宋闻兵，《〈宋书〉词语研究》，中华书局2009年版。

苏宝荣，《词义研究与辞书释义》，商务印书馆2000年版。

太田辰夫著，江蓝生、白维国译，《汉语史通考》，重庆出版社1991年版。

太田辰夫著，蒋绍愚、徐昌华译，《中国语历史文法》，北京大学出版社1987年版。

陶明君，《中国书论辞典》，湖南美术出版社2001年版。

佟玉斌，《书法成语典故辞典》，长征出版社1999年版。

佟玉斌、佟舟，《诗书画印典故辞典》长征出版社2001年版。

汪维辉，《东汉—隋常用词演变研究》，南京大学出版社2000年版。

汪涌豪，《中国文学批评范畴十五讲》，华东师范大学出版社2010年版。

王力，《汉语史稿》，中华书局1980年版。

王寅，《认知语言学》，上海外语教育出版社2007年版。

王锳，《唐宋笔记语辞汇释》（第二次修订本），中华书局2004年版。

王世征，《历代书论名篇解析》，文物出版社2012年版。

王元军，《六朝书法与文化》，上海书画出版社2002年版。

王云路，《汉魏六朝诗歌语言论稿》，陕西人民教育出版社1997年版。

王云路，《六朝诗歌语词研究》，黑龙江教育出版社1999年版。

王云路，《中古汉语词汇史》，商务印书馆2010年版。

王云路，《中古诗歌语言研究》，世界图书出版公司2014年版。

王云路、方一新，《中古汉语语词例释》，吉林教育出版社1992年版。

王镇远，《中国书法理论史》，上海古籍出版社2009年版。

魏纪东，《篇章隐喻研究》，上海外语教育出版社2009年版。

翁利，《敦煌书法研究》，化学工业出版社2018年版。

吴福祥、王云路，《汉语语义演变研究》，商务印书馆2015年版。

吴为善，《认知语言学与汉语研究》，复旦大学出版社2011年版。

向熹，《简明汉语史》，高等教育出版社1993年版。

肖占鹏，《隋唐五代文艺理论汇编评注》，南开大学出版社2002年版。

萧元，《初唐书论》，湖南美术出版社1997年版。

萧干，《八方风物》，商务印书馆（香港）有限公司1992年版。

辛夷、成志伟，《中国典故大辞典》，北京燕山出版社1992年版。

熊秉明，《中国书法理论体系》，四川美术出版社1990年版。

徐复观，《中国艺术精神》，华东师范大学出版社2001年版。

徐中舒，《汉语大字典》，四川辞书出版社1990年版。

严云受，《中华艺术文化辞典》，安徽文艺出版社1995年版。

杨伯峻，《论语译注》，中华书局1980年版。

杨成寅，《中国历代书法理论评注 先秦两汉魏晋南北朝卷》，杭州出版社2016年版。

叶朗，《中国美学史大纲》，上海人民出版社1985年版。

尹戴忠，《上古“看视”概念场词汇研究》，湖南人民出版社2011年版。

俞丰，《经典碑帖释文译注》，上海书画出版社2009年版。

俞剑华，《中国古代画论类编》，人民美术出版社1998年版。

袁宾，《宋语言辞典》，上海教育出版社1997年版。

袁文丽，《中国古代文论的生命化批评》，暨南大学出版社2016年版。

詹福瑞，《中古文学理论范畴》，中华书局2005年版。

张相，《诗词曲语辞汇释》，上海古籍出版社2009年版。

张国宪，《现代汉语形容词功能与认知研究》，商务印书馆2006年版。

张天弓，《张天弓先唐书学考辨文集》，荣宝斋出版社2009年版。

张小艳，《敦煌书仪语言研究》，商务印书馆2007年版。

张彦远，《历代名画记》，浙江人民美术出版社2011年版。

张彦远，《四库全书法书要录》，上海书店2014年版。

张永言，《语文学论集》（增补本），语文出版社1999年版。

张志毅、张庆云，《词汇语义学》，商务印书馆2001年版。

张志毅、张庆云，《词汇语义学与词典编纂》，外语教学与研究出版社2007年版。

赵克勤，《古代汉语词汇学》，商务印书馆2010年版。

赵艳芳，《认知语言学概论》，上海外语教育出版2001年版。

真大成，《中古史书校证》，中华书局2013年版。

郑毓瑜，《引譬连类——文学研究的关键词》，三联书店2017年版。

志村良治，《中古汉语之语汇语法》，日本大修馆书店1967年版。

中田勇次郎著，卢永磷译，《中国书法理论史》，天津古籍出版社1987年版。

周俊勋，《魏晋南北朝志怪小说词汇研究》，巴蜀书社2006年版。

周俊勋，《中古汉语词汇研究纲要》，巴蜀书社2009年版。

周一良，《魏晋南北朝史札记》，中华书局1985年版。

朱关田，《中国书法史·隋唐五代卷》，江苏教育出版社2009年版。

朱良志，《中国艺术的生命精神》，安徽教育出版社2006年版。

朱庆之，《佛典与中古汉语词汇研究》，文津出版社1992年版。

宗白华，《美学与意境》，人民出版社1987年版。

三

柏亚东，《唐代墓志词语通释》，华东师范大学博士生学位论文，2008年。

曾石飞，《中古汉语感官感知类动词语义场研究》，宁波大学硕士生学位论文，2011年。

成杰，《中国古代书画印象式批评研究》，东南大学博士生学位论文，

2011年。

丛思飞，《唐代书法文献研究》，吉林大学博士生学位论文，2013年。

董家鸿，《〈书谱〉疏解》，吉林大学硕士生学位论文，2006年。

李广宽，《汉魏六朝书论用韵研究》，兰州大学硕士生学位论文，2011年。

刘伟，《试论唐代文论生命化批评的人文意蕴》，内蒙古师范大学硕士生学位论文，2007年。

刘家军，《晋以前汉字草书体势嬗变研究》，厦门大学博士生学位论文，2008年。

钱乃婧，《〈法书要录〉研究》，中国美术学院硕士生学位论文，2012年。

钱园园，《汉魏六朝书论词语研究》，安徽师范大学硕士生学位论文，2014年。

阮弦，《张怀瓘书法理论研究》，广西师范大学硕士生学位论文，2014年。

施扬，《中古汉语饮食词语研究》，长春理工大学硕士生学位论文，2004年。

孙鸣晨，《汉魏六朝书论形态研究》，广西师范大学硕士生学位论文，2011年。

王盛婷，《汉魏六朝碑刻礼俗词语研究》，西南师范大学硕士生学位论文，2004年。

王玉兰，《东晋译经概念场词汇系统研究》，安徽大学硕士生学位论文，2014年。

王元民，《“势”“意”“骨”“神”——汉魏六朝书法美学思想的逻辑发展研究》，山东大学硕士生学位论文，2006年。

吴会娟，《中古汉语谦敬称谓研究》，南京师范大学硕士生学位论文，2008年。

杨疾超，《古代书法批评模式研究》，华中师范大学博士生学位论文，

2008年。

尹冬民，《〈述书赋〉笺证》，上海大学博士生学位论文，2012年

詹其仙，《张怀瓘书论中的文字学理论研究》，福建师范大学硕士生学位论文，2008年。

张函，《古代“书品”理论结构研究》，吉林大学博士生学位论文，2014年。

张炬，《北宋书论与画论比较研究》，吉林大学博士生学位论文，2013年。

张存良，《书谱研究》，西北师范大学硕士生学位论文，2017年。

张俊之，《二王杂帖词汇研究》，南京师范大学博士生学位论文，2013年。

张薇薇，《〈论书表〉校注与研究》，中国美术学院硕士生学位论文，2010年。

赵华伟，《〈述书赋〉校补》，吉林大学硕士生学位论文，2004年。

郑淋升，《古代文论与书论的相互影响研究》，重庆师范大学硕士生学位论文，2013年。

周超，《南朝宋诗词语研究》，南京师范大学博士生学位论文，2012年。

四

安生，《“迟重”风格的内涵考论》，《书法研究》2017年第24期。

陈硕，《〈法书要录〉校读札记》，《艺术工作》2016年第5期。

陈方既，《生熟论》，《书法研究》2005年第3期。

成杰，《凝炼性词汇与形象性描写——古代书画印象式批评语句之特征分析》，《美与时代（下旬）》2003年第11期。

丛文俊，《传统书法批评“经验描述法”例说》，《中国书法》1995年第2期。

丛文俊，《说“俗”》，《书法之友》1995年第1期。

丛文俊，《王僧虔〈论书〉考》，《古籍整理研究学刊》2001年第6期。

丛文俊，《汉字文化与书法艺术》，《中国书法》2015年第2期。

丛文俊，《传统书法批评词语之审美参照系初探》，《书法研究》2016年第3期。

丛文俊，《传统书法审美参照系初论》，《中国书法》2016年第12期。

丛文俊，《书法研究的学术思维与方法》，《中国书法》2016年第2期。

丛文俊，《论传统书法批评用语对审美经验的整理与规范》，《书法研究》2016年第1期。

大野修作，《〈述书赋〉的性格——中唐时期的书论》，《东方艺术》2009年第12期。

杜浩，《“媚”与“瘦”——颜真卿书法评价中的两个特殊概念分析》，《荣宝斋》2015年第10期。

釜谷武志，《六朝的书论和文论——以“骨”为中心》，《复旦学报》1986年第6期。

甘中流，《梁武帝〈观钟繇书法十二意〉注析》，《书法世界》2003年第4期。

甘中流、史兰福，《崔瑗〈草书势〉注析》，《书法世界》2003年第2期。

化振红，《深加工中古汉语语料库建设的若干问题》，《西南大学学报（社会科学版）》2014年第3期。

江蓝生，《从语言渗透看汉语比拟式的发展》，《中国社会科学》1999年第4期。

刘凤林，《近十年张彦远研究综述》，《商洛学院学报》2014年第4期。

刘忠义，《当代书法美学范畴神采与形质研究及展望》，《泰州职业技术学院学报》2014年第2期。

鲁志杰，《论汉语主谓谓语句的语法认知》，《唐山师范学院学报》2015年第4期。

陆东方，《书法典范美的确认——汉晋南朝书法评论语辞的美学分析》，《锦州师范学院学报》1998年第4期。

陆东方，《力的发现与赏悦——汉晋南朝书法评论术语的美学分析》，《锦州师范学院学报》1999年第10期。

陆东方，《汉晋南朝书论中的“天然”美——汉晋南朝书法评论术语的美学分析》，《书画艺术》2000年第2期。

陆东方，《书法艺术形式美的发现与赏悦——汉晋南朝书法评论语辞的美学分析》，《锦州师范学院学报》2001年第4期。

马草，《日常书写的界定及其美学解读》，《中国书法》2016年第8期。

马国俊，《书法创作语言体系分析》，《甘肃教育学院学报（社会科学版）》2001年第3期。

邱振中，《感觉的陈述：对古代书论中一种语言现象的研究》，《书法研究》1992年第2期。

邱振中，《书法理论中的语言问题》，《书法研究》1993年第1期。

邱振中，《艺术的泛化：从书法看中国艺术的一个重要特征》，《书法研究》1993年第6期。

邱振中，《中国书法的涵义》，《中国书法》1999年第4期。

邱振中，《“人书俱老”——融“险绝”于“平正”》，《中国书法》2017年第20期。

邱振中，《书法作品中的运动与空间》，《中国书法》1995年第1期。

杉村邦彦，《王羲之尺牍发问》，《中国书法》2015年第11期。

田炜，《“匆匆不暇草书”新义》，《文艺研究》2015年第6期。

田旭中、周浩然，《对中国书法批评的反思和前瞻》，《成都大学学报（社会科学版）》1992年第2期。

汪涌豪，《文学批评中的“老”与“嫩”——中国古代形式批评理论札记》，《复旦学报（社会科学版）》2010年第2期。

汪涌豪，《中国古代文论范畴的邻界耦合与对待耦合》，《北京大学学报（哲学社会科学版）》2011年第6期。

王兴国，《中国古代书论中的模糊语言》，《重庆三峡学院学报》2002年第3期。

王云路，《百年中古汉语词汇研究述略》，《浙江大学学报（人文社会科学版）》2001年第4期。

王云路，《中古汉语词汇研究综述》，《古汉语研究》2003年第1期。

王云路、黄沚青，《本世纪以来（2000—2011）中古汉语词汇研究综论》，《浙江社会科学》2012年第10期。

徐发，《近四十年书法硕、博论文研究视角及其存在问题》，《中国书法》2016年第24期。

詹绪左，《六朝书论笺识》，《书法研究》2000年第4期。

詹绪左，《六朝书论笺识（续）》，《书法研究》2001年第5期。

詹绪左，《“形质”考辨》，《中国书法》2001年第10期。

詹绪左，《六朝书论笺识（续二）》，《书法研究》2002年第4期。

詹绪左，《六朝书论笺识（续三）》，《书法研究》2002年第6期。

詹绪左，《书道阐微》，《文艺研究》2004年第9期。

詹绪左，《字理·文理·事理·心理——以书史画论中的三则“公案”为例》，《文艺研究》2017年第8期。

朱天曙，《汉魏六朝:中国早期古典书论的生成及其价值》，《中国书法》2016年第10期。

朱天曙，《作为“文献”的书法史：古典书学札记》，《中国书法》2016年第24期。

朱中原，《为什么要重视古代书论的注疏之学》，《美术报》2016年11月19日第22版。

后　记

本书是由我博士毕业论文的上、中两编删改而成，下编由于是运用现代语义场理论系统研究书论词语，与上、中两编的研究方法有所不同，且有些内容尚待补充完善，因此将之删去，以待日后成书。

我与此书的渊源还要追溯到若干年前，还是在二〇〇四年的九月，我走进了安徽师范大学的研究生课堂。陌生的环境、全新的知识，让我一个三十多岁的老学生有些不知所措。是热情的同学、和善的老师们引领我在三年的时间里得窥学问的大门。导师詹绪左教授不以我资质驽钝，循循以诱，让我对汉语俗字产生了深厚的兴趣。毕业时，老师希望我考博，奈我为家事所拖，未能如愿，但进一步深造的想法就此生根。终于，时隔一纪之后，二〇一六年我重新成为詹老师的学生——博士研究生，得以再续师生之缘。

从入学伊始，詹老师就对我进行了严格的科研训练，启发我发现问题，勤于动笔，并经常限时交稿，当场批阅改正，这让我不敢有丝毫懈怠。稍有不谨，老师正言厉色，决不姑息。惶恐之余，我也改掉了不少写作上的坏毛病。生活上，老师又待我极为温厚，嘘寒问暖，无微不至，许多学术上的问题都是在老师家的餐桌边得到解答的。三年中，饱尝写作甘苦的同时，我也尝遍了老师家藏的美酒。所愧我才质凡庸，未能远睹学问之奇迹。但老师的精心栽培之恩，我铭乎在心。

“中古书论语言研究”这个选题是在老师的启发下选定的。鉴于书论语言的特殊性，对之所作的研究一直较为贫乏，诚如王云路、黄沚青指出的：中古汉语词汇的研究跨学科综合意识不强，对各类专业词语的研究力度还显不够，而书论词语尤其如此。我对这片领域较为陌生，一旦涉于其间，深感才疏力拙，在老师的不断鞭策和鼓励下，三年来，我从对之望而生畏到乐而不辍，在学术之路上收获颇丰。

论文写作期间，我得到了老师和同学的大力帮助。储泰松教授、崔达送教授在百忙中对我的论文细细评点，提出了许多富有建设性的建议；钱芳老师，师姐张爱云、郭常艳、石玉，师弟温志权、吕永生、周正、郑波，师妹李佳琪、张晓涵等，为我提供各种便利，不以为烦；还有我的家人为我营造了良好的写作环境，让我有充足的时间安心写作。在此一并致以最真挚的感谢！

从本科到博士，我漫长的求学历程贯穿了人生的近二十个年头，现在终于采摘到这一颗最有分量的果实。有时颇有“加我数年，五十以学《易》，可以无大过矣”的喟叹，但细思起来，在这艰辛的求索中，我其实一直在收获着丰美的礼物：师长的关怀与教诲，同学、朋友的温暖鼓励，妻子、女儿的默默关怀，还有我学术之路上一个个鲜明的脚印……也许，在很大程度上，这才是我的博士生学位论文得以完成、今天又得以出版的终极意义吧。

吴士田

二〇二一年九月十日